Zazunyan

Nar-Dos

ՋԱՋՈՒՆՅԱՆ

ՆԱՐ-ԴՈՍ

Zazunyan

ISNB: 978-1-60444-912-9

Զազունյան

© Հնդեվրոպական Հրատարակչություն, 2018

Հրատարակված է Ամերիկայի Միացյալ Նահանգներում:

ISNB: 978-1-60444-912-9

ՋԱՋՈՒՆՅԱՆ

1

Էմման կանգնած էր պատուհանի առջև և նայում էր դուրս: Նրա առջև բացվում էր Թիֆլիսի մի մասը, որ, կարծես, թույլ կերպով ժպտում էր նորեկ գարնան դեռևս անզոր արևի փոքր-ինչ դժգույն ճառագայթների տակ: Բաց փիրուզային երկինքը կարծես նույնպես ժպտում էր: Հեռուն երևում էր հորիզոնը, մառախուղի նոսր, թափանցիկ շղարշով ծածկված: Մոտակա լեռներն և դաշտերն արդեն կանաչին էին խփում: Երբեմն տարազնաց թռչունների փոքրիկ երամակներ սրընթաց անցնում էին օդում: Ամեն տեղ երևում էր գարնան վերածնող շունչի ուժն ու զորությունը:

Էմման կանգնած էր անշարժ: Շրջազգեստը նրա բարակ իրանից ծանր ծալքերով իջնում էր ցած և շնորհալի տեսք էր տալիս նրա ոչ այնքան բարձր հասակին: Նրա սևուկ երկար, թերթերունքներով պճնված աչքերի մեջ և կիսաբաց, նուրբ շրթունքների վրա խաղում էր մեղմ, երջանիկ մի ժպիտ, որ նրա քնքուշ դեմքի կանոնավոր գծերին մի կատարյալ ներդաշնակություն էր տալիս: Ոտից գլուխ նա երջանկություն, սեր և խաղաղություն էր շնչում:

Դուռը բացվեց, և շեմքում երևաց նրա ամուսինը — բժիշկ Զաքար Մարկոսյանը:

— Էմմա, հիմա ազատ եմ, կուզե՞ս գնանք զբոսնելու, — հարցրեց նա, պարզ ակնոցների միջից նայելով կնոջը:

— Գնանք, — ասաց Էմման, շարունակելով նայել դեպի դուրս: Հանկարծ նա դարձավ և ժպտուն աչքերով նայեց ամուսնու դեմքին: — Հիանալի եղանակ է, չէ՞:

— Հրաշալի՛ ասա, — պատասխանեց Զաքարը:

— Արամիկին էլ տանենք, չէ՞:

— Անպատճառ:

— Արամի՛կ, — կանչեց Էմման: — Արամի՛կ:

— Արամ, — իր կողմից բղավեց Զաքարը:

Մոտ հինգ տարեկան փոքրիկ, սիրուն երեխան ներս վազեց:

— Ի՞նչ է, մամա, — կանչեց նա՝ փաթաթվելով մոր ծնկներին:

— Եկ հագցնեմ, պետք է գնանք զբոսնելու: Այդ ի՞նչ է, քիթդ ո՞վ է մուր քսել:

— Արշակն էր, ա՛յ. մատը մրտ է անում, հետո մոտեցնում է քթիս, ասում է՝ ճանճը, ճանճը և քսում է:

— Տեսնեմ, — ասաց հայրը, Արամիկի դեմքն իր կողմն անելով: — Տեսնո՞ւմ ես այն չարաճճիին... Թող սրբեմ:

Եվ նա սրբելու փոխարեն, մատով կամաց խփեց Արամիկի մրոտ քթին և բարձրաձայն ծիծաղելո՛վ դուրս գնաց:

— Շուտ, շուտ, — կանչեց նա մյուս սենյակից, — արդեն կեսօր է:

Մի ժամից հետո մարդ ու կին թևանցուկ և Արամիկին առաջ գցած՝ արդեն զբոսնում էին քաղաքային այգում:

Օրը կիրակի էր, եղանակը՝ լավ. այգում բավական զբոսնողներ կային: Այստեղ՝ նոր կանաչող ծառերի տակ և նորածիլ, փթթող, փայլուն խոտերի մոտ գարնան կենսատու ուժն առավել ևս զգալի էր, արևի ճառագայթներն ավելի ևս ախորժելի էին, օդն առավել ևս թարմ էր, պարզ և թափանցիկ:

Զաքարն իրեն հատուկ շատախոսությամբ մի բան էր պատմում կնոջը, երբ հանկարծ ցիլինդրով և վայելուչ հագնված մի մարդ, որ գալիս էր նրանց դիմացից, գրավեց նրա ուշադրությունը: Նա լռեց և զարմացած նայեց այդ մարդուն, նրան թվում էր, թե այդ մարդը ծանոթ է իրեն: Բայց ցիլինդրով մարդը ուշադրություն չդարձնելով ոչ նրա և ոչ կնոջ վրա և մինչև անգամ, կարծես, չտեսնելով նրանց, անցավ նրանց մոտից և հեռանում էր: Զաքարը, մոտից լավ նայելով նրան, բոլորովին զարմացավ:

— Ի՞նչ ես այդպես խոր նայում այդ մարդուն, — հարցրեց կինը:

Փոխանակ կնոջը պատասխանելու, Զաքարը կանգ առավ և կանչեց ցիլինդրով մարդու հետևից:

— Արսե՛ն... Զազո՛ւնյան...

Ցիլինդրով մարդը կանգ առավ և ետ նայեց: Մինչդեռ նա հետաքրքրությամբ և զարմացած նայում էր Զաքարին, սա թողեց կնոջը և, մոտենալով նրան, հարցրեց իր մշտական ժպիտը դեմքին.

— Ինձ չե՞ս ճանաչում, Արսե՛ն:

Ցիլինդրով մարդն ավելի խոր նայեց:

— Ներեցե՛ք... ես ձեզ չեմ կարողանում հիշել, — ասաց նա, ըստ երևույթին, փոքր-ինչ շփոթված:

— Է՛է: բարեկամ, այդպես շուտ չեն մոռանում հին բարեկամներին, — ասաց Զաքարը գլուխը շարժելով: Բայց տեսնելով, որ ցիլինդրով մարդը դարձյալ շփոթված և զարմանքով խոր նայում է իրեն, գլուխը բարձրացրեց, աչքերը չռեց և ավելացրեց շտապով: — Ես Զաքարն եմ, եղբայր... Մարկոսյանը:

— Ա՛, Զաքար, — հանկարծ դուրս թռավ Զազունյանի բերանից, և նրա լուրջ դեմքի վրա մի ուրախ ժպիտ փայլեց: — Իսկապես որ այդ դու ես, — ավելացրեց նա, մեկնելով նրան իր ձեռքը:

— Վա՛հ, իհարկե, ես եմ, — կանչեց Զաքարը ծիծաղելով և ամուր սեղմեց նրա ձեռքը:

— Ների՛ր, որ չկարողացա ճանաչել, ժամանակը գիտես որ ամենակարող է:

— Մի՞թե իսկապես ես այդքան փոխվել եմ. ո՞վ գիտե աչքումդ արդեն ծեր եմ երևում:

— Չէ, ինչո՞ւ անպատճառ ծեր: Բայց դու բավական փոխվել ես:

— Դու էլ ես փոխվել, հապա ինչո՞ւ ես քեզ իսկույն ճանաչեցի:

— Որովհետև ակնոցներ ունես, — կատակով ասաց Զազունյանը:

Զաքարը բարձրաձայն ծիծաղեց:

— Իսկապես որ, գուցե պատճառն ակնոցներս են, — կանչեց նա և ապա գործնական և հետաքրքիր մարդու արագախոսությամբ հարցրեց. — բայց այս ո՞ւր ես այսքան ժամանակ, ի՞նչ ես անում, ո՞րտեղ ես թափառում, քանի ժամանակ է չենք տեսել իրար:

— Ճանապարհորդում էի:

— Ի՞նչպես թե ճանապարհորդում:

— Ճանապարհորդելն ի՞նչպես կլինի:

— Մի քաղաքից մյո՞ւսն էիր գնում, մի երկրից մյո՞ւսը:

— Այո:

— Հետո՞:

— Հետո ի՞նչ:

— Ինչո՞ւ համար:

— Հենց այնպես:

— Ինչպես թե հենց այնպես, զվարճությա՞ն համար:

— Կարող ես և այդպես հասկանալ, — ասաց ժպտալով Զազունյանը:

— Չէ, հավատացիր, Արսեն, ինչո՞ւ ես ճանապարհորդում, մի նպատակ կունենաս, իհարկե:

— Ոչ մի նպատակ չունեմ, — ասաց Զազունյանը:

— Է՛, ուրեմն ասա թափառում եմ, է՛լի, — կանչեց Զաքարը: — Երևի կյանքն արդեն ձանձրացրել է քեզ: Հա՞: Բայց չեմ կարծում. դու այնպիսի մարդկանցից չես, որ կյանքն երբևէ ձանձրալի թվա քեզ: Կյանքից էլ քաղցր բա՞ն աշխարհիս երեսին: Բայց դեռ մի եկ ծանոթացնեմ քեզ կնոջս հետ: Չէ՞ որ ես արդեն ամուսին և հայր եմ և այնքան երջանիկ, որ դու իսկի մտքովդ էլ չես կարող անցկացրած լինել:

Եվ բռնելով Զազունյանի թևից, Զաքարը տարավ նրան կնոջ ու որդու մոտ, որոնք մինչև այդ ժամանակ հետաքրքրությամբ նայում էին իրենց բոլորովին անծանոթ պարոնին:

2

— Էմմա, ներկայացնում եմ քեզ իմ վաղեմի ամենալավ և ամենասիրելի ընկերոջս ու բարեկամիս Արսեն Զազունյան:

Զազունյանը լուռ գլուխ տվեց: Էմման նույնպես լուռ ողջունեց:

— Այս էլ որդիս՝ Արամիկը, — ներկայացրեց Զաքարը՝ հոր երջանիկ ժպիտը դեմքին:

Զազունյանը ժպտալով կամացուկ խփեց Արամիկի թշին:

— Գեղեցիկ որդի ունեք: Քանի՞ տարեկան է:

— Թող ինքը պատասխանի:

— Ես հինգ տարեկան եմ, պարոն, — համարձակ ասաց Արամիկը, իր պայծառ աչիկներով նայելով ուղղակի Զազունյանի դեմքին:

— Մի՞թե: Բայց, իհարկե, դեռ կարդալ ես իմանում:

— Կարդա՞լ: Ոչ. միայն անունս գրել գիտեմ: Մամաս է սովորեցրել:

— Այդ լավ է… բայց չեմ կարծում, որ դու խելոք տղա լինես:

— Ոչ, պարոն, ես խելոք եմ. ոչ մի ժամանակ չարություն չեմ անում: Ուզում եք հարցրեք պապայիս, մամայիս: Գուցե շատ փոքրիկ ժամանակս չարություն եք արել, բայց հիմա չեմ անում, որովհետև հասկանում եմ, որ չարություն անելը վատ է. մամաս այդ ինձ հասկացրել է:

Ամենքն էլ ծիծաղեցին:

— Ապրես, ապրես, — ասաց Զազունյանը: — Տեսնում եմ, որ իսկապես խելոք տղա ես, որովհետև լսել ես մամայիդ: Այդպես պետք է լինել միշտ:

— Հը ի՞նչպես է, — ինքնագոհ եղանակով կանչեց Զաքարը:

— Երեխան բավական սրամիտ է, — պատասխանեց Զազունյանը:

— Եվ ո՞վ գիտե՝ դու դեռ ամուսնացած չես:

— Ե՞ս, — հապաղելով և մտախոհությամբ պատասխանեց Զազունյանը: — Ոչ:

Էմման ակամա հետաքրքրությամբ նայեց նրա աչքերին:

— Իզո՛ւր, իզո՛ւր, Արսեն, — ասաց Զաքարը փորձված մարդու վստահությամբ: — Եթե միայն գիտենաս, թե որքան քաղցր է կին և որդի ունենալը...

— Բայց ոչ ամենքի համար, — նույն մտախոհությամբ պատասխանեց Զազունյանը:

Նա ուրիշ կողմն էր նայում:

— Ի՛նչ ես ասում, — կանչեց Զաքարը — ամենքի՛ համար, ամենքի՛, հավատացնում եմ քեզ, ամենքի՛: Բայց, իհարկե, եթե ինքդ վատ կլինես և միշտ վատ կվարվես կնոջդ հետ, այդ ուրիշ բան է:

— Ոչ, կարող է ինքը — մարդը լավ լինել և բոլորովին էլ վատ չվարվել կնոջ հետ, մինչև անգամ կարող է սիրել նրան. և միևնույն ժամանակ բախտավոր չլինել:

— Է՛, բարեկամ, այդ միայն խոսք է, այդպիսի բան չի կարող պատահել: Իսկ ես ասում եմ անձնական փորձի վրա հիմնված, — ասաց Զաքարը ծիծաղելով և նայեց կնոջը, ըստ երևույթին սպասելով, թե կհաստատի իր ասածը:

Բայց կինը մինչև անգամ չժպտաց, այլ շատ լրջորեն և մտախոհ նայեց Զազունյանին, նրան թվում էր, թե այդ մարդը իր կարծիքը հայտնեց նույնպես անձնական փորձի վրա հիմնված:

— Ավելի լավ է թողնենք այս խոսակցությունը, — ասաց Զազունյանը շատ լուրջ, մինչև անգամ խիստ ձայնով և ավելացրեց. — խնդրեմ ներեք ինձ, ես շտապում եմ:

— Ի՞նչ, դու գնո՞ւմ ես, — կանչեց Զաքարը:

— Այո, մի շատ կարևոր գործ ունեմ, ոչ մի կերպ չեմ կարող հետաձգել:

— Ես կարևոր գործ-մործ չգիտեմ: Թեկուզ հազար մարդու կյանք լինես փրկելու, ես քեզ չեմ թողնի հիմա: Պետք է գնանք մեր տուն:

— Հավատացի՛ր, Զաքար…

— Չեմ հավատում: — Ամբողջ տասը տարուց հետ հազիվ գտել ենք միմյանց, և դու գոնե այս մի օրը չե՞ս ուզում մեզ հետ անցկացնել: Գնանք:

— Զաքար, դու խո ճանաչո՞ւմ ես ինձ, էլ ի՛նչ հարկավոր է շատ խոսել:

Զաքարը հուսահատությամբ նայեց կնոջը:

— Էմմա, գոնե դու խնդրիր, գուցե քեզ լսի:

— Զարմանալի է, — պատասխանեց կինը, — ինչո՞ւ դու այդպես պնդում ես: Պարոնի առաջ մեր տան դռները միշտ բաց են. երբ կամենում է, թող շնորհ բերի, թեև, իհարկե, — ավելացրեց նա նայելով Զազունյանին, — ես շատ ուրախ կլինեի, եթե այսօր ճաշին մեզ մոտ հյուր լինեիք:

— Որքան էլ այդ ինձ համար ցանկալի և քաղցր լինի, տիկին, անկարող եմ, — պատասխանեց Զազունյանը զիջող եղանակով: — Բայց ես խոստանում եմ երեկոյան անպատճառ գալ ձեզ մոտ:

— Է՛հ: ի՛նչ արած, քո կամքն է, — վերջապես փափկեց Զաքարը: — Ես այնպես համառ չեմ կարող լինել, ինչպես դու: Բայց երեկոյան…

— Խոսք եմ տալիս, որ կգամ:

Զաքարը տվեց իրենց հասցեն:

Զազունյանը սեղմեց երեքի ձեռքն էլ և հեռացավ:

3

Մարդ ու կին դարձյալ թևանցուկ արին և, Արամիկին առաջ գցելով, առաջ անցան:

— Ի՛նչ տարօրինակ մարդ էր բարեկամդ, — ասաց Էմման:

— Ի՞նչպես: Որ այնպես տաք-տաք չընդունեց ինձ, ինչպես ես՝ նրան, և շուտով էլ փախա՞վ — հարցրեց Զաքարը:

— Չէ, առհասարակ:

— Այդ ճիշտ է, բայց որ լավ ճանաչես, կտեսնես, որ դրա պես բարի, խելոք, անձնազոհ, գլխավորը՝ ազնիվ մարդ հազով թե գտնվի: Ես նրան շատ լավ եմ ճանաչում: Ես ու նա ամբողջ տարիներ մի ուսումնարանում, մի համալսարանում, մի նստարանի վրա ենք անցկացրել, ա՛յ, այսպես, ինչպես հիմա ես ու դու կողք-կողքի անցնում ենք: Ասում եմ, էլի, ամբողջ աշխարհը ճրագովման գաս, դրա նման ճշմարիտ մարդ չես գտնի: Եթե հավատանք, որ աշխարհիս երեսին սուրբ մարդ կա, այն էլ միայն դա պետք է լինի...

Էմման բարձրաձայն ծիծաղեց:

— Ինչո՞ւ ես ծիծաղում, — հարցրեց Զաքարը:

— Ոչինչ, դու շարունակիր:

— Ի՞նչ, չե՞ս հավատում, կարծում ես չափազանցի՞ւմ եմ:

— Ո՞վ է ասում, — ասաց կինը, շարունակելով ծիծաղել:

— Տեսնո՞ւմ ես, սիրելիս, դու ծիծաղում ես, բայց ես քեզ ճշմարիտ բան եմ ասում: Իսկ ինչո՞ւ չես ուզում հավատա, նրա՛ համար, որ աշխարհիս երեսին վատ մարդիկ այնքան շատացել են, որ լավ մարդկանց գոյությունն էլ անհավատալի է թվո՛ւմ: Այ, ես քեզ հիմա նրա ուսանողական կյանքից մի բան կպատմեմ, և դու կտեսնես, որ նրան այդքան գովելով չեմ չափազանցում: Բայց դու, խնդրեմ, մի՛ ծիծաղիր:

— Չեմ ծիծաղի, պատմիր:

— Մի անգամ գիմնազիոնում դասընկեր աշակերտներից մեկը մի ինչ-որ շատ վատ բան էր արել, թե ինչ բան, ես քեզ այդ չեմ ասի... Իսկապես հայտնի չէր, թե ով էր այդ շատ վատ բան անողը, բայց ինչպես էր, ինչպես չէր, կասկածը Զազունյանի վրա էր ընկել: Ոչ ոք չէր հավատում, իհարկե, թե Զազունյանն ընդունակ կլինի որևէ վատ արարքի, ո՞ւր մնաց մի այնպիսի բանի, որպիսին անհայտ աշակերտն էր արել, որն և ամբողջ գիմնազիոնում սարսափելի աղմուկ էր ձգել: Բայց և այնպես Զազունյանին մանկավարժական ժողովը դատի կանչեց: Զազունյանը ժողովին հայտնեց, որ «շատ վատ բան» անողն ինքը չէ, այլ ուրիշը, բայց թե ով, այդ ինքը կասի, չնայելով որ գիտե: Մանկավարժական ժողովն ստիպեց որ ասի — չասաց, մինչև անգամ ժողովն սպառնաց, որ նրան կվռնդեն գիմնազիոնից — դարձյալ չասաց: Եվ վռնդեցին: Ամբողջ գիմ...

— Սպասի՛ր, — ընդհատեց նրան կինը: — Էլ ինչո՞ւ էր նա ժողովո՛ւմ հայտնում, թե գիտե ով է «շատ վատ բան» անողը, երբ չէր ուզում նրա անունը հայտնել, ուղղակի կասեր՝ չգիտեմ:

— Ջէ, սիրելիս, դու սխալվում ես. նա որոշ նպատակ է ունեցել, որ այդպես է ասել, նա ուզել է, որ հանցավոր աշակերտն իմանա այդ և ինքն իր բերանով խոստովանի:

— Հե՞տո, խոստովանեց:

— Ասեմ, այդպես ուրեմն, Զազունյանին վռնդեցին գիմնազիոնից... Բայց գուցե այս էլ կարծես, որ նախ՝ մեծ հիմարություն է վատ ընկերոջ պատճառով կամովին թույլ տալ, որ իրեն արձակեն ուսումնարանից և երկրորդ՝ անբարոյականացնել է նշանակում հանցավոր ընկերոջ անունը ծածկել, որպեսզի նա իրեն արժանի պատիժը չստանա: Այդպես էլ ես կարծում, չէ՞: Համաձայն եմ քեզ հետ, և այն ժամանակ շատերն էլ այդպես էին կարծում, նույնիսկ մանկավարժական ժողովը, որ հենց այդ բանի համար էլ վռնդեց նրան գիմնազիոնից: Բայց արի տես, որ նա մարդու հոգին ավելի լավ էր հասկացել: Ի՞նչպես, կհարցնես: Ահա՛ ինչպես: Երբ Զազունյանին արձակեցին գիմնազիոնից, նա, իհարկե, այլևս գիմնազիոն չէր հաճախում: Ամենքը խղճում էին նրան, բայց և հիանում էին նրա մեծահոգության վրա: Որ զգաստ, ազնիվ և խելոք բնավորությամբ նա այնպիսի համակրություն էր վայելում բոլոր ընկերների մեջ, որ ուրիշ կերպ չէին կարող նայել այդ ցավալի դեպքի վրա: Անցավ այդպես մեկ մի շաբաթ: Մի օր հանկարծ, դասի ժամանակ, բոլոր դասարանի ներկայությամբ, վեր է կենում աշակերտներից մեկը և տեսչին խոստովանում է, որ հանցավոր աշակերտն ինքն է, որի պատճառով հեռացրել են Զազունյանին գիմնացիոնից — հասկանո՞ւմ ես — և խնդրում է, որ Զազունյանին նորից ընդունեն և եթե վռնդելու են, թող իրեն վռնդեն: Ես լավ էի ճանաչում այդ աշակերտին, թեև աշխատասեր, բայց անբարոյական, վատ տղա էր, բացի դրանից, Զազունյանին սաստիկ թշնամի էր, որովհետև Զազունյանը միշտ նախատում էր նրան իր վատ արարքների համար: Ամենքը զարմացան Զազունյանի ազնիվ սրտի վրա, որ նա իր թշնամու համար թույլ է տվել իրեն պատժելու: Պակաս չզարմացան նաև այդ տղայի վրա, որ խոստովանում էր իր հանցանքը և խնդրում, որ իրեն պատժեն, իսկ Զազունյանին նորից ընդունեն: Տեսնո՞ւմ ես, Զազունյանը ո՛րտեղ է ըմբռնել մարդու հոգին: Այդպես էլ արին, այսինքն՝ Զազունյանին հետևյալ օրն ևեթ հայտնեցին, որ կարող է նորից գիմնազիոն հաճախել, իսկ այն տղային գիմնազիոնից վռնդելու փոխարեն մի ուրիշ պատիվ տվին, որովհետև նա այնքան ազնիվ էր գտնվել, որ իր հանցանքը իր բերանով էր խոստովանել: Իսկ այդ օրից հետո, կհավատաս, առաջվա այդ անբարոյական տղան ուղղվեց և ամենասերտ կերպով բարեկամացավ Զազունյանի հետ:

Վերջին բառերն արտասանելով, Զաքարը հանկարծ նայեց կնոջը:

— Հը չլինի՞ դարձյալ ուզում ես ծիծաղել, — ասաց նա:

Էմման նայեց նրան և ծիծաղեց:

— Դե ի՞նչ անեմ, ինքդ ես ստիպում, որ ծիծաղեմ, — ասաց նա: — Ես բոլորովին միտք էլ չունեի ծիծաղելու:

— Չէ, սիրելիս, մի ծիծաղիր, ես քեզ ճշմարիտ բան եմ ասում թե չէ՝ խո գիտես, ես սուտ խոսել չեմ սիրում:

— Բայց չափազանցնել սիրում ես:

— Տեսնո՞ւմ ես, դու դարձյալ քոնն ես պնդում: Երբ որ այդպես է, էլ ի՞նչ զանազանություն կա սուտ խոսեր և չափազանցելու մեջ:

— Այն, որ մի բանի վրա տասն էլ իրենց կողմից են ավելացնում, լուն ուղտ են շինում:

— Այնպես որ եղելությունն էլ մի սուտ բան է դառնում:

Էմման նայեց նրան և դարձյալ ծիծաղեց:

— Այո, — ասաց նա:

— Երբ որ այդպես է, ես էլ քեզ ոչինչ չեմ պատմի, — վիրավորված եղանակով ասաց Զաքարը:

Էմման շարունակեց ծիծաղել:

— Կպատմես, — ասաց:

— Չեմ պատմի:

— Կպատմես:

— Չեմ պատմի:

— Չէ, պատմիր, բայց քեզանից ոչինչ մի ավելացնիր:

— Ո՞վ է ավելացնում, է՛, — կանչեց Զաքարը բարկացած:

Էմման դարձյալ ծիծաղեց:

— Լավ, լավ, մի բարկանար, — ասաց նա: — Ա՛յ, դու ինձ այս պատմիր, թե ո՛վ և ի՛նչ պաշտոնի տեր է այդ քո բարեկամը: Անպատճառ որևէ բանկի դիրեկտոր կլինի, կամ որևէ ֆիրմայի ներկայացուցիչ:

— Ինչի՞ց ես եզրակացնում:

— Ցիլինդրից, հագուստից:

— Ճիշտն ասած, ես էլ չգիտեմ, — ասաց Զաքարը: — Ծնողների մահից հետո չքացավ և այն գնալն էր որ գնաց: Ուր գնաց և ինչ էր անում մինչև հիմա, այդ ինչպես դու գիտես, այնպես էլ՝ ես: Այդ էլ երևի կիմանանք այս երեկո:

4

Երեկոյան՝ իր խոստման համաձայն՝ Զազունյանը այցելեց Մարկոսյաններին: Հյուրասենյակում նրան ընդունեց Էմման:

— Երեկայեցեք, — ասաց նա ժպտալով, — ամուսինս քնած է:

— Քնա՞ծ:

— Այո, ճաշը կերավ թե չէ, անմիջապես պետք է պառկի քնելու, և քնում է մինչև ժամը վեց-յոթ:

— Ճաշից հետո անմիջապե՛ս... Մարդը բժիշկ է, չգիտե՞, որ ճաշից հետո քնելը վնաս է առողջության:

— Խո գիտեք, սովորությունը երկրորդ բնավորություն է դառնում: Ինչքան աշխատել եմ, որ թողնի այդ սովորությունը, չի լինում: Այսօր էլ ասում եմ՝ ամոթ է, պ. Զազունյանը շնորհ պետք է բերի, մի՛ քնիր, որ ընդունենս. — ոչինչ, ասում է, նա ինձանից չի նեղանա: Այդպես էլ պառկեց ու քնեց, բայց ես իսկույն կզարթեցնեմ նրան:

— Չէ՛, չէ՛, տիկին, խնդրեմ, — շտապով ասաց Զազունյանը: — Թողեք, որ այսօր էլ ինձ համար բացառություն չկազմի:

— Ոչ, դուք ներում եք, բայց ես չեմ ների, — ուրախ կերպով բացականչեց Էմման: — Ներեցեք, ես իսկույն...

Եվ նա շտապով դուրս գնաց:

Մենակ մնալով, Զազունյանը նայեց պատերից կախած լուսանկարներին և ձիթաներկ պատկերներին, հետո մոտեցավ լուսամուտներից մեկին և սկսեց դեպի դուրս նայել:

Չանցավ երեք րոպե, երբ խալաթը հագին, ուռած աչքերով, կարմրած դեմքով և խճճված մազերով, քնաթաթախ ներս վազեց Զաքարը: Նրան հանդարտ հետևում էր Էմման և ժպտում:

— Դու արդեն եկե՞լ ես, Արսեն ջան, — կանչեց Զաքարը, և քիչ մնաց գրկի նրան: — Բայց, եղբայր, ես քեզնից որ չեմ ամաչում, ինչո՞ւ կինս ստիպում է ինձ, որ ամաչեմ:

— Ինչո՞ւ, — պատասխանեց ժպտալով Զազունյանը, — որովհետև, ինչպես իրեն՝ հարգելի տիկնոջն էլ ասացի, ինքդ բժիշկ ես և ճաշից հետո անմիջապես պառկում ես քնելու:

— Ուզում ես ասել, որ ես առողջապահական կանոններին հակառա՞կ եմ գնում: Ոչինչ, այդ իմ, այսինքն — բժշկի վերաբերմամբ նշանակություն չունի: Այ, այն ժամանակ կարող էիք ինձ նկատողություն անել, երբ ես իմ հիվանդներին խորհուրդ տայի, որ ճաշից հետո անմիջապես պառկեին քնելու: Բայց ես... է՜հ, թուլություն է, էլի՜:

— Մարդ նախ և առաջ խիստ պետք է լինի դեպի ինքը, — ասաց Զազունյանը:

— Ճիշտ է, եթե միայն այդ մարդը կամք ունի, բայց ինձ պես թույլ կամքի տեր մարդիկ... Դու խո գիտես, որ երբ ես մի բան սովո՛րություն արեցի, այնուհետև թեկուզ գլուխս ճղիր, այլևս դրանից ձեռք վերցնողը չեմ: Այսպես էլ ճաշից հետո անմիջապես քնելը, փորս կշտացավ թե չէ, մեկ էլ տեսնես աչքերս փակվում են, դե արի ու մի քնիր... Բայց այս երևույթն ի՞նչպես կբացատրեք, պարոն և տիկին, — հանկարծ նոր գյուտ արած մարդու նման բացականչեց նա, — որ ճաշից հետո անմիջապես քնելով, երբ զարթնում եմ, ինձ կատարելապես լավ եմ զգում, ինչպես հիմա, իսկ եթե անմիջապես չքնեմ կամ բոլորովին չքնեմ, ինձ շատ վատ կըզգամ, ինչպես այդ մի երկու անգամ փորձել եմ: Հը, ինչպե՞ս կբացատրեք այս երևույթը:

— Որովհետև այդ սովորություն եք արել, պարոն, — ասաց Էմման:

— Ա՜, ուրեմն տեսնո՞ւմ եք, որ սովորությունից դուրս գալն էլ առողջապահական կանոններին դեմ է: Ուրեմն դուք իրավունք չունեք ինձ նախատելու, իսկ ես պարտավոր չեմ ամաչելու: Բայց ես դեռ գնամ լվացվեմ, հագնվեմ, հետո կտեսնենք, թե ինչպես առողջ և զվարթ կերևամ:

Եվ նա համարյա դուրս վազեց:

Ջազունյանը ժպտաց նրա ետևից և նայեց Էմմային:

— Նույնն է, ինչ որ առաջ, — ասաց նա. — բոլորովին չի փոխվել: — Չէ՞ որ մի ժամանակ մենք ամենամոտ բարեկամներ էինք, տիկին, — ավելացրեց նա:

— Այո՛, այդ մասին նա այսօր պատմում էր ինձ, — պատասխանեց Էմման:

— Նույն անհոգը, նույն մշտական ուրախը, — շարունակեց Ջազունյանը: — Բայց պաշտոնի մեջ ի՞նչպես է, ծույլ խո չէ՞:

Էմման ծիծաղեց:

— Դուք այդ հարցնում եք, որովհետև նա թուլություն ունի ճաշից հետո՝ քնելո՞ւ. — ասաց նա: — Ոչ, պաշտոնի մեջ, պետք է ճշմարիտն ասած, շատ արի է: Մոտ օրերումս հիվանդանոցի տեսուչը հայտնել է իր շնորհակալությունը:

— Ո՞ր հիվանդանոցումն է ծառայում:

— Քաղաքային:

Նրանք դարձյալ Զաքարի մասին էին խոսում, երբ նա ինքը ներս մտավ հագնված, լվացված և սանրված: Նրա սև մազերը թացությունից փայլում էին:

— Իմ մասի՞ն էիք խոսում, — հարցրեց նա: — Գիտեմ՝ անպատճառ ինձ գովելիս կլինեիք: Չէ՞:

— Ընդհակառակն՝ ես քեզ վատաբանում էի, — ասաց Էմման ժպտալով:

— Ինչո՞ւ: Որովհետև ես քեզ ամեն օր ծեծո՞ւմ եմ: Չէ, ճշմարիտը պետք է խոստովանած, Արսեն, որ ես շատ լավ մարդ եմ, — լրջությամբ ասաց Զաքարը, — անվնաս մարդ եմ. ես այդ ուղղակի ասում եմ, թե չէ՝ դու խո ճանաչում ես ինձ: Իբրև ամուսին և հայր, ես չեմ կարծում, թե իսկապես այն չլինեմ, ինչ ամուսնուն և հորն է պետք: Չէ՞, Էմմա, ինքդ խոստովանիր:

Էմման նայեց նրա աչքերին և ծիծաղեց միայն:

— Դու այսօր միշտ ծիծաղում ես, — նկատեց Զաքարը:

— Իսկ դու ամեն օր ես ծիծաղում:

— Տիկինը քեզ իբրև բժշկի, նույնպես գովում էր, — ասաց Զազունյանը:

— Եվ վատ չէր անում: Իբրև բժիշկ, ես նույնպես արժանի եմ գովասանքի ես այդ էլ ուղղակի կասեմ: Հավատացնում եմ քեզ, Արսեն, որ եթե բոլոր բժիշկներն ինձ պես մարդիկ լինեին, աշխարհիս երեսին այսքան հիվանդ չէր լինի: Ոչ թե հասկացողության կողմից եմ ասում ես, ոչ, այլ վարվեցողության կողմից, որովհետև բժիշկը բժիշկ լինելուց առաջ պետք է սառը լինի, պետք է խիղճ ունենա, պետք է զգացմունք ունենա, պետք է գիտենա վարվել հիվանդի հետ, ուշադիր պետք է լինի դեպի հիվանդը: Այդ կողմից, առանց պարծենալու եմ ասում, Արսեն, ես ճշմարիտ և հավատարիմ կերպով ծառայում եմ պաշտոնիս: Գուցե հասկանալով ես այնքան էլ չեմ հասկանում, ինչքան պետք է փորձված ու հմուտ բժշկին, բայց որ բոլոր հիվանդներիս սիրում և կարեկցում եմ — այդ ճշմարիտ է: Շատ անգամ, հավատացիր ինձ, հիվանդիս հետ զանազան բաների մասին քաղցր մասլահաթ անելով՝ ավելի շուտ եմ հասկանում նրա հիվանդությունը, քան թե բժշկական գիտությամբ և գործիքներովս:

Էմման և Զազունյանը ծիծաղեցին, իսկ նրանց հետ և ինքը՝ Զաքարը:

— Սակայն ի՞նչ եմ ես այսպես հենց միայն իմ մասին պատմում, — ասաց նա: — Ճանապարհորդը դու ես, դու պետք է պատմես, թե ինչ ես տեսել, ինչ չես տեսել այսքան ժամանակ հենց միայն ճանապարհորդո՞ւմ էիր:

— Կարելի է ասել այո, — հապաղելով պատասխանեց Զազունյանը:

— Առանց պաշտոնի՞:

— Համարյա թե:

Զազունյանի կցկտուր պատասխաններից երևում էր, որ նրան հաճելի չէր այդ հարցուփորձը: Էմման այդ իսկույն նկատեց, բայց Զաքարը իր միամտությամբ շարունակեց իր հարցուփորձը:

— Հիմա ինձ այս ասա, Արսեն, ո՞ր քամին է քշել քեզ դարձյալ մեր կողմերը:

— Գնում եմ Շ... Դու խո գիտես, որ ես այնտեղ բավական ժառանգական կալվածներ ունեմ: Մի քանի ազգականներ, օգտվելով բացակայությունիցս, այդ կալվածները համարյա թե սեփականացրել են: Այժմ գնում եմ, որ դրա դեմն առնեմ: Այդ մասին ես արդեն դատ եմ բաց արել:

— Ե՞րբ է նշանակված դատը:

— Երեք շաբաթից հետո:

— Ա՛յ, ինչ է նշանակո՛ւմ տուն, տեղ, հայրենիք, կալվածներ թողնել և անպաշտոն ճանապարհորդել, — ասաց Զաքարը: — Դեռ ես վախենում եմ, որ այդ կալվածներից դատարկ էլ նստես:

Զազունյանը ժպտաց:

— Մի՛ վախիր, դատարկ չեմ նստի, — պատասխանեց նա:

— Տա աստված: Էմմա, ի՞նչ ենք անում, ինչո՞վ ենք պատվում մեր թանկագին հյուրին:

Էմման վեր կացավ ու դուրս գնաց թեյի մասին կարգադրություններ անելու: Նախասենյակում ներս վազելով նրա դեմն ելավ Արամիկը, որն, աղախնի հետ զբոսանքի գնացած լինելով, հենց նոր էր վերադառնում: նա ուղղակի փաթաթվեց մոր ծնկներին: Մայրը խոնարհվեց, երկու ձեռքով բարձրացրեց նրա գլուխը և պինդ համբուրեց նրա վիզը, ծնոտի տակ, որտեղ միշտ սիրում էր համբուրել:

— Պ. Զազունյանը եկել է, Արամիկ, — ասաց նա կամացուկ. — գիտե՞ս, այն պարոնը, որի հետ պապան այսօր ծանոթացրեց մեզ այգում: Գնա և բարևիր:

— Նա մեր բարեկամն է, չէ՞, մամա, — հարցրեց Արամիկը:

— Այո, մեր... պապայի բարեկամն է, — պատասխանեց մայրը, նրա մազերն ուղղելով: — Գնա: Բայց, տես, ներս չվազես, խելոք մտիր:

Արամիկը գնաց դեպի հյուրասենյակ, իսկ Էմման՝ դեպի դուրս: Նրա դեմքն արևի նման պայծառ էր:

5

Չորս օր շարունակ Զազունյանը չերևաց: Էմման տխուր էր, ինքն էլ չգիտեր ինչու: Մենակ նստած ժամանակ՝ տան գործերով զբաղվելիս կամ գիրք կարդալիս նրա մտքերն ակամա դառնում էին դեպի Զազունյանը:

«Չէ, շատ տարօրինակ մարդ է», մտածում էր նա: «Մեկ շատ խորհրդավոր է երևում, մեկ՝ շատ պարզ... չես իմանում, ինչպիսի մարդ է իսկապես: Այնինչ Զաքարն ասում է՝ ազնիվ, խելոք և... սուրբ մարդ է, սուրբը ո՞րն է... ցիլինդրով էլ սուրբ կլինի՞», ծիծաղում էր նա: «Բայց ես շատ եմ սիրում, որ ժպտում կամ ծիծաղում է... Մանավանդ նստելը, նստելը... ի՜նչ գեղեցիկ նստում է շիփ-շիտակ, երբեք ետ չի ընկնում աթոռի մեջքին, իսկ ձեռքերն ի՜նչպես հանգիստ, ազատ է պահում...»:

— Արամի՛կ, — հանկարծ կանչում էր նա, նայելով դռան կողմը: — Արա՛մ... Մա՛շա...

Ոչ Արամիկ էր հայտնվում, ո՛չ Մաշա:

— Արամի՛կ... Մա՛շա... Մաշա, — նորից կանչում էր նա:

Մտնում էր ռուս աղախինը:

— Ո՞ւր է Արամիկը:

— Երեխաների հետ խաղում է բակում, տիկին, կանչե՞մ

— Այո... Ոչ: Թող խաղա, միայն ասա, ո՛ր շատ չվազվըզի լըրտնի:

Աղախինը դուրս է գնում:

Այնուհետև Էմման սկսում էր մտածել ուրիշ բաների մասին, աշխատելով վանել իր մտքից Զազունյանի պատկերը:

Դրսից կառքի ձայն էր լսում, նա վեր էր կենում, լուսամուտից նայում էր դուրս և, տեսնելով, որ միայն Զաքարն է, նորից նստում էր իր տեղը:

Մտնում էր Զաքարը՝ մշտական ժպիտը դեմքին: Նստում էր կնոջ մոտ և սկսում պատմել, ինչ որ գիտեր կամ լսել էր այդ օրը: Պատմում էր իրեն հատուկ աշխուժությամբ և կատակներով: Կինն առանց գլուխը բարձրացնելու ձեռագործի վրայից, լսում էր նրան և, երբ հարկավոր էր ծիծաղել, ծիծաղում էր: Զաքարը պատմում էր, պատմում և, երբ հոգնում էր շատախոսությունից կամ խոսելու նյութը սպառվում էր, վեր էր կենում և գնում առանձնասենյակը:

— Զաքար, — չորրորդ օրը կանչեց Էմման ամուսնու ետևից, երբ նա շատախոսությունից հետո դուրս էր գնում:

— Ի՞նչ է, սիրելիս:

Էմման թողեց ձեռագործը և նայեց նրան:

— Քո բարեկամն, ինչպես երևում է, մեզ մոռացավ, — ասաց նա ժպտալով:

— Զազունյա՞նը:

— Այո,

— Է՛, մի վախիր, նա մեզ այսպես շուտ չի մոռանա:

Երևի գործ ունի, որ այս քանի օրը չի այցելում: Սակայն այս երեկո ես մտադիր եմ գնալ նրա մոտ հյուրանոց: «Գրանդ Օտելումն» է իջած: Ուզո՞ւմ ես միասին գնանք:

— Այդ ի՞նչ է անդրավարտիքդ, — նկատեց Էմման. — համարյա կոշիկներիդ տակն է ընկել, չե՞ս կարող փոքր-ինչ վեր քաշել:

Զաքարը նայեց ոտներին և բթերի վրա բարձրանալով, սկսեց վեր քաշել անդրավարտիքը:

— Վեր քաշելը չի օգնում, սիրելիս, օրը հազար անգամ վեր եմ քաշո՛ւմ, դարձյալ ոտներիս տակն է ընկնում: Չգիտեմ սա՞ է երկար, թե ես եմ կարճ, — ավելացրեց նա:

— Անշուշտ դու ես կարճ և պետք է փոքր-ինչ երկա րես, — ասաց Էմման ժպտալով:

Զաքարը բարձրաձայն ծիծաղելով դուրս գնաց: Մյուս սենյակից լսվեց նրա անճոռնի ձայնը, որ հեռանալով ինչ-որ երգում էր:

Էմման շարունակեց ձեռագործը և ցածր ձայնով ձայնակցեց նրան: Նրա դեմքն այժմ ամբողջապես ժպտում էր: Նրա անորոշ տխրությունը կատարելապես անցել էր: Այժմ իրեն շատ հանգիստ և ուրախ էր զգում:

Երեկոյան մարդ ու կին, դուրս գալով զբոսանքի, ճանապարհին պետք

է անցնեին Զազունյանի կողմը և եթե նրան հյուրանոցում գտնեին, պետք է վերցնեին իրենց հետ: Չնայելով, որ ցերեկը բավականին տաք էր, բայց արևը մայր մտնելուց հետո, ինչպես մարտին լինում է միշտ, եղանակը զգալի կերպով ցրտել էր: Նրանք նստեցին մի կառք և քշել տվին դեպի Միքայելյան կամուրջը: «Գրանդ Օտելի» առաջ Զաքարը կառքը կանգնեցնել տվեց:

— Բարձրանանք Զազումյանի մոտ, Էմմա:

— Ոչ, ես չեմ գա, դու բարձրացիր:

— Ինչո՞ւ:

— Մի րոպեի համար արժե՞ բարձրանալ: Դու գնա, ես այստեղ կսպասեմ:

— Ինչպես կամենում ես:

Զաքարն իջավ կառքից և մտավ հյուրանոց:

Էմման մնաց կառքի մեջ և սպասում էր: Չանցավ երեք րոպե, հյուրանոցի երկրորդ հարկի պատշգամբներից մեկի դուռը բացվեց, և գլխաբաց դուրս եկավ Զազունյանը, իսկ նրա ետնից՝ Զաքարը:

— Տիկին, ինչո՞ւ չեք բարձրանում, — ցած նայելով, ասաց Զազունյանը: — Խնդրեմ շնորհ բերեք:

Էմման իջավ և մտավ հյուրանոց: Սանդուղքի վրա, մի քանի աստիճան շտապով իջնելով, ընդունեց նրան Զազունյանը և բարեկամաբար սեղմեց նրա ձեռքը:

— Մի՞թե ձեզ հաճելի չէ ժամանակավոր բնակարանս արժանացնելու ձեր այցելության քաղցր պատվին, — ասաց նա ժպտալով:

— Չէ, գիտե՞ք, պ. Զազունյան, որովհետև զբոսանքի էինք դուրս եկել, այդ պատճառով էլ չուզեցի մի քանի րոպեի համար իզուր բարձրանալ:

— Ի՛նչ զբոսանքի համար միշտ ժամանակ կարող եք գտնել:

— Եվ, բացի դրանից, վախենում էի ձեզ անհարմար դրության մեջ դնեինք:

— Ախ, դուք դարձյալ ինձ ամաչեցնում եք, տիկին, — կանչեց Զազունյանը: — Ձեր այցելությունն ինձ համար միշտ փափագելի և սիրելի է: Խնդրեմ համեցեք:

Այդ խոսքերի հետ նա բաց արեց իր սենյակի դուռը և ետ կանգնեց՝ Էմմային ներս թողնելու համար: Էմման մտավ: Նրա ետնից՝ ինքը:

— Տեսնո՞ւմ ես, Էմմա, — ասաց Զաքարը, — դու ինձ հակառակում էիր, բայց Զազունյանը կարողացավ քեզ բերել այստեղ:

— Եվ ես դրա համար շատ շնորհակալ եմ տիկնոջից, — ասաց Զազունյանը և մի բազկաթոռ առաջ քաշելով՝ առաջարկեց Էմմային: — Եվ չնայելով, որ դուք ուզում եք գնալ զբոսանքի, — շարունակեց նա, — բայց և այնպես այս երեկո ձեզ այդ չի հաջողվի:

— Ի՞նչպես, — հարցրեց Զաքարը:

— Որովհետև դուք իմ հյուրս եք լինելու:

— Ի՛նչ:

— Այո՛, այո՛, — ժպտալով պնդեց Զազունյանը և մոտենալով էլեկտրական հնչակի զսպանակին՝ մատով սեղմեց: Դրսից լսելի եղավ հնչակի անընդհատ, դողդոջուն ձայնը, և նույն րոպեին ներս մտավ իմերել սպասավորը: Զազունյանը հանեց գրպանից երկու հատ քսան կոպեկանոց և, տալով ծառային, ասաց, որ կառքը ճանապարհ ձգի:

— Վա՛հ, ի՞նչ ես անում, — այնպես գոռաց Զաքարը, որ խեղճ իմերել սպասավորի աչքերը չռած մնացին: Նա վեր թռավ տեղից, վազեց ծառայի մոտ և խլեց նրա ձեռքից փողերը — Այդ քաղաքավարությունը ո՞րտեղից ես սովորել, բարեկամ, ասաց նա լրջությամբ նայելով Զազունյանի աչքերին և փողերը վերադարձնելով նրան: — Վախենում ես, որ իմ գրպանում քառասուն կոպեկ չգտնվի՞: — Էմմա, մենք մնում ենք, չէ՞, դարձավ նա կնոջը: — Այո — մնում ենք — նրա տեղ պատասխանեց ինքը և հանելով կառքի վճարը՝ տվեց ծառային, որ կառքը ճանապարհի ձգի:

Սպասավորը դուրս գնաց:

6

— Այժմ դուք էիք ուզում մեզ ամաչեցնել, պ. Զազունյան, — ժպտալով դիմեց նրան Էմման:

— Ես բոլորովին չէի կարծում, տիկին, թե դրանով ձեզ վիրավորած կլինեմ, — ասաբ Զազունյանն անկեղծությամբ — Խնդրում եմ, ներեցեք:

— Չէ, հիմա մեղա էլ կարդա, — կանչեց Զաքարը, նստելով բազկաթոռի վրա: — Դու մեզ այս ասա, այս քանի օրը ո՞րտեղ էիր: Կինս այսօր իզուր չնկատեց, որ դու մեզ մոռացել ես:

— Այս քանի օրս այնպես զբաղված էի, որ բոլորովին ժամանակ չէի գտնում ձեզ այցելելու, ինչքան էլ այդ ինձ համար ցանկալի լիներ, — պատասխանեց Զազունյանը, նստելով աթոռի վրա, ինչպես միշտ սովորություն ուներ, ուղիղ, առանց դեմ ընկնելու նրա մեջքին: — Ձեզ, կարծես, ասել եմ, որ գործս երեք շաբաթից պետք է քննվի, այնպես որ ես հիմա շտապում եմ պատրաստություններս տեսնել: Ահա, հենց հիմա էլ այդ գործի վերաբերմամբ բարեկամիս մի նամակ էի գրում (նա ցույց տվեց գրասեղանի վրա դրած թուղթն ու թանաքամանը):

— Ո՞վ գիտե, մենք ձեզ խանգարեցինք, — ասաց Էմման:

— Բոլորովին ոչ, ես արդեն վերջացրել էի:

— Ուրեմն դու անձամբ ներկա պետք է գտնվես գործիդ քննությանը, — ասաց Զաքարը:

— Անկասկած: Եկող շաբաթ պետք է գնամ Շ...:

— Երկա՞ր կտևի դատը:

— Ո՞վ գիտե... բայց կարծում եմ, որ շուտով կվերջանա, բոլոր փաստերն իմ օգտին են խոսում:

Նա բացատրեց գործի դրությունը և այն փաստերը, որոնցով պետք է տաներ գործը: Նա խոսում էր իրեն հատուկ վստահ, հանդարտ եղանակով և առանց բառերի մեջ շփոթվելու, կարծես ասելիքն առաջուց անգիր էր արել: Երևում էր որ տաքացած ժամանակ անգամ, ուրիշ կերպ չէր կարող խոսել, եթե ոչ նույն եղանակով: Խոսելու ժամանակ նա մերթ նայում էր Զաքարին, մերթ՝ Էմմային:

Չնայելով, որ Էմմային նրա գործն այնքան էլ չէր հետաքրքրում, բայց և այնպես աշխատում էր ուշադիր լսել: Նա շարունակ նայում էր Զազունյանի դեմքին, նայում էր հանդարտ, այնպես, ինչպես սովորաբար նայում են խոսողի դեմքին, բայց այդ ժամանակ նա ավելի մտածում էր այդ մարդու մասին, քան թե հետևում նրա խոսակցության թելին: Եվ այդ պատճառով նա բոլոր ժամանակ համարյա լուռ էր: Նրա գլխում արագությամբ զարթնում և անցնում էին այդ մարդու կյանքից զանազան անցքեր, որ մի քանի օր առաջ պատմել էր ամուսինը: Այնուհետև զննողաբար նայում էր այդ մարդու դեմքի գծագրությանը, հագուստին, ուշադրությամբ լսում, թե ինչպես է հնչում նրա ձայնը, ինչպես է արտասանում բառերը, դարձյալ նայում էր, թե ինչպես է նստած աթոռի վրա, ոտներն ինչպես ունի դրած, արդյոքետ չի՞ ընկնի աթոռի մեջքին կամ ձեռքերը չի՞ հեռացնի ծնկների վրայից:

Գիշերվա ժամը տասն էր, երբ երեքն էլ դուրս եկան հյուրանոցից: Եղանակը բոլորովին ցրտել էր: Երբեմն փչում էր մարտին հատուկ, թեև հանդարտ, բայց սառը, թափանցող քամի: Գիշերային մուգ կապույտ երկինքը պարզ էր, աստղերը սովորականից խոշոր էին երևում, նրանք պսպղում էին այն պարզ, պայծառ լուսով, որ սովորաբար լինում է ցուրտ, պարզկա գիշերներին: Վերջին քառորդի լուսնի եղջյուրը, որ արդեն բարձրացել էր հորիզոնից, աղոտ լույս էր սփռում քաղաքի վրա:

Էմման հենվեց ամուսնու թևին, իսկ Զազունյանն անցավ Էմմայի կողմը, և երեքով անցան Գոլովինսկի պրոսպեկտ: Երեքն էլ լավ տրամադրության մեջ էին, մանավանդ Էմման, նրա սիրտը լի էր այն անմիտ, անխորհուրդ անձկությամբ, որով մարդ այսպիսի րոպեներին մի տեսակ քաղցր տանջանքով մի բանի, մի անհասկանալի բանի է ձգտում, ինչ բանի՝ ինքն էլ չգիտե: Նա մինչև անգամ զգում էր, թե պատրաստ է արտասվելու:

Նա բարձրացրեց գլուխը և նայեց երկնքին

— Ի՜նչ սիրուն գիշեր է, — շշնջաց նա, կարծես ինքն իրեն:

— Բայց ցուրտ է, — նկատեց ամուսինը:

— Այո, լավ գիշեր է, բայց ցուրտ է ասաց Զազունյանը, նույնպես

նայելով երկնքին: — Եվ ցուրտը բավական զգալի է, այնպես որ ես վախենում եմ, թե դուք կմրսեք, տիկին:

Էմմային շատ դուր եկան այդ վերջին խոսքերը: Նա նայեց Զազունյանին և քնքշությամբ, կարծես շնորհակալություն հայտնելով, ժպտաց.

— Մի վախենաք, պ. Զազունյան, — ասաց նա ես այնքան էլ քնքուշ արարածներից չեմ, ինչպես դուք եք կարծում: Ես այնքան տաք եմ հագնված, որ ցուրտն այժմ ինձ մինչև անամ ախորժելի է: Ա՛յ, գուցե դուք մրսեք, որովհետև թեթև վերարկույով դուրս եկաք:

— Ե՞ս: Չէ, ոչինչ, տիկին, — պատասխանեց ժպտալով Զազունյանը: — Դուք մոռանում եք, որ ես ճանապարհորդ եմ, իսկ ճանապարհորդը ցրտին սովոր կլինի, շոգին էլ:

— Մեկ ինձ էլ հարցրեք, է՛ — կանչեց Զաքարը: — Չնայելով, որ վերարկուով փաթաթված եմ, բայց դարձյալ մրսում եմ, ինչի՞ցն է:

— Ինչի՞ցը: Ասեմ քեզ, — պատասխանեց Էմման ծիծաղելով: — Որովհետև, դու բժիշկ ես, իսկ հայտնի է, որ բժիշկներն անդադար իրենց լավ պահելու հոգսում լինելով, ամեն մի հակառողջական բանից — լինի դա ցուրտ, շոգ կամ մի ուրիշ բան — երկյուղ են կրում: Իսկ այս էլ հայտնի է, որ մարդ, երբ որևէ բանից անդադար երկյուղի մեջ է, այդ բանը նրա համար ավելի զգալի է, քան ուրիշի համար, որ դրա վրա ուշադրություն չի դարձնում:

— Բրա՛վո, — կանչեց Զաքարը: — Բրա՛վո, Էմմա, բրավո... Աստված է վկա, շատ հավանեցի բացատրությունդ. Արսեն, լա՞վ բացատրեց, չէ՞:

— Չնայելով, որ տիկինը կատակով տվեց իր բացատրությունը, բայց շատ ճիշտ բացատրեց, — ասաց Զազունյանը: — Միայն մի բանում սխալվեց, տիկինն ասաց որ, դու ամեն մի աննշան հակաառողջական բանից երկյուղ ես կրում, բայց այդպես չէ, այլ պետք է ասեր՝ ամեն մի, բացի մի բանից...

— Որ ճաշից հետո անմիջապես քնո՞ւմ եմ, — կոմիկական սարսափով կանչեց Զաքարը և իր սովորության համեմատ՝ ծիծաղեց:

— Հենց այդ է, որ գտար, — ասաց Զազունյանը հանդարտ ծիծաղելով:

Էմման նույնպես ծիծաղեց և նայեց Զազունյանին:

— Իմ խեղճ բժշկիս լավ եք պատժում, պ. Զազունյան, — ասաց նա:

— Իմ հա՛խս է, իմ հա՛խս է, — կանչեց Զաքարը:

Մի ժամի չափ զբոսնելով, Էմման հանկարծ հիշեց Արամիկին և ստիպեց ամ ուսնուն, որ տուն գնան, չնայելով, որ տրամադրված էր թեկուզ մինչև լույս զբոսնելու: Չնայելով, որ աղախինն առանձնապես հենց Արամիկի համար էր վարձված, իբրև դայակ, բայց այնուամենայնիվ գիշերները մայրը ինքն էր իր ձեռքով որդու հագուստը հանում և պառկեցնում քնելու:

— Այս ժամանակ նա արդեն, ով գիտե, տասն երազ էլ:

— Չէ, չէ: գնանք շուտով, սիրտս չի համբերում, — շտապեցրեց Էմման:

— Գնանք: Ուրեմն՝ բարի գիշեր, Արսեն, — ասաց Զաքարը բաժանվելիս: — Վաղն անցիր մեր կողմը:

— Այո, պ. Զազունյան, վաղը շնորհ բերեք մեր տուն, — ասաց իր կողմից Էմման:

— Ցավում եմ, որ վաղը ոչ մի կերպ չեմ կարող գալ, տիկին, — պատասխանեց Զազունյանը: — Առայժմ գործս շատ խճճված է, այնպես որ ուզում եմ օր առաջ ամեն ինչ կարգի ձգել, որպեսզի այնուհետև ազատ լինեմ: Եթե կամենում եք, մյուս օրն ես ձեզ անհանգստություն կպատճառեմ իմ այցելությունով:

— Եղբայր, ի՛նչ հարկավոր է այդպես կոմպլիմաններով խոսել. — կանչեց Զաքարը: — Ուղղակի ասա՝ կգամ, էլի:

— Ինչպես կամենում եք, — ասաց Զազունյանին Էմման: — Միայն թե դուք մեզ այս մի քանի օրվա պես չմոռանայիք,

— Ասենք մոռանալով չի մոռանալ, բայց այս է, որ անպիտան գործերը միշտ խանգարում են մեջ ընկավ Զաքարը:

— Չնայելով, որ մենք բոլորովին միայնակյաց կյանք ենք վարում և սիրում ենք այսպիսի կյանքը, — շարունակեց Էմման, — բայց և այնպես ձեր ներկայությունը մեզ համար միշտ հաճելի է:

— Այո, պարոն, ձեր ներկայությունը մեզ համար միշտ հաճելի է, — կնոջը նմանեցնելով ասաց Զաքարը: — Բայց ճաշին կգաս, գիտե՞ս, Արսեն, թե չէ՝ ուրիշ ժամանակ մենք չենք ընդունի քեզ, այս լավ իմացիր:

— Շատ լավ, շատ լավ, — ասաց Զազունյանը:

Նրանք սեղմեցին միմյանց ձեռքը, բարի գիշեր մաղթեցին և հեռացան միմյանցից:

7

Բաժանվելով Մարկոսյաններից, Զազունյանը դիմեց դեպի հյուրանոց: Հակառակ իր սովորության՝ գնում էր դանդաղ քայլերով, ցիլինդրը աչքերի վրա վայր թողած և, գլուխը խոնարհած դեպի գետին: Մինչև Մարկոսյաններից բաժանվելը ուրախ տրամադրության մեջ էր, բայց նրանցից բաժանվելուց հետո անզգալի կերպով փոքր առ փոքր սկսեց մտախոհության մեջ ընկնել, և միևնույն ժամանակ մի տեսակ հանդարտ տխրություն պաշարեց նրան: Ի՞նչն էր նրա մտախոհության և տխրության պատճառը — ինքն էլ չգիտեր և բոլորովին չէր աշխատում իմանալ, կարծես, այդ այդպես էլ պետք է լիներ, ուրիշ կերպ չէր կարող լինել: Ճանապարհին համարյա ոչինչ և ոչ ոքի չէր տեսնում: Երբեմն միայն բարձրացնում էր գլուխը և այդ միջոցներին, ինչպես երազի մեջ կամ նիրհելիս, աղոտ կերպով տեսնում էր ծառեր, որոնք մայթի այս ու այն կողմն իրենց մերկ ճյուղերով ցից՝ անշարժ կանգնած էին. տեսնում էր անհամար վառ լապտերներ, որոնք շրջապատող մշուշի մեջ աղոտ լույս էին տարածում, տեսնում էր կառքեր, որոնք, իրենց լապտերների ցնցվող լուսով շտապով անցնում էին և փողոցի լռության մեջ ահագին դղրդոց էին բարձրացնում, հանդիպում էր մարդկանց, որոնք՝ ձեռքերը գրպանների մեջ դրած՝ նույնպես շտապով անցնում էին նրա մոտով: Նա համարյա չիմացավ, թե ինչպես հասավ հյուրանոց և բաց արեց դուռը: Շեկ ու նիհար ռուս դռնապանը, չնայելով, որ դեռևս վաղ էր, նիրհում էր իր աթոռի վրա: Դռան բացվելու ձայնը սթափեցրեց նրան և նա, աչքերը բանալով, վեր կացավ տեղից: Զազունյանը մինչև անգամ չնայեց նրան և նույն դանդաղ քայլերով սկսեց բարձրանալ սանդուղքով:

Մի քանի աստիճան բարձրացած՝ նրա ականջին դիպավ հյուրանոցի դռան պինդ բացվելու և առավել ևս պինդ խփվելու չրխկոց, և միևնույն ժամանակ լսվեց երկու հոգու շտապ քայլերի և խոսակցության ձայն, որ, ինչպես երևում էր, մեկը տղամարդի էր պատկանում, մյուսն՝ կնամարդի: Նա ետ չնայեց և նույն դանդաղությամբ, նույն մտախոհությամբ շարունակում էր բարձրանալ: Սանդուղքի կիսում նոր մտածները հասան նրան, շարունակելով բարձրաձայն խոսել: նրանք խոսում էին ռուսերեն: Զազունյանն ուշադրություն չդարձրեց, թե ինչ են խոսում նրանք, այլ միայն գլուխը կամաց բարձրացրեց և անուշադիր կերպով նայեց նրանց, երբ նրանք շտապով անցան նրա կողքից և բարձրանում էին: Տղամարդու երկար շինելը ցույց էր տալիս, որ նա զինվորական էր: Զազունյանը նրա դեմքը կարողացավ տեսնել միայն հարևանցիորեն: Նրան հանկարծ թվաց, թե այդ զինվորականի դեմքը ծանոթ է իրեն, նույնպես և ձայնը, որը նրա մեջ ինչ-որ մութ հիշողություն է զարթեցնում, բայց որովհետև նրան չհաջողվեց լավ տեսնել զինվորականի դեմքը կամ կրկին անգամ լսել նրա ձայնը, և, միևնույն ժամանակ, որովհետև ինքը մի տեսակ անորոշ դրության մեջ էր գտնվում, այդ պատճառով այլևս չաշխատեց իմանալ, թե որտեղ էր տեսել այդ դեմքը կամ որտեղ էր լսել այդ ձայնը: Այնինչ կնոջ դեմքը նա պարզորոշ տեսավ: Բարձրահասակ, տաք և գեղեցիկ հագնված, առողջ կազմվածքով, շիկահեր, կապուտաչյա, ավելի տգեղ քան թե գեղեցիկ, անդադար ժպտող, լիրբ հայացքով մանկահասակ կին էր: նա նայեց Զազունյանին, և նրա հայացքը վերջինիս դուր չեկավ: Զազունյանը գլուխը խոնարհեց և, համարյա բոլորովին մոռանալով նրանց, նույն դանդաղությամբ, նույն մտախոհությամբ բարձրացավ նրանց ետևից: Երբ միջանցքում նա գլ՛ուխը բարձրացրեց, նրանք այլևս չկային: Նա բաց արեց իր սենյակի դուռը և մտավ: Սեղանի վրա վառվում էին մոմերը: Գլխից հանեց ցիլինդրը, դրեց բազկաթոռի վրա, իսկ ինքը նստեց սեղանի մոտ՝ աթոռի վրա, մեջքը դեպի մոմերն անելով, և ավելի խորասուզվեց իր մտախոհության մեջ:

Նա մտածում էր Մարկոսյանների մասին:

Մինչև այդ օրը նա այնքան էլ ուշադրություն չէր դարձնում իր վաղեմի ընկերոջ և նրա մանկահասակ կնոջ վրա. մինչև անգամ իրենց հանդիպման առաջին օրը նա այն ջերմ զգացմունքով չընդունեց նրանց, ինչպես որ պետք էր, և նրանց հետ ունեցած իր հարաբերությանն ավելի սովորական ձև էր տալիս, քան մտերմական, բայց այդ օրը, երեկոյան, երբ Զաքարն անսպասելի կերպով մտավ իր մոտ և հայտնեց նրան, որ կինը սպասում է դուրսը և նա, դուրս գնալով պատշգամբը, տեսավ Էմմային կառքի մեջ նստած, հանկարծ մի ինչ-որ բան շարժվեց նրա սրտում: — Շնորհակալությա՞ն զգացմո՞ւնք էր այդ, համակրությո՞ւն, թե՞ խորին հարգանք նա ինքն էլ չգիտեր, միայն զգաց, որ այդ րոպեից նա այլևս այն սովորական հայացքով չնայեց Էմմային, ինչպես առաջ, այլ մի ուրիշ տեսակ, այնպես, ինչպես նայո՛ւմ են իրենք ամենամոտիկ բարեկամին, սրտակցին: Այնուհետև, երբ ընդունեց Էմմային սանդուղքի վրա և ներս հրավիրեց իր սենյակը, նա մի տեսակ ազնիվ հպարտություն զգաց, կարծես անարժան էր համարում իրեն, որ այդ գեղեցիկ, քնքուշ մանկահասակ կինը պատիվ է անում իրեն այցելելու: Կարծես նրա աչքերը նոր բացվեցին, և նա տեսավ, թե որքան ուշադրության արժանի և համակրելի կողմեր ունի այդ կինը:

Երկար ժամանակ նա նստած էր նույն անշարժ դրության մեջ: Շրջապատող կատարյալ լռությունը նպաստում էր նրա մտախոհությանը: Երբեմն միայն փողոցից խո՛ւլ կերպով լսվում էր որևէ կառքի դղրդոց, բայց նա այն աստիճան խորասուզված էր իր ակամա, անորոշ մտախոհության մեջ, որ բոլորովին ոչինչ չէր լսում: Հանկարծ սթափվեց, նայեց ճրագներին, ինքն էլ չիմանալով, թե ինչու, ձեռքով շփեց դեմքը, վեր կացավ և սկսեց ետ ու առաջ քայլել սենյակում: Նոր հասկացավ, որ մտախոհությունն իրեն շատ հեռու էր տարել: Նա կատարելապես տիրապետեց իրեն և դուրս գնաց պատշգամբ՝ փոքր-ինչ հովի դիպչելու:

Սառն օդն ախորժելի թվաց նրան:

Հինգ րոպեի չափ մնալով պատշգամբում և մտածմունքները բոլորովին ցրելով, նա նորից մտավ սենյակը, դուռը փակեց, հանվեց և պառկեց: Մինչև քունը բոլորովին կգար, սկսեց մտածել ուրիշ բաների մասին, իր կալվածքների առաջիկա դատի մասին, ճանապարհորդության միջոցին իրեն պատահած զանազան արկածների մասին: Այնուհետև սկսեց հիշել իր անցյալ կյանքից զանազան անցքեր և այդ ժամանակ հանկարծ հիշեց այն զինվորականին և նրան ուղեկցող կնոջը, որոնց այդ գիշեր պատահեց հյուրանոցի սանդուղքի վրա: Զինվորականին հիշելուն պես՝ այս անգամ մտաբերեց, թե ով էր նա... Ու վեր թռավ տեղից, նստեց անկողնի վրա և մեքենայաբար նայեց դռան կողմը, կարծես զինվորականը պետք է ներս մտներ:

«Մի՞թե այդ նա էր... հապա նա՞...», ասաց նա համարյա բարձրաձայն:

8

Երկրորդ օրը Զազունյանը հիշեց, որ պետք է գնա Մարկոսյանների տուն: Ուզում էր և՛ գնալ, և՛ չէ, բայց որովհետև խոսք էր տվել, չէր կարող չգնալ: Եվ գնաց:

Ժամը երեքն էր: Զաքարը տանը չէր, դեռ չէր վերադարձել հիվանդանոցից: Զազունյանին առաջին օրվա պես դիմավորեց Էմման:

— Ես ձեզ ավելի վաղ էի սպասում, պ. Զազունյան, — ասաց նա իրեն հատուկ քնքուշ, շնորհալի ժպիտով, — ամուսինս էլ ձեզ դեռ առավոտյան էր սպասում թեյի, չնայելով, որ ասել էր ճաշին շնորհ բերեք:

— Ես այնքան խառնված եմ, տիկին, որ սրանից վաղ գալ չէի կարող — պատասխանեց Զազունյանը՝ նստելով ոչ թե առաջարկած բազկաթոռի, այլ աթոռի վրա՝ իր սովորության համեմատ՝ առանց դեմ ընկնելու նրա մեջքին:

Էմման նստեց նրա դիմաց:

— Կներե՞ք արդյոք, — ասաց նա ձեռքը մեկնելով մոտի փոքրիկ սեղանի վրա դրած ձեռագործին, որով զբաղված էր մինչև Զազունյանի գալը:

— Խնդրեմ, խնդրեմ, տիկին:

Էմման վերցրեց ձեռագործը:

— Ես ձեզ արդեն տնային մարդու տեղ եմ ընդունում, պ. Զազունյան, — ասաց նա՝ սկսելով արագ գործել և շարունակ նայելով գործվածքին, — և այդ պատճառով չեմ ուզում հետևել հյուրասիրության խստապահանջ կանոններին և կարծում եմ, որ դուք դրա համար ինձ կներեք:

— Այդ ինձ համար շատ քաղցր է լսել, տիկին, թեև չգիտեմ, ճշմարիտ, թե ինչով եմ արժանացել այդ քաղցր պատվին:

Էմման գլուխն ավելի խոնարհեց ձեռագործի վրա, և նրա մատներն սկսեցին ավելի արագ շարժվել:

— Որովհետև դուք իմ ամուսնու բարեկամն եք, — արագախոսությամբ ասաց նա, — այդ պատճառով ուզում եմ որ և ի՛մ բարեկամը լինեք:

Զազունյանը, որ ուղղակի նայում էր նրա դեմքին, տեսավ, թե ինչպես շառագույնը պատեց նրան: Այդ րոպեին Էմման այնքան նազելի, այնքան հրապուրիչ, այնքան գեղեցիկ էր՝ Զազունյանը ակամա հիացավ: Նա ոչինչ չգտավ ասելու, շփոթվեց, չգիտեր ինչ պատասխաներ:

Հանկարծ Էմման բարձրացրեց գլուխը և, շնորհալի ժպիտով նայելով նրան, մեկնեց դեպի նա ձեռագործը:

— Ի՞նչպես է, հավանո՞ւմ եք, — հարցրեց:

Զազունյանն առավ և նայեց: Ձեռագործը շատ նուրբ էր: — Ես առանց չափազանցելու կասեմ, տիկին, — ասաց նա, — շատ սիրուն և շատ սիրելի բան է:

Էմման կարմրեց, ինչպես միշտ սովորություն ուներ կարմրելու, երբ նրան որևէ բանի համար գովում էին, այդպիսի դեպքերում նրա գեղեցիկ դեմքը միշտ կուսական ամոթխածություն էր արտահայտում:

— Բայց կարծում եմ, որ Զաքարը ինձնից ավելի լավ կգնահատի, — ավելացրեց Զազունյանը, վերադարձնելով նրան ձեռագործը, — որովհետև նրա ճաշակը թե՛ ավելի ինքնուրույն է և թե՛ ավելի զարգացած:

— Էլ նրա մասին մի հարցնեք, — ասաց Էմման ծիծաղելով. — ինչքան էլ անճոռնի, հիմար բան դուրս գա ձեռքիցս, նա անպատճառ պետք է գովի, երկինք բարձրացնի: Եվ միայն իմ վերաբերմամբ չէ, ամեն մեկի և ամեն բանի վերաբերմամբ նա միշտ լավ աչքով է նայում: Աշխարհիս երեսին նրա համար վատ ասած բան գոյություն չունի, ինչ որ կա, ասում է, ինչ որ գոյություն ունի, ուրեմն լավ է: Թունդ լավատես է:

Զազունյանը կամաց ծիծաղեց:

— Զաքարը իրավունք ունի, — ասաց նա, — ամեն բան, ինչ որ գոյություն ունի աշխարհիս երեսին, ուղղակի թե անուղղակի դեպի լավը դեպի բարին է ծառայում: Մարդիկ միայն բարի են ծնվում, իսկ չար — երբեք: Չարը բնական օրենք չէ, այլ սոցիալական անարդար կարգերի հետևանք: Այդ պատճառով համարձակ կարելի է ասել, որ զարգացումը, լուսավորությունը հետզհետե առաջ գնալով և սոցիալական անարդար կարգերը վերանալով, մարդկությունը վերջ ի վերջո կհասնի այնպիսի մի ժամանակաշրջանի, ուր չարը բոլորովին կվերանա, և բարին միայն կտիրապետի աշխարհիս երեսին:

— Ինչպես տեսնում եմ, դուք նույնպես լավատես եք, պ. Զազունյան, — նկատեց նրան Էմման ժպտալով:

Զազունյանը նույնպես ժպտաց:

— Սխալվում եք, տիկին, — ասաց նա: — Ես հոռետես եմ և հոռետես ոչ թե մտքով, ինչպես որ այժմ տարածված է հոռետեսությունը դեռ կյանք չմտածներից մինչև կյանքի մեջ փտածները, այլ հոռետես եմ հոգով: Որքան էլ ձեզ այդ հակասություն թվա իմ հայտնած հայացքներին, այնուամենայնիվ, այդ այդպես է: Այդպիսի հակասություններ հատուկ են մարդկային բնավորությանը: Բայց ես հոռետես եմ ինքս իմ մեջ. իսկ կյանքի մեջ, մարդկանց վերաբերմամբ ուզում եմ լավատես լինել և միշտ ձգտել եմ լավագույն հարաբերություններ պահպանել նրանց հետ: Ես առանձնապես հետաքրքրվել եմ Շոպենհաուերի և Հարտմանի վարդապետությամբ. նրանք, ճիշտ է, մտքի մեծ պաշար են տալիս, բայց սրտին — և ո՛չ մի: Իրենց հոռետեսությամբ նրանք բանն այնտեղ են հասցնում, որ առաջարկում են ամբողջ մարդկությունը միանգամից ոչնչացնել, թշվառությունը խո թշվառություն է, նրանք երջանկությունն էլ թշվառություն են համարում, մարդկության համար միակ երջանկությունը նրանք կատարյալ ոչնչացումի մեջ են գտնում:

Զազունյանն իրեն հատուկ հանդարտ եղանակով դեռ երկար ժամանակ խոսում էր այդ երկու նշանավոր հոռետես փիլիոփաների վարդապետության մասին:

Էմման գործում էր և հետաքրքրությամբ լսում: Նա բավական լավ կրթությո՛ւն էր ստացել և ինչպես ամուսնանալուց առաջ, նույնպես և ամուսնանալուց հետո շարունակ պարապում էր ընթերցանությամբ, հետաքրքրվում էր գրական ամեն տեսակ նորություններով, այդ պատճառով Զազունյանի հայտնած կարծիքները և դատողությունները վերացական չպետք է թվային նրան, ընդհակառակն, նա շատ լավ հասկանում էր Զազունյանի ասածները և հարկավոր դեպքում ինքն էլ հայտնում էր իր կարծիքները, իսկ երբեմն էլ՝ հակաճառում նրան:

9

Խոսակցությամբ տարված՝ նրանք չնկատեցին, թե ինչպես ժամանակն անցավ: Նրանք դարձյալ նույն նյութի մասին էին խոսում, երբ Զաքարը վերադարձավ պաշտոնատեղից: Նա անչափ ուրախացավ, որ Զազունյանն եկել էր, և երբ իմացավ, թե խոսակցությունն ինչի մասին էր, ասաց, թե ինքն էլ ամենաոխերիմ թշնամի է հոռետեսության և ցավ հայտնեց, որ ինքը ներկա չէր եղել մի այդպիսի հետաքրքիր խոսակցության: Նա չգիտեր ինչպես արտահայտեր իր ուրախությունը. իր սովորության համաձայն՝ շարունակ ծիծաղում էր կատակներ անում, կամ խոսում էր լրջորեն Զազունյանի հետ, կնոջ հետ, երբեմն սրա մոտ նստելով, երբեմն — նրա մոտ, երեխայի նման խաղում էր Արամիկի հետ, երբեմն մատով ծածուկ խփում էր նրա գլխին և ցույց էր տալիս, թե խփողն ինքը չէ, դուրս ու տուն էր անում, երբեմն խոհանոց, երբեմն սեղանատուն, խոհարարի և ծառաների հետ կատակներ էր անում:

Ճաշը շատ առատ և համեղ էր, ինչ որ միտն էր ընկել և ինչ որ կարողացել էր, Զաքարը չէր խնայել: Մանավանդ հիանալի էր գինին, որի վրա նա միշտ առանձին ուշադրություն էր դարձնում: Սեղան նստած միջոցին անգամ նա մի րոպե հանգիստ չէր մնում, կարծես նրա համար էր միայն ստեղծված, որ միշտ ծիծաղի և կատակներ անի: Սակայն այժմ նրա գլխավոր հոգսը Զազունյանն էր, որին ամեն կերպ աշխատում էր հյուրասիրել: Պակաս ուշադրություն չէր դարձնում և կնոջ վրա:

— Էմմա, — ասում էր նա, — չգիտեմ ինչու, բայց այսօր Զազունյանի հետ դու էլ իմ աչքին հյուր ես երևում, իհարկե, անգին հյուր և սրա հետ քեզ էլ ուզում եմ լավ պատիվ տալ: Համեցեք:

Եվ առաջարկում էր նրան մի որևէ համեղ խորտիկ:

Խոսակցությունը սեղանի շուրջը ավելի աշխույժ ու կենդանի էր: Չնայելով, որ ընդամենը երեք հոգի էին նստած, բայց Զաքարն իր անվերջ կատակներով, ծիծաղներով և ոչ մի րոպե լուռ չմնալով, տասն հոգու չափ աղմուկ էր հանում, մանավանդ, երբ գլուխը փոքր-ինչ տաքացավ:

Երբ սեղանը հավաքելուն մոտ էր, Զազունյանը ժպտալով դարձավ Զաքարին:

— Ի՞նչպես է, բարեկամ, քունդ չի՞ տանում:

Անզուսպ, բարձրաձայն ծիծաղը կարծես պատռեց Զաքարի կուրծքը:

Զազունյանը նույն ժպիտով նայեց Էմմային, Էմման — նրան, և երկուսն էլ միաժամանակ ծիծաղեցին:

— Իմ հա՛խս է, իմ հա՛խս է, — ասաց Զաքարը, ծիծաղը հազիվ զսպելով և թաշկինակով սրբելով աչքերը: — Բայց քո ջգրու ես այսօր չեմ քնի: Ճիշտն ասած՝ միտս էլ չէր, թե պետք է քնեմ, քո միտը ո՞րտեղից եկավ:

Երբ ճաշը վերջացավ, Զաքարն ու Զազունյանը դուրս գնացին հյուրասենյակ, իսկ Էմման մնաց սեղանը հավաքելուն հսկելու: Նա իրեն չափից դուրս ուրախ և երջանիկ էր զգում: Այն գիտակցությունը, որ այնտեղ, մյուս սենյակում իր ամուսնու հետ նստած է Զազունյանը, և ինքն ամեն րոպե կարող է գնալ այնտեղ, տեսնել նրա խելացի դեմքը և առաջվա նման զրույց անել նրա հետ, սիրտը լցնում էր անհուն քաղցրությամբ:

Սեղանը հավաքել տալուց հետո նա աղախնին ասաց, որ Արամիկին տանի զբոսանքի, որովհետև եղանակը լավ էր: Նա ինքն հագցրեց Արամիկի հագուստը, մազերը և մի քանի անգամ ամուր համբուրեց նրա վիզը, ծնոտի տակ: Այնուհետև լվալ ձեռքերը, երեսը, ողողեց բերանը, ինչպես ճաշից հետո միշտ սովորություն ուներ, սրբվեց, ուղղեց մազերը, հագուստը և զվարթ ու գեղեցիկ գնաց հյուրասենյակ: Երբ ներս մտավ, Զաքարը և Զազունյանը վիճաբանում էին գերմանական մի նշանավոր քաղաքագետի վերջերքը պառլամենտում խոսած մի նշանավոր ճառի մասին, որ քաղաքական մեծ աղմուկ էր հանել: Ինչպես երևում էր, հաղթանակը Զազունյանի կողմն էր, որովհետև նա, ինչպես միշտ, նստած էր հանդարտ, իսկ Զաքարը կանգնած էր առջև և ոչ մի րոպե տեղում հանգիստ չմնալով՝ խոսում էր տաքացած: Սակայն Էմմայի ներս մտնելովը նրանց վիճաբանությանը վերջ տրվեց, և խոսակցությունը փոխվեց ուրիշ նյութի մասին:

— Արսեն, արի թուղթ խաղանք, — հանկարծ ասաց Զաքարը, որ գիտեր այդպես անտեղի կերպով շուտ-շուտ մի բանից մյուսն անցնել: — Ի՞նչ կասես:

— Ի՛նչպես կամենում ես, — պատասխանեց ժպտալով Զազունյանը:

— Դու ի՞նչ կասես, է՛մմա:

— Դու որ գիտես այդպիսի տարօրինակ բաներ, — հանդիմանորեն, սակայն ծիծաղելով նկատեց նրան կինը:

— Մի վախիր, փողով չենք խաղալու, չէ, — կանչեց Զաքարը, նրա միտքը հասկանալով: — Ժամանակ անցկացնելու և զվարճանալու համար միայն, ուրիշ ոչինչ, թե չէ՝ ինքդ գիտես, որ ես թուղթ խաղալ համարյա չգիտեմ:

Նա վեր կացավ, որպեսզի սեղան պատրաստի, բայց Էմման կտրեց նրա առաջը և ինքը սկսեց պատրաստել: Երեքն էլ նստեցին սեղանի շուրջը:

— Ի՞նչ պետք է խաղանք, — հարցրեց Զազունյանը:

— «Դուռաչկի», — ասաց Զաքարը: — Ի՞նչ անեմ, սիրելիս, որքան էլ այդ կոպիտ խաղ լինի — մանավանդ երբ կին է է մասնակցում խաղին, այնուամենայնիվ ուրիշ խաղ չեմ կարող խաղալ, որովհետև բացի դրանից ես ուրիշ խաղ չեմ իմանում և այդ խաղը շատ եմ սիրում, չնայելով, որ, այս էլ պետք է ասած, «դուռաչկի» խաղալիս «դուռակը»՝ հիմարը, միշտ ես եմ մնում:

Զաքարը վերցրեց խաղաթղթերն, իրեն հատուկ կոմիկական աշխույժ արագությամբ ջոկեց հարկավոր թղթերը, խառնեց, կտրել տվեց, և բաժանելն իրեն ընկավ: Խաղն սկսվեց: Չնայելով իր աշխույժ խաղին և ամենից շատ աղմուկ հանելուն, իրավ որ նա շատ վատ խաղացող էր. համարյա ամեն անգամ «դուռակը» նա էր մնում, որով և ստիպում էր Զազունյանին երբեմն ժպտալ, երբեմն ծիծաղել, իսկ Էմմային՝ միշտ կուշտ ծիծաղել:

10

— Է՛հ, էլ չեմ ուզում այս խաղը, — վերջապես կանչեց Զաքարը, անհաջողությունից իրեն նեղացած ձևացնելով և խաղաթղթերը ցրելով սեղանի վրա: — Այսքան «դուռակները» որ գումարենք, վերջը ես խելագար դուրս կգամ:

Եվ նա վեր կացավ տեղից:

— Բարեկամ, ինչո՞ւ ես այդպես շուտ տաքանում, — ասաց Զազունյանը, — չէ՞ որ քո սիրած խաղն այդ է:

Նա նույնպես վեր կացավ տեղից:

— Այո, այդ է — պատասխանեց Զաքարը — Բայց միշտ հիմարանալ հիմարություն կլինի: Հիմա գիտե՞ս ինչ, Էմմա, — դարձավ նա կնո՛ջը, — ինչ որ հարկավոր չէ, հիշում եմ, ինչ որ հարկավոր է, մոռանում եմ. — դու կնստես այս սնդուկի առջև (սնդուկ նա անվանում էր դաշնամուրը) և մեզ համար մի երկնային բան կթրխթրխկացնես... երկայն չհասկանաս, երկնային եմ ասում, այնպիսիներից, էլի, ես ու դու որ գիտենք: Հա՛, Արսեն, — հանկարծ դարձավ նա Զազունյանին, — դու չգիտես, որ կինս երկար ժամանակ երաժշտությամբ էր պարապում: Առանձին ուսուցչուհի էի վարձել: Մոսկվայից եկած, թե վռնդած, չգիտեմ, մի քավթառ ֆրանսուհի էր, իմ քթից էլ մեծ քթով, երեսին պուդր — որքան քեֆդ տա. մի կատարյալ ցավ էր անպիտանը, կողքով անցնելիս զոռով դիպչում էր և իսկույն — պարդո՛ն: Բայց ճշմարիտը պետք է ասած՝ իր գործին հմուտ էր և կնոջս լավ սովորեցրեց, հիմա կտեսնես, թե ինչպես հիանալի նվագում է:

Եվ խորամանկությամբ ժպտալով նա ծուռ նայեց կնոջը:

Էմման, որ հավաքում էր խաղաթղթի սեղանը, կարմրեց և մի տեսակ թեթև ամոթխածությամբ ու միևնույն ժամանակ բարեկամաբար ժպտալով նայեց Զազունյանին:

— Ես ձեզ ի՞նչ էի ասում, պ. Զազունյան, — ասաց նա:

— Ի՞նչ, ի՞նչ էիր ասում, — հարցրեց Զաքարը շտապով:

— Տիկինն ասում էր, որ դու ամեն բան չափազանցում ես, — նրա տեղ պատասխանեց Զազունյանը:

— Ճիշտ է, ես առհասարակ մի սովորություն ունեմ, ինչ որ լավ է, միշտ չափազանցել, իսկ ինչ որ վատ է, միշտ մեղմացնել, և կարծում եմ, որ այդ մեղք չէ, չէ՞: Դե, եկ նստիր և սկսիր, — դիմեց նա կնոջը:

Էմման վարանքով նստեց դաշնամուրի առջև: Սկզբում շփոթվում էր, ձեռքերը թեթև կերպով դողում էին, իսկ սիրտը բաբախում էր արագ: Վերցրեց ձայնագրատետրերը և սկսեց թերթել: Երկար ժամանակ չէր կարողանո՛ւմ որոշել, թե ինչ նվագի: Թեև չէր նայում Զազունյանին, բայց զգում էր, որ նա սպասում է, և նրա աչքերը նայում են իրեն, այդ պատճառով ավելի էր կորցնում իրեն: Վերջապես ամբողջ մարմնով մի տեսակ շարժում գործեց, կարծես աշխատելով դուրս գալ անսո՛վոր շփոթությունից, իրեն բռնի սիրտ տվեց, արագ բաց արեց մի բան, ինքն էլ չիմանալով ինչ, և սկսեց նվագել: Ինչպես արբած ժամանակ, երբ մարդ մի տեսակ անբնական լարված ջղերով մի բան է գործում կամ խոսում առանց իրեն հաշիվ տալու, նույնպես և նա, թեև նրա գեղեցիկ, երկար, փղոսկրի պես փայլուն մատները սահելով խաղում էին դաշնամուրի ստեղնաշարի հետ և աչքերը տենդային փայլով հետևո՛ւմ էին ձայնագրերին, բայց նա ինքը ոչինչ չէր հասկանում, կարծես երազի մեջ լիներ: Սակայն, այդ միայն մի քանի րոպե տևեց, այնուհետև նա տիրապետեց իրեն, աթոռի վրա, որ մինչև այժմ նստած էր փոքր-ինչ առաջ թեքված, ուղղվեց, շառագունած դեմքը մի վայրկյան միայն դարձրեց դեպի Զաքարն ու Զազունյանը, ինքնամոռաց ժպիտով նայեց նրան և շարունակեց նվագել այս անգամ շատ սահուն, առանց որևէ ջանադրության: նա մինչև անգամ սկսեց գրավել իր նվագով և շարունակելով նվագել, զգում էր, թե ինքը դեռ երբեք այնպես գեղեցիկ և վարպետորեն ոչինչ չէր նվագել: Նրա ձեռքերն այլևս չէին դողում, սիրտն այլևս արագ չէր բաբախում: Այս անգամ ամբողջ մարմնի մեջ մի տեսակ դուրալի աշխույժ էր զգում. միայն դեմքն առաջվա նման շառագունած էր և սաստիկ գեղեցկացած, աչքերի մեջ փայլում էր երջանկության և ինքնաբավականության հուրը:

Գեղեցիկ պիեսի վերջին ակորդները, արձագանք տալով ընդարձակ հյուրասենյակի մեջ, լռեցին նրա մատների տակ և նա, թողնելով դաշնամուրի ստեղնաշարը, վեր կացավ տեղից: Առաջին հայացքը, որ նա ձգեց, Զազունյանի վրա էր: Այդ հայացքը կարծես հարցնում էր — ի՞նչպես էր, զո՞հ եք:

Զազունյանը վեր կացավ, մոտեցավ նրան և ջերմ կերպով սեղմեց նրա ձեռքը:

— Շնորհակալ եմ, տիկին, — ասաց նա, — շատ շնորհակալ եմ: Զաքարն իրավունք ուներ, դուք հիանալի նվագում եք: Շնորհակալ եմ:

Նա կրկին սեղմեց Էմմայի ձեռքը:

Էմման բոլորովին շառագունեց և աչքերը ամոթխածությամբ վայր թողեց:

Երջանկությունն ու ինքնաբավականությունը խաղում էին նրա դեմքին: Որքա՛ն գեղեցիկ էր նա այդ րոպեին: Ակամա հիացմունքը պաշարեց Զազունյանին:

— Բրա՛վո, — հանկարծ լսվեց Զաքարի ձայնը: Նա կարծես նոր ուշքի եկավ այն հիացմունքից, որ պատճառել էր նրան կնոջ նվագը: — Բրա՛վո, բրա՛վո, Էմմա... Բրավի՛ սսիմո...

Նա վեր կացավ և մինչև անգամ սկսեց ծափահարել:

11

Նույն օրը՝ գիշերը, Էմման մենակ նստած էր իր փոքրիկ սենյակո՛ւմ, սեղանի առջև և զբաղված էր նույն օրվա ձեռագործով: Ձեռքերը գործում էին, իսկ միտքն ամբողջապես զբաղված էր այդ օրվա տպավորություններով: Ահա, առավոտյան վեր է կենում և առաջին միտքը, որ ծագում է նրա գլխում, այն է, որ այդ օրը Զազունյանը պետք է այցելի իրենց, և այդ գիտակցությունից մի անսովոր զվարթություն, մի անսովոր ուրախություն պաշարում է նրան: Ահա սպասում է նա, անդադար դուրս ու տուն անելով, թեև գիտե, որ Զազունյանն այդպես վաղ չի գա, և որքան շատ է սպասում, որքան շատ է դուրս ու տուն անում, լուսամուտից դեպի դուրս նայում, այնքան անհամբերությունն ավելի է պաշարում նրան: Վերջապես, ահա նա գալիս է կառքով, նստած է, ինչպես միշտ, ուղիղ: Էմման ակամա ձեռքը դնում է կրծքին՝ զսպելու համար սրտի թրթռոցը, միևնույն ժամանակ զգում է, թե ինչպես արյունը բոլոր երակների մեջ ախորժելի կերպով եռում է և խփում երեսին: Նա արագությամբ հեռանում է լուսամուտից և տեսնում է, որ կանգնած է հայելու առջև: Հայելու միջից նրան նայում է քնքուշ և գեղեցիկ մի դեմք, ամբողջապես երջանիկ ժպիտ կտրած: Հետո հեռանում է հայելուց և համարյա թռչում դեպի դուռը: Նախասենյակում հանդիպում է Զազունյանին և զգում է, որ առաջվա ժպիտն առավել ևս պայծառացնում, առավել ևս գեղեցկացնում է դեմքը: Ջերմ կերպով սեղմում է Զազունյանի ձեռքը և հրավիրում հյուրասենյակ: Նրանք նստած են միմյանց դիմաց: Ահա Զազունյանի այրական դեմքը, ահա նրա խելացի աչքերը, որոնց հայացքն այնքան պարզ է և այնքան անթափանցելի է. ահա նրա զգաստ շարժումները, գրավիչ, հանդարտ ձայնը, ահա նրա մեղմ ժպիտը, որ այնքան սազում է նրա դեմքին, ահա նրա խոհուն ճակատը, նրա հանդարտ, դողդոջուն ծիծաղը, որ, կարծես, նրա դեմքից ետ է քաշում մի մռայլ քող և երևան է հանում նրա ամբողջ ներքին աշխարհին իր բոլոր բարեմասնություններով... Ի՜նչ քաղցր էր այն խոսակցությունը, որ, նախքան Զաքարի գալը՝ բացվեց նրանց միջև: Եվ նրա գլխում վերանորոգվեց այդ խոսակցությունը: Խոսակցության սկիզբը, մանավանդ, համարյա բառ առ բառ տպավորվել էր նրա ուղեղում: «Ես ձեզ արդեն տնային մարդու տեղ եմ ընդունում, պ. Զազունյան, և այդ պատճառով չեմ ուզում հետևել հյուրասիրության խստապահանջ օրենքներին և կարծում եմ, որ դրա համար դուք ինձ կներեք»: Նա հիշեց և Զազունյանի պատասխանն ու հարցը և դարձյալ իր պատասխանը. «Որովհետև դուք իմ ամուսնու բարեկամն եք, այդ պատճառով ուզում եմ, որ ի՛մ բարեկամս լինեք»: Եվ հիշելով իր պատասխանը, այժմ հանկարծ ամոթի մի զգացում պաշարեց նրան:

«Այս ի՛նչ եմ ասել, այս ի՛նչ եմ ասել», սարսափով շշնջաց նա և անզգայաբար շպրտելով ձեռագիրը սեղանի վրա, դեմքը ծածկեց ձեռքերով: Նրան թվում էր, թե շատ հանդուգն և աններելի բան է ասել: Եվ ի՞նչպես նա այն ժամանակ չհասկացավ, որ նոր ծանոթին այդպիսի խոսքեր չեն ասում: «Ով գիտե այդ խոսքերից նա ինչ եզրակացրեց», ասաց նա ինքնիրեն և ձեռքերը կամաց հեռացրեց դեմքից: Նրա դեմքն անմեղ ամոթխածությամբ լուռ ծիծաղում էր: Նա կարճ ժամանակ մնաց անշարժ, աչքերը մի կետի հառած, հետո հանկարծ վեր թռավ տեղից:

«Ո՛չ, այս ներելի չէ, այս ներելի չէ», ցած ձայնով բացականչեց նա և հեռացավ դեպի լուսամուտը: Նա բաց արեց լուսամուտի տախտակե փեղկերը և, սրբելով ապակու գոլորշին, դեպի դուրս նայեց: Դուրսը գիշերը բոլորովին մութն էր: Լուսամուտի առջև երևում էին փողոցում տնկված ծառերի կատարների տակավին մերկ ճյուղերը, իսկ այն կողմը, հեռու, դիմացի հսկա տները գիշերային մթության մեջ նկարվում էին իրենց մռայլ ուրվագծերով: Ոչ ոքի լուսամուտից ճրագի լույս չէր երևում, որովհետև բոլորի տախտակե փեղկերը փակ էին: Երևում էր միայն փողոցի լապտերը, որ իր փայտե սյունի վրա կանգնած՝ շուրջը շատ մոտ տարածության վրա, աղոտ լույս էր սփռում, և այդ լուսավորված տարածության վրա փողոցի սալահատակը պղտոր ջրի գույնի էր խփում:

«Ինչպես երևում է, դուրսը բավական ցուրտ է», ասաց նա ինքնիրեն, աշխատելով մոռանալ Զազունյանին ասած խոսքերը, որոնց հիշելիս նրա դեմքը շարունակ այրվում էր ամոթից: Նա ապակու միջից նայեց բարձր երկնքին: Արդյոք ամպամա՞ծ է, թե մառախուղով է պատած, աստղեր չեն երևում»: Նա կամաց ճակատը կպցրեց սառն ապակուն և այս անգամ սկսեց նայել դեպի ցած, փողոցին: «Անցուդարձը կտրվել է, ոչ ոք չի երևում», շարունակում էր նա մտածել ուրիշ բաների մասին, որպեսզի բոլորովին մոռանա Զազունյանին ասած խոսքերը: «Ահ: ահա մի մարդ, շտապով անցնում է: Իհարկե, տուն կլինի գնալիս: Տեսնես ո՞րտեղ է եղել»: Եվ այսպես, որքան աշխատում էր ուրիշ բաների մասին մտածել, չէր հաջողվում: Զաունյանին ասած խոսքերը համառորեն ամեն ինչ ետ էին մղում նրա ուղեղից, և իրենք միայն ուզում էին տպավորված մնալ այնտեղ:

«Է՛հ: վերջապես ինչ ուզում է, թող եզրակացնի», կամաց բացականչեց նա: «Ես այդ խոսքերը բոլորովին անկեղծությամբ ասացի և ինչո՞ւ չպետք է ներելի լինի ինձ, կամ այստեղ ի՞նչ կա ամաչելու, ի՞նչ մի պախարակելի բան եմ ասել»:

Նա հանգստացավ, և ամոթի շառագույնը դադարեց այրելու նրա դեմքը: Հեռացավ լուսամուտից և թեթև, անլսելի քայլերով սկսեց ետ ու առաջ գնալ սենյակում: Նրա աչքերն ընկան սեղանի վրա ընկած ձեռագործին: «Ես առանց չափազանցելու կասեմ, տիկին, շատ սիրուն և շատ սիրելի բան է», մտաբերեց նա Զազունյանի խոսքերը և այս անգամ արդեն ինքնաբավականության, և անմեղ հպարտության շառագույնը պատեց նրա դեմքը: Նա ժպտաց, ինչպես ժպտում են անմեղ, բարեսիրտ երեխաները, և շարունակեց քայլել ետ ու առաջ: Այնուհետև նրա մտքում արագությամբ նորոգվեցին Զազունյանի դատողությունները: Այդ դատողությունները նրան անսխալ էին թվում, և ինքը կատարելապես համաձայն էր նրա հետ: «Այո, ամեն բան, ինչ որ գոյություն ունի աշխարհիս երեսին, ուղղակի թե անուղղակի դեպի լավը, դեպի բարին է ծառայում», շշնջաց նա Զազունյանի խոսքերը, և այդ ոչ թե նրա համար, որ ինքն անձամբ վարժված էր այդ բանում կամ, այդ հարցը խոր քննության ենթարկելով, այդ համոզմունքին էր հասել, այլ նրա համար, որ այդ ժամանակ այդպես էր զգում: Այո, այդ ժամանակ Էմման զգում էր, որ աշխարհիս մեջ ամեն ինչ լավ և բարի է և վատ կամ չար ասած բան գոյություն չունի: «Մարդիկ միայն բարի են ծնվում, իսկ չար — երբեք», հիշեց նա Զազունյանի ուրիշ խոսքերը — «և մինչև վերջն էլ այդպես մնում են», ավելացրեց նա իրենից, Մի՞թե սխալ է այդ: Սխալ չէ, Ահա իր ամուսինը, որը նույնչափ լավ մարդ է, նույնչափ բարի է, որքան և Արամիկը: Ահա ռուս աղախինը, հայ խոհարարը, հայ ծառան, դրանք բոլորն էլ լավ և բարի մարդիկ են, նույնպես և այդ միևնույն տան հարևան բնակիչները դրանց մեջ ոչ ոք վատ և չար մարդ չկա, նույնիսկ այն ուշացած պարոնը, որ փոքր-ինչ առաջ վազոցում շտապ անցնում էր, նա էլ շատ լավ և բարի մարդ էր երևում: Վերջապես... ինքը — Զազունյանը... Մի՞թե նրանից էլ լավ, բարի, խելոք, ազնիվ, քաղաքավարի, սիրելի և... գեղեցիկ մարդ կա աշխարհիս երեսին... Ամենքը, ամենքը լավ և բարի են: Եվ ինչո՞ւ բարի և լավ չպետք է լինեն, քանի որ կյանքն այնքան քաղցր և սիրելի է: Նրա աչքն ընկավ պատից կախված մի գեղեցիկ նկարի վրա: Նկարը ներկայացնում էր մի կաթոլիկ քահանա՝ սաստիկ հաստ փորով և չաղ, սափրած կլորիկ դեմքով: Նա կանգնած էր գինու տակառի առջև և ձեռքին կարմիր գինով կիսալից մի բաժակ բռնած՝ հիացմունքով նայում էր նրա լույսի վրա: Էմման, նայելով այդ նկարին, հանկարծ ծիծաղեց:

Ահա այդ քահանան էլ անշուշտ շատ լավ, բարի և զվարճասեր մարդ պետք է լինի, ի՜նչ վնաս, որ գինի շատ է սիրում. ո՞վ չունի որևէ պակասություն...»:

Ժպտալով նա շարունակեց ետ ու առաջ քայլել սենյակում: Կաթոլիկ գինեմոլ քահանան մոռացվեց, և նա շարունակեց մտաբերել այդ օրվա եղելությունը, որ նրա համար ամեն բանից քաղցր էր: Ահա ճաշը: Ինքը նստած է ուղիղ Զազունյանի դիմացը և... նայում է նրան: Ի՜նչ լավ էր նրան նայելը: Թ՜են սեղանը շատ առատ էր, և կերակուրներն ամենահամեղ, բայց ինքն ախորժակ չուներ ուտելու... Իսկ Զաքարն ի՜նչ ծիծաղելի էր, մանավանդ թուղթ խաղալիս: Նա մտաբերեց Զաքարի կոմիկական անբավականությունն իր անհաջողությունից և ծիծաղեց: Չէ: Զաքարը շատ ծիծաղելի է, շատ... Ահա և դաշնամուրի առջև նստած՝ նվագում է: Ի՞նչ էր այն... Մո՞ցարտ... Շո՞ւբերտ... չէ, Բեթհովեն, Բեթհովեն... Ի՜նչ սքանչելի բան էր. կարծես ինքը չէր նվագում, այլ մի աներևույթ ուժ մտել էր նրա մատների մեջ և խաղում դաշնամուրի ստեղունքների հետ: «Շնորհիակալ եմ, տիկին, շատ շնորհակալ եմ, դուք հիանալի նվագում եք: Շնորհակալ եմ», հիշեց նա Զազունյանի խոսքերը, և նրա սիրտը երջանկությամբ մարեց: «Դուք հիանալի նվագում եք»: Մի՞թե այդ լոկ հաճոյախոսություն էր, որպիսին շռայլում են տղամարդիկ կանանց առջև: Ո՛չ, ո՛չ, նրա մեջ քծնանքի մի գիծ անգամ չկար, և նա լոկ քաղաքավարության համար չէր կարող հաճոյախոս լինել: Մի՞թե ինքը իր աչքով չտեսավ, թե որքան խոր զգացված էր նա, նրա հայացքի յուրաքանչյուր գիծը, ձայնի յուրաքանչյուր ելևէջը հիացմունք և շնորհակալություն էր արտահայտում:

Էմման նորից մոտեցավ լուսամուտին և այտն առաջվա նման սեղմեց ապակուն:

«Ա՜խ, ի՜նչ լավ է»... անհուն քաղցրությամբ շշնջաց նա և ժպտող աչքերը փակեց:

«Մեկ, երկու», կարծես երազում համարեց նա ժամացույցի ձայնը, որ գալիս էր հարևան սենյակից: Հանկարծ աչքերը բաց արեց, այտը հեռացրեց ապակուց և ականջ դրեց:

«Մի՞թե երկուսն է», շշնջաց նա զարմացած: «Այսպե՜ս արագ անցավ գիշերը... իսկ քունս չի գալիս... Զարմանալի է...»: Նա փակեց լուսամուտի փեղկերը, գնաց նստեց և շարունակեց ձեռագործը:

Ու մտածմունքները նորից պաշարեցին նրան:

Վերջապես նրա աչքերի կոպերը սկսեցին ծանրանալ, քունն արագությամբ սկսեց աղոտացնել նրա քաղցր մտածմունքները և թմրեցնել նրա մարմինը: Ձեռագործը մի կողմ դրեց, խառնված աչքերը ձգեց առաստաղին և՝ երջանիկ ժպիտը դեմքին՝ հորանջեց, սիրուն կերպով բաց անելով փոքրիկ բերանը:

«Մեկ, երկու, երեք» համարեց նա ժամացույցի զարկերը, վեր կացավ, ճրագը հանգցրեց և գնաց ննջարան:

Իր անկողնում պառկած էր Զաքարը: Այնպես խորն էր քնած, որ եթե թնդանոթ անգամ արձակեին, թվում էր, թե դարձյալ չէր արթնանա: Լամպի լույսն ընկնում էր նրա դեմքին: Էմման ակամա կանգ առավ նրա անկողնակալի առջև և սկսեց զննաբար նայել նրա դեմքին: Տե՜ր աստված, ի՜նչ սարսափելի մեծ է նրա քիթը... իսկ պնչերն ի՜նչպես անճոռնի կերպով լայնանում են և անախորժ շչյունով ներս են ծծում օդը... Հապա ճակատը, — ի՜նչ նեղ և անճոռնի է... հապա միրու՞քը, բեղե՞րը, հոնքե՞րը, գլխի մազերը ի՜նչպես վատ խճճվել են... հապա դե՞մքը... հապա...

Ինչ-որ վատ զգացմունք գողի նման ներս սողաց Էմմայի սիրտը, և նա ակամա զզվանքով շրջեց դեմքն ամուսնուց: Բայց նույն րոպեին, կարծես բնազդմամբ, հասկանալով, որ այդ լավ չէ, նա ի ներքուստ ինքն իր դեմ կատաղեց և անկոչ զգացմունքը խլացրեց իր մեջ: Արագ մոտեցավ լամպին, լույսը ցածրացրեց, դողդոջուն ձեռքերով հանվեց և պառկեց իր անկողնի մեջ ինչ-որ վատ, շատ վատ նախազգացումով...

12

Հետնյալ օրը Էմման, մտաբերելով գիշերվա իր դրությունը, շատ զարմացավ: Առաջին անգամն էր, որ մի օրվա տպավորությունները այդ աստիճան զբաղեցնում էին նրա միտքն ու սիրտը, և նա որքան աշխատում էր որևէ բացատրություն տալ այդ երևույթին, մնում էր տարակուսած: Ոչ մի պատճառ չէր գտնում, որ հավանական լիներ, և այդ պատճառով նրա տարակուսանքն ավելի մեծանում էր: Այն ինչ այդ օրը նա իրեն տխուր էր զգում, առանց որևէ ակնհայտ պատճառի: Նախորդ օրվա անզուսպ ուրախության հետքն անգամ չկար նրա մեջ: Մի ինչ-որ ծանր, դառն զգաց մունք ճնշում էր նրա սիրտը: Նա զգում էր, որ սովորական ախորժակով չի խմում առավոտյան թեյը, սովորական ախորժակով չի ուտում նախաճաշը: Ամուսնու կատակները նրան դուր չէին գալիս: Մինչև անգամ, երբ առա վոտյան հագցնում էր Արամիկին, մայրական այն խանդավառ սիրով չհամբուրեց նրա վիզը, ծնոտի տակ, ինչպես ուրիշ անգամներ: Աղախնի և ծառայի վրա ինչ-որ աննշան պատճառով մի քանի անգամ բարկացավ, որ առաջ չէր պատահում:

Այդ օրն իր և Արամիկի համար մի քանի բաներ ուներ գնելու: Ժամը տասնմեկն էր: Առավ Արամիկի ձեռքը և դուրս եկավ տանից: Դվորցովայա փողոցի վրա մտավ մի խանութ: Խանութը մի նեղ կամարով բաժանված էր երկու մասի: Առաջին մասում չկային հարկավոր իրերը, նրան հրավիրեցին երկրորդ մասը: Նա արդեն գնել էր, ինչ որ հարկավոր էր, և նայում էր այնտեղ դարսած մանր-մունր առարկաներին, երբ հանկարծ խանութի առաջին մասից լսվեց Ջագունյանի ձայնը:

— Կարծեմ այստեղ նվիրատվություն է ընդունվում մի չքավոր ընտանիքի օգտին, — ասում էր նա:

— Այստեղ է ընդունվում եղավ պատասխանը:

— Խնդրեմ նվիրատվության ցուցակը:

Էմման հիշեց, որ երկու օր առաջ լրագրում մի լուր էր տպված, որով հրավիրում էին բարեգործների ուշադրությունը, թե այսինչ խանութում մի շատ չքավոր ընտանիքի օգտին նվիրատվություն է հավաքվում: Նա նայեց դեպի խանութի առաջին մասը, բայց մի քանի գնորդ կանայք և բաժանող կամարի պատը խանգարում էին նրան տեսնելու Ջագունյանին: Սակայն մի քանի րոպեից հետո Էմման տեսավ նրան, երբ նա արդեն դուրս էր գնում խանութից: Նա շտապով մի քանի մանր-մունր բաներ էլ գնեց և Արամիկի հետ դուրս եկավ խանութի առաջին մասը:

— Չքավոր ընտանիքի օգտին այստե՞ղ է ընդունվում նվիրատվությունը, — հարցրեց նա մի գործակատարի:

— Այո, տիկի՛ն:

Էմման հանեց հինգ ռուբլիանոց մի թղթադրամ, անխոս տվեց նրան, և առնելով Արամիկի ձեռքը, ուզում էր դուրս գնալ:

— Ստորագրեցիք, տիկին, — քաղաքավարությամբ նկատեց նրան գործակատարը, բաց ցուցակն ու գրիչը առաջարկելու նրան:

Էմման առավ գրիչը, և նախքան ստորագրելը, կարդաց վերջին նվիրատվությունը, որ, ինչպես երևում էր, Զազունյանինն էր. «Ոմն — 20 ռ.»: Նա շտապով հանեց դարձյալ հինգ ռուբլի, տվեց գործակատարին և ստորագրեց. «Մի տիկին — 10 ռուբլի»: Այնուհետև առանց նայելու գործակատարին, առանց նայելու իր շուրջը, կարծես ամաչելով, վերցրեց գնած իրերն, առավ Արամիկի ձեռքը և շտապ դուրս գնաց խանութից: Ինչ-որ ախորժելի հուզմունք պաշարել էր նրան, մտքերը խառնվում էին նրա գլխում, և նա զգում էր, թե դեմքն այրվում է շառագունով:

Դեռևս վաղ էր, նա չուզեց այդպես շուտ տուն դառնալ և, Արամիկի ձեռքից բռնած, անցավ դեպի պալատ: Պալատի առջև՝ ծառուղիի ծայրին, տեսավ Զազունյանին, որը մի կողմ քաշված՝ խոսում էր մի պարոնի հետ: Էմման մոտեցավ նրան և պետք է անցներ նրա մոտով, առանց հույս ունենալու, թե նա կտեսնի իրեն, բայց նույն րոպեին Զազունյանն, երևի վերջացնելով խոսակցությունը, սեղմեց խոսակցի ձեռքը և ուզում էր անցնել միևնույն ուղղությամբ, ինչ որ Էմման:

Նա տեսավ Էմմային և իսկույն մոտեցավ նրան:

— Բարև ձեզ, տիկին, ներեցեք, քիչ էր մնում անցնեի առանց ձեզ նկատելու, — ասաց նա ջերմորեն սեղմելով նրա ձեռքը:

— Դուք այնպես տաք խոսակցության մեջ եք այն պարոնի հետ, — ասաց Էմման ժպտալով:

— Այո, — պատասխանեց Զազունյանը, կամթելով Արամիկի թշիկը — Իմ փաստաբանն էր, որին հանձնել եմ գործս:

— Հապա ասում էիք, թե գործն այնքան էլ դժվարություններ չի ներկայացնում ձեզ համար:

— Ինչ ուզում է լինի, տիկին, դատարանի հետ փոքր ի շատե խճճված գործ ունեցողը առանց փաստաբանի ոչինչ չի կարող անել: Ես տեղեկացա, որ հակառակորդներս ուզում են գործն ավելի խառնել, այնպես որ վախենում եմ, թե մի՛ գուցե պատրաստություններ չտեսած տանուլ տամ գործը:

Եվ նա համառոտ, ընդհանուր գծերով սկսեց պատմել գործի էությունը:

Դանդաղ քայլերով նրանք առաջ էին գնում: Էմման զգում էր, թե ինչպես կամաց-կամաց անցնում էր իր անորոշ տխրությունը, և երեկվա նույնպես անորոշ ուրախությունը նորից պաշարում է իրեն: Զազունյանի պատմելու ժամանակ նա երբեմն ակամա զննողական հայացքով դիտում էր նրան և ամեն անգամ ներքուստ մի տեսակ գոհունակություն էր զգում, տեսնելով նրա պատկառելի և գրավիչ արտաքինը, որով տղամարդկանցից շատ քչերն են լինում օժտված: Նա մինչև անգամ մի տեսակ հպարտություն էր զգում, երբ տեսնում էր, որ անցուդարձ անող համարյա բոլոր կանայք մի առանձին հայացքով էին նայում Ջազունյանին, իսկ նրա հետ և իրեն, և այդ հպարտությունն ավելանում էր ավելի այն ժամանակ, երբ տեսնում էր, որ Ջազունյանը, բացի իրենից, ոչ ոքի ուշադրություն չի դարձնում, իսկ շատերին բոլորովին չի էլ նայում: Եվ իրավ, Ջազունյանն անցնելով Էմմայի հետ, այնպիսի սիրով և իրեն հատուկ զգաստ քաղաքավարությամբ էր խոսում նրա հետ, որ կարծես այն ահագին մայթի վրա, բացի նրանից, ոչ ոքի և ոչինչ չէր տեսնում: Երևում էր, որ սովորականից ավելի լավ տրամադրության մեջ էր: Խոսակցությանն երբեմն այնպիսի սրամիտ և թեթև կատակի ձև էր տալիս, որ Էմման ակամա ծիծաղում էր: Բնավորության այդ մի գիծը թեև նա առաջ էլ նկատում էր Ջազունյանի մեջ, մանավանդ Ջաքարի հետ ունեցած խոսակցության ժամանակ, բայց այժմ այդ գիծը նրան ավելի էր աչքի ընկնում և ավելի էր գրավում նրան: Թեև Ջաքարը ոտից գլուխ կատակ էր, բայց նա երբեմն այնպիսի անհամ կատակներ գիտեր անել, որ լսողը ծիծաղում էր նրա համար միայն, որ այդ կատակները անհամ էին, այնինչ Ջազունյանի կատակները լինում էին այնքան սրամիտ, երբեմն հեգնական, թեթև, թռուցիկ և անսպասելի, գլխավորը — անսպասելի, որ լսողն ուզեր-չուզեր պետք է անպատճառ հիացման ժպիտ արտահայտեր: Եվ այդ կատակները ոչ թե խանգարում, այլ ընդհակառակն, մինչև անգամ մի տեսակ ներդաշնակություն էին տալիս նրա լուրջ և զգաստ բնավորությանը: Հասնելով «Քաղաքային ժողովարանին»՝ նրանք դարձան և նույն դանդաղ քայլերով սկսեցին ետ դառնալ:

«Ազնվականների ժողովարանի» առջև, լայն մայթի վրա Ջազունյանը հանկարծ տեսավ այն զինվորականին, որին մի քանի օր առաջ գիշերը հանդիպեց հյուրանոցի սանդուղքի վրա: Զինվորականը գալիս էր դիմացից մի գեղեցիկ մանկահասակ կնոջ հետ, բայց ոչ այն, որի հետ այն գիշերը տեսավ նրան Ջազունյանը: Ինչպես երևում էր, նա դեռ հեռվից էր նկատել Ջազունյանին: Այնինչ Ջազունյանը նրան տեսավ այն ժամանակ, երբ նա իրեն ուղեկցող կնոջ հետ նրանից մի քանի քայլ հեռավորությամբ պետք է անցներ նրա մոտով: Զինվորականը, նայելով նրան՝ ձեռքը մոտեցրեց գլխարկին իբրև բարևի նշան, բայց նույն վայրկյանին Ջազունյանն արագ շրջեց դեմքը առանց պատասխանելու նրա բարևին, ցույց տալով, թե չտեսավ նրան:

Էմման տեսավ այդ և ետ նայեց զինվորականի կողմը:

— Այն զինվորականը, կարծեմ, ձեզ բարևեց, պ. Ջազունյան, — ասաց նա:

— Ո՞ր զինվորականը, — շփոթված հարցրեց Ջազունյանը և, փոխանակ ետ նայելու, դիտմամբ նայեց այս ու այն կողմը:

— Ահա նա, որ գնում է այն կնոջ հետ:

Զազունյանը, ըստ երևույթին ցույց տալու համար միայն, որ ուզում էր տեսնել, թե այդ ինչ զինվորական էր իրեն բարևողը, ետ նայեց և նույն րոպեին էլ դեմքը դարձրեց,

— Հա՛, — ասաց նա հանգիստ ձայնով, — Չտեսա:

Այնինչ Էմման նկատեց, որ նա տեսավ զինվորականին, բայց դիտմամբ չպատասխանեց նրա բարևին: Ակամա հետաքրքրությամբ նայեց Զազունյանի դեմքին և նկատեց, որ շփոթված և մռայլված է: Եվ մի քանի րոպե առաջ այնքան պարզ և հասկանալի այդ մարդն այժմ իր շփոթված և մռայլ դեմքով այն աստիճանի մութ և խորհրդավոր էր երևում նրան, որ թվում էր, թե ոչ մի կերպ չի կարելի թափանցել նրա հոգին՝ իմանալու համար, թե ինչ է կատարվում այնտեղ: Սակայն Զազունյանի մեջ կատարված այդ փոփոխությունն երկար չտևեց, կարծես, հանկարծ ուշքի գալով, որ իրեն ակամա կորցրել էր, նա բռնի կերպով տիրապետեց իրեն և վերստացավ իր առաջվա տրամադրությունը: Էմման դարձյալ ակամա զննողաբար նայեց նրա դեմքին և զարմանքով տեսավ, որ նրա հանկարծակի փոփոխության հետքն անգամ չկա. նույն խելացի, նույն հանդարտ ու մերթընդմերթ նույն քաղցրությամբ ժպտող դեմքը, որ այնքան ծանոթ և ակամա գրավում էր նրան: Որքան Էմման մոտ էր ծանոթանում, խորը դիտում Զազունյանին, այնքան այդ տարօրինակ մարդը նրան զարմանալի և անհասկանալի էր թվում: Ոչ մի կերպ չէր կարողանում նրա մասին մի ճիշտ, ամփոփ գաղափար կազմել, որպեսզի նրա հետ ունեցած իր հարաբերությանը համարձակորեն տար այն եղանակը, որին, թեև տակավին անորոշ, բայց ձգտում էր նրա սիրտը: Այդ մարդու մեջ հենց սկզբից նա շատ մութ կերպով տեսնում էր մի բան, ի՞նչ — ինքն էլ չգիտեր — որ ակամա ստիպում էր նրան փոքր ինչ զսպված մնալ և մինչև անգամ նայել նրա վրա... կասկածանքով: Եվ արդյոք լա՞վ էր այդ մի բանը, թե վատ, — հենց այդ էր, որ նա չգիտեր և, թվում էր, թե երբեք էլ չի գիտնալ:

Բաժանվելիս Զազունյանն ասաց.

— Այս գիշեր «Հայուհյաց Բարեգործական Ընկերության» օգտին կոնցերտ են տալիս, դուք այնտե՞ղ կլինեք:

— Չգիտեմ, ճշմարիտ, — պատասխանեց Էմման: — Եթե Զաքարը տոմսակ լինի վերցրած...

— Ես չեմ կարծում, թե նա դեպի բարեգործական նպատակն անտարբեր գտնվի, — ասաց ժպտալով Զազունյանը:

Էմման հիշեց խանութի անցքն և կարմրեց:

— Ես էլ չեմ կարծում, — պատասխանեց նա նույնպես ժպտալով:

Զազունյանը սեղմեց նրա ձեռքը, նորից կամթեց Արամիկի թշիկն ու հեռացավ:

Էմման մի քանի անգամ ետ նայեց նրան, ինքն էլ չիմանալով ինչու, և Արամիկի հետ դիմեց դեպի տուն:

13

— Զաքար, այսօրվա կոնցերտի համար տոմսակ վերցրե՞լ ես:

— «Հայուհյաց Բարեգործական Ընկերության» օգտի՞ն: Ի՞նչպես չէ. երեք հատ. մեկը քեզ համար, մյուսն ինձ, երրորդը Զազունյանի համար: Ես գիտեմ, որ տոմսակ վերցնելու համար նա ժամանակ չի ունենա:

— Դու ի՞նչ գիտես, գուցե նա քեզանից առաջ է վերցրել: Ես այսօր պատահեցի նրան և առաջին անգամ նա հիշեցրեց ինձ այդ բանը:

— Հա՞, պատահեցի՞ր: Դե, ինչ անենք, թող վերցրած լինի, թող մի տոմսակ ավել լինինք վերցրած, նպատակը բարեգործական է, — իբրև թե Արամիկին էլ հետներս ենք տարել: Տոմսակը վերցնելուց հետո անցա Զազունյանի կողմը, բայց նրան չգտա հյուրանոցում: Մտադիր եմ երեկոյան էլ անցնել — այն կողմը գործ ունեմ — այդ ժամանակ նա անպատճառ տանը կլինի, կվերցնեմ հետս, կգնանք, թեյ կխմենք, իսկ հետո միասին կգնանք թատրոն: Ի՞նչպես է, հավանո՞ւմ ես ծրագիրս:

Էմման նայեց նրա բարի, ժպտուն աչքերին և ծիծաղեց:

— Հավանում եմ, — ասաց նա: Նա ուզեց պատմել խանութի անցքը, բայց ամոթի նման ինչ-որ մի զգացմունք ստիպեց նրան լռել:

Ճաշից հետո՝ իր սովորության համեմատ՝ կուշտ քնելով, Զաքարն երեկոյան դուրս գնաց իր «ծրագրի» համեմատ գործելու:

Էմման սպասում էր, որ նա անպատճառ կգա Զազունյանի հետ, բայց նա մենակ վերադարձավ:

— Ես հուսահատված եմ, Էմմա, — մտնելուն պես ասաց նա: — Այստեղից ուղղակի գնացի Զազունյանի մոտ, տանը չգտա: Հետո գնացի գործիս և վերադառնալիս դարձյալ անցա նրա կողմը դարձյալ այնտեղ չէր: Սպասեցի մոտ տասն րոպե — չեկավ: Ճարահատյալ, ահա, գալիս եմ մենակ: Ի՞նչ արած, սիրելիս, առանց նրան պետք է գնանք: Եթե նա գնալու է, ինքը կգա, բայց ես ուզում էի, որ միասին գնայինք և նստեինք:

Կինը սառնությամբ, կարծես վիրավորված, նայեց նրան և ոչինչ չպատասխանեց: Մինչև Զաքարի գալը, երբ նա սպասում էր, որ Զազունյանը կգա նրա հետ, մեծ ցանկություն ուներ կոնցերտ գնալու, բայց այժմ այդ ցանկությունը մի ակնթարթում անցավ:

Մինչև թեյ խմելը Էմման դեռ հագնված չէր: Նա այնպիսի դանդաղությամբ էր խմում թեյը, որ կարծես բոլորովին մտադիր չէր այդ գիշեր տանից դուրս գնալու: Զաքարը, որ թեյը առաջ դրած՝ զբաղված էր այդ օրվա լրագրերի ընթերցանությամբ, հանկարծ հանեց ժամացույցը և նայեց:

— Պահ, ժամը շուտով ութը կլինի, — բացականչեց նա: — Էմմա, ի՞նչ ես անում, գնա հագնվիր, է՛: Դեռ դու թեյդ էլ չես վերջացրել:

— Ի՞նչ ես շտապում, փոքր-ինչ ուշ գնանք, ի՞նչ կա որ, — պատասխանեց Էմման:

— Մի վախիր, առանց այն էլ ուշ կգնանք, կես ժամ է մնում: Մինչև կհագնվես, մինչև կգնանք, արդեն բավական կուշանանք: Շտապի՛ր, շտապի՛ր:

Էմման, չնայելով ամուսնու խոսքերին, շարունակեց դանդաղությամբ խմել թեյը: Սակայն այդ բաժակը շուտով վերջացրեց, կամաց վեր կացավ, դուրս գնաց հագնվելու: Հայելու առջև կանգնած՝ հագնվում էր դանդաղությամբ, կարծես նրա համար միևնույն էր, որ կորսետը լավ չսեղմեց, որից և իրանն ու կուրծքը լավ ձև չստացան, նույնպես ուշադրություն չդարձրեց և հագուստի մի քանի մանր-մունր բաների վրա, որոնք, չնայելով իրենց աննշան լինելուն, ուրիշ անգամներ կատարելապես պսակում էին նրա գեղեցիկ արտաքինը: Հագուստը վերջացնելով, ծածկեց գլխին բամբակի գունդ-գունդ գործած սպիտակ շալը, վերցրեց ձեռնոցներր և ուզում էր դուրս գնալ, երբ հանկարծ նրան թվաց, թե Զազունյանը կոնցերտում կլինի: Եվ իսկապես, եթե նա կոնցերտ չպետք է գնար, էլ ինչո՞ւ էր այդ օրը հարցնում Էմմային, թե նրանք պե՞տք է գնան: Շալը շտապով վերցրեց գլխից ձեռնոցները ետ շպրտեց աթոռի վրա և այս անգամ սկսեց զննողաբար նայել իր հագուստին, դեմքին, մազերի սանրվածքին: Դեմքը ժպտում էր և ասում՝ ինձ կատարելապես ոչինչ հարկավոր չէ, բայց հագուստի և մազերի սանրվածքի պակասություններն իսկույն աչքի ընկան: Ուղղեց ինչ որ հարկավոր էր, մի անգամ շուռումուռ եկավ հայելու առջև, վերցրեց շալն և այս անգամ ծածկելու վրա էր, երբ հարևան սենյակից լսվեց Զաքարի ոտների ձայնը, և նա ներս մտավ շտապով:

— Էմմա, ի՞նչ ես անում, է՛, չվերջացրի՞ր, — ասաց նա:

— Վերջացրի, վերջացրի, — պատասխանեց ժպտալով Էմման:

Դայակին Արամիկի վերաբերմամբ մի քանի պատվերներ տալով, նրանք դուրս գնացին, նստեցին մի կառք և դիմեցին դեպի «Քաղաքային թատրոն»:

Կոնցերտի նպատակը բարեգործական լինելով, թատրոնը լի էր հանդիսականներով, որոնց թվում, բացի հայերից կային և բավականաչափ օտարազգիներ, որովհետև կոնցերտին մասնակցողների մեծ մասը օպերայի երգիչերգչուհիներ էին: Կոնցերտի առաջին բաժինն արդեն սկսվել էր, երբ Զաքարն ու Էմման ներս մտան դահլիճը: Բարեբախտաբար նրանց համարներն աթոռների շարքի ծայրումն էին, և նրանք, առանց ուրիշներին անհանգստություն պատճառելու, նստեցին իրենց տեղերը: Էմման բոլորովին ուշադրություն չդարձրեց, թե բեմի վրա ով է երգողը և ինչ են երգում, այլ նստելուն պես աչքերով սկսեց որոնել Զազունյանին: Նա դիտեց առջևի և ետևի շարքերը սկզբից մինչև վերջը, բայց Զազունյանին չտեսավ: Նայեց և օթյակներին, կարծելով, թե գուցե այնտեղ է նստած, բայց այնտեղ էլ Զազունյան չկար:

Համոզվելով, որ Զազունյանը կամ դեռ չի եկել, կամ բոլորովին չի գա, նա աչքերն ուզում էր դարձնել դեպի բեմը, երբ հանկարծ օթյակներից մեկի մեջ տեսավ այն զինվորականին, որ այդ օրը փողոցում Զազունյանին բարև տվեց, բայց որին Զազունյանը չտեսնելուն տվեց: Զինվորականը նստած էր երկու գեղեցիկ կանանց հետ և, ըստ երևույթին, մեծ ուշադրությամբ նայում էր բեմին: Էմման մտաբերեց Զազունյանի այդ օրվա շփոթված ու մռայլ դեմքը և այդ զինվորականի ներկայությունը նրան շատ անախորժ թվաց, թեև բոլորովին չգիտեր, թե ով էր նա: Այդ օրվա հանդիպումից այսքանս միայն եզրակացրեց, որ Զազունյանի և այդ զինվորականի միջև ինչ-որ կա, որը շատ անախորժ է Զազո՛ւնյանի համար: Այժմ կարծեց, թե գուցե Զազունյանն եկել էր, բայց տեսնելով, որ զինվորականն այստեղ է, հեռացել էր, որպեսզի չտեսնի կամ չհանդիպի նրան: նա սաստիկ տխրեց: Մինչև անգամ ատելության նման մի զգացմունք շարժվեց նրա սրտում դեպի այդ անծանոթ զինվորականը, նա չիմացավ, թե ինչ երգեցին և ինչպես վերջացավ կոնցերտի առաջին բաժինը: Վարագույրն իջավ, շուրջն սկսեցին ծափահարել և «բռավո՛», «բի՛ս» գոռալ:

— Ի՞նչ ես ծափահարում, — դժգոհությամբ ասաց նա ամուսնուն, որը համարյա ամենից եռանդով էր ծափահարում:

— Ի՛նչպես չծափահարեմ, քանի որ ռուս երգչուհին հայերեն «Ոհ, ինչ անուշ» երգեց հիացմունքով պատասխանեց Զաքարը և շարունակեց ծափահարել:

Վարագույրը բարձրացավ, երգչուհին դուրս եկավ, ժպտալով գլուխ տվեց և, չնայելով ամեն կողմից լսվող «բիս»-երին, նորից, հեռացավ: Վարագույրը նորից իջավ:

— Ի՞նչ, չհավանեցի՞ր, — հարցրեց Զաքարը կնոջը, երբ դահլիճը խաղաղեց:

— Ի՞նչ կար հավանելու, ես չեմ հասկանում պատասխանեց կինը:

— Ի՛նչպես թե, ինչ կար հավանելու, — բացականչեց Զաքարը, — Հրաշալի բան էր, ի՞նչ ես ասում, հրաշալի բան«Вох инч ануш»:

Եվ նա իր սովորական չափազանցություններով սկսեց, բացատրել, թե ինչու և ինչով էր հրաշալի երգչուհու հայերեն երգած «Вох инч ануш» երգը:

— Դուրս չե՞ս գալիս, — հարցրեց, նա կնոջը:

— Ոչ, նոր չեկա՞նք, — պատասխանեց, կինը:

— Լավ:

Զաքարը վեր կացավ և մենակ դուրս

Էմման մնաց նստած: Անուշադիր և տխուր հայացքով նայեց իր շուրջը մեծ մասամբ դատարկ աթոռներին, որովհետև, հանդիսականների մեծ մասը դուրս էր գնացել դահլիճից, նայեց և ծանոթ օթյակին, որպեսզի լավ տեսնի, թե այն ինչ մարդ է, որից Զազունյանն խորշում է. բայց օթյակը դատարկ էր. զինվորականը երկու կանանց հետ դուրս էր գնացել: Էմման սկսեց մտածել թե ինչ կապ կարող էր լինել զինվորականի և Զազունյանի միջև, արդյոք ի՛նչ տարաձայնություն, անախորժություն էր պատահել նրանց միչև, որի պատճառով Զազանյանն այնպես խուսում էր նրանից և մինչև անգամ չէր ուզում պատասխանել նրա բարևին: Գուցե մեղավորը Զազունյանն էր, որ այդպես խորշում էր այդ զինվորականից, ապա թե ոչ ինչո՞ւ պետք է խորշեր նրանից, եթե մեղավորը նա լիներ: Ինչո՞ւ չէ. կարող է մեղավորը և այդ զինվորականը լինել. գուցե այդ մարդը Զազունյանին այնպիսի ծանր վիրավորանք է հասցրել, որ նա ոչ մի կերպ չի ուզում նրան ներել: Էմման մտաբերեց Զազունյանի շփոթված ու մռայլ դեմք և տեսավ, որ դա մեղավոր մարդու դեմք չէր, այլ սաստիկ վիրավորված, սաստիկ անպատված մարդու դեմք, որ իրեն հասցրած վիրավորանքի և անպատվության հետ ոչ մի կերպ չի ուզում հաշտվել:

Տեսնելով, որ մտքերն ու ենթադրություններն իրեն շատ հեռու են տանում և ոչ մի բավարար եզրակացության չեն հասցնում, քանի որ ինքը՝ փուստն էլ տակավին ենթադրություն է, նա այլևս ոչինչ չուզեց մտածել, վեր կ՛ացավ և դուրս գնաց դահլիճից: Բայց ո՛րքան եղավ նրա զարմանքը, երբ տեսավ իր ամուսնուն մի կողմը քաշված՝ այն զինվորականի հետ բարեկամաբար խոսելիս Էմման երբեք չէր կարող երևակայել, թե Զաքարը նրա հետ որևէ հարաբերություն կարող է ունենալ, քանի որ Զաքարը ոչինչ չէր ասել նրան, թե մի այդպիսի ծանոթ կամ բարեկամ ունի, այնինչ նրանց խոսակցության ձևը ցույց էր տալիս, որ նրանք նոր ծանոթներ չէին, այլ՝ հին բարեկամներ: նա ուզում էր և՛ մոտենալ նրանց, և՛ չէ, որովհետև զինվորականը, ներկայանալով տակավին իբրև մի խորհրդավոր անձնավորություն, և՛ հետաքրքրում էր նրան, և՛ ատելության զգացմունք ներշնչում, թեև ինքն էլ պարզ չգիտեր, թե ինչ բանի համար: Սակայն նա մնաց այնտեղ, որտեղ կանգնած էր: Ավելի լավ համարեց սպասել, մինչև որ Զաքարը կվերջացնի խոսակցությունը և կմոտենա իրեն, այնուհետև նրանից տեղեկություն կհարցնի այդ զինվորականի մասին: Զաքարը զինվորակ անի հետ խոսում էր մեջքը կնոջ կողմն արած, ապա թե ոչ՝ Էմման կարծում էր, որ եթե նա տեսներ իրեն մենակ կանգնած, իսկույն զինվորականին կբերեր և կծանոթացներ իր հետ: Այնինչ զինվորականը կանգնած էր դեմքը նրա կողմն արած և, չնայելով, որ խոսում էր Զաքարի հետ, բայց աչքերը շարունակ նրա կողմն ուներ: Էմմային թվաց, թե զինվորականը ճանաչում է իրեն, որովհետև այդ օրը տեսավ իրեն Զազունյանի հետ զբոսնելիս: Բայց նրա հայացքն այնպես սուր ու համառ էր, որ Էմման ակամա շփոթվեց և աչքերը շրջեց ուրիշ կողմը, զինվորականը նրան շատ լիրբ և ավելի ատելի թվաց: Էմման այժմ սկսեց դիտել առջևը զբոսնող հանդիսականներին և նրա աչքերն ընկան այն երկու կանանց վրա, որոնց հետ նստած էր օթյակում զինվորականը: Նա զննողաբար նայեց նրանց: Նրանք երկուսն էլ ռուս էին երևում, միջին տարիքով: Բայց իրենց տարիքից արհեստական միջոցներով երիտասարդացած: Նրանք հեռվից թեև գեղեցիկ էին երեվում, բայց մոտիկից փորձառու կնոջ աչքն իսկույն տեսնում էր, թե արհեստականն երբեմն ինչպիսի հմտությամբ կարողանում է մրցել բնականի հետ:

«Ո՞վքեր են արդյոք», մտածում էր Էմման, աչքերը չհեռացնելով նրանցից: Նրա բարեկամնե՞րն են, թե մեկը կինն է, մյուսը — քույրը կամ թե...»:

Էմման զզվանքով դեմքը շրջեց նրանցից, դարձավ և մտավ դահլիճ:

14

Նա հույսը բոլորովին կտրեց, թե այդ գիշեր թատրոնում կտեսնի Զազունյանին: Նա այլևս չէր կասկածում, որ Զազունյանը կամ բոլորովին չպետք է գար թատրոն, կամ թե՝ եկել էր և, տեսնելով, որ զինվորականն այնտեղ է, հեռացել էր անմիջապես:

Նա այլևս չէր ուզում մնալ, ուզում էր դուրս գնալ և ասել ամուսնուն, թե գլուխը ցավում է, տուն գնան, բայց ավելի լավ համարեց լսել կոնցերտի երկրորդ բաժինն էլ և հետո տուն գնալ, մանավանդ որ արդեն զանգը տվին և հանդիսականներն սկսեցին ներս գալ: Ներս մտավ և Զաքարը:

— Հը, մենակ չձանձրացա՞ր, — հարցրեց նա, նստելով կնոջ կողքին:

— Այն ո՞ւմ հետ էիր խոսում, — պատասխանի տեղ հարցրեց Էմման.

— Ի՞նչ, դու տեսա՞ր:

— Այո, դուրս եկա: Ինչ-որ զինվորականի հետ մի կողմը քաշված տաք-տաք խոսում էիր: Ո՞վ էր:

— Նա իմ և Զազունյանի ուսանողական ընկերն էր, որ ուսումը մեզ հետ ավարտելով, մտավ զինվորական ծառայության մեջ: Մինչև հիմա Թեոդոսիայումն էր լինում, իսկ վերջին ժամանակներս փոխ-գնդապետության աստիճան են տվել և տեղափոխել այստեղ: Ազգը Զագորսկի է: Ահա նա օթյակում:

Զաքարն աչքերով ցույց տվեց օթյակը, ուր հենց նոր մտավ Զագորսկին երկու կանանց հետ:

— Անպիտանը շատ հունարով տղա էր, — շարունակեց Զաքարը: — Եվ տեսնո՞ւմ ես, այդքան երիտասարդ հասակում — նա հազիվ քառասուն տարեկան լինի — փոխ-գնդապետության աստիճան է ստացել: Ասում էր, որ Պլևնայի ճակատամարտին մասնակցել է և բավական հաջող կերպով, ձեռքին էլ վերք է ստացել, ցույց տվեց: Պատմում էր իր...

— Ո՞վքեր են մոտը նստած կանայք, — հարցրեց Էմման:

— Չգիտեմ, միայն գիտեմ, որ նա ոչ կին ունի և ոչ՝ ազգական: Է՛հ, զինվորական է, էլի՛: Եթե ինձ հարցնես, զինվո՛րականներին այդպես ավելի հարմար է:

— Որ չամուսնանան և մեկի տեղ երկու անբարոյական կանանց հե՞տ ման գան, — նկատեց Էմման:

Զաքարը ծիծաղեց:

— Ինչո՞ւ անպատճառ անբարոյական, — ասաց նա: — Ինչպես տեսնում եմ...

Նա չվերջացրեց և գլուխն արագ բարձրացրեց. Նրա կողքին աթոռի մոտ կանգնած էր Զազունյանը:

— Պա՛հ, — կանչեց նա. — այս ո՞րտեղից… երկնքի՞ց իջար:

Էմման նույնպես արագ բարձրացրեց գլուխը և նայեց Զազունյանին:

— Ոչ, այս մի քանի աստիճանը իջա, — պատասխանեց ժպտալով Զազունյանը, ցույց տալով դահլիճի մուտքը:

Նա սեղմեց դեռ Էմմայի, հետո Զաքարի ձեռքը:

— Այ քեզ սյուրպրիզ, — կանչեց ուրախացած Զաքարը: — Ախր ես քեզ համար տոմսակ էի վերցրել: Այսօր երկու անգամ եկա հյուրանոց՝ սպասեցի քեզ, բայց դու չկայիր:

— Շնորհակալ եմ, որ ինձ չես մոռացել, բայց քեզանից առաջ ես արդեն ինձ համար տոմսակ էի վերցրել:

— Բայց ո՞րտեղ էիր, ինչո՞ւ այսքան ուշացար, տեղդ ո՞րտեղ է: Եկ իմ տեղս նստիր, ես կկանգնեմ: Հա՛, այս աթոռն էլ խո մերն է. մի կարգումն առա, որ միասին նստենք: Եկ նստիր:

— Չէ, միևնույն է, նստիր, շատ նստելով հոգնել եմ: Ես տեղս կգտնեմ, երկրորդ կարգումն է կարծեմ:

— Հը՞, ինչո՞ւ այսքան ուշացար:

— Մորաքրոջս տանն էի: Այստեղ մի մորքուր ունեմ, մի շատ բարի ծեր կին է. ապրում է փեսայի և աղջկա տանը: Ես բոլորովին չգիտեի, թե նա այստեղ է ապրում, բայց այսօր անսպասելի կերպով պատահեցի նրա փեսային և այդ բանը նրանից միայն իմացա: Փեսան տարավ իրենց տուն. խեղճ կինը շատ ուրախացավ: Խեղճը կարծելիս է եղել, թե ես արդեն վաղուց մեռել եմ: Մինչև հիմա էլ չէր թողնում:

— Այդպես, հը՞, — ասաց Զաքարը: — Իհարկե, քեզ պես թափառական քրոջ որդի ունի, ինչո՞ւ պետք է քեզնից ճիշտ տեղեկություններ չունենար: Բայց ես բոլորովին չէի կարծում, թե դու այս գիշեր կգաս կոնցերտ:

— Ինչո՞ւ:

— Ես ի՞նչ գիտեմ: Որովհետև ուշացար: Հա՛, — հանկարծ կանչեց Զաքարը, — Զագորսկին այստեղ է: Տեսնո՞ւմ ես օթյակում, երկու կանանց հետ:

Էմման աչքի տակով նայեց Զազունյանին, տեսնելու համար, թե Զագորսկու ներկայությունը նո՞ւյն ազդեցությունը կունենա նրա վրա, ինչ որ այդ օրը, երբ պատահեցին նրան փողոցում, բայց Զազունյանը, ըստ երևույթին, գիտեր, որ Զագորսկին այնտեղ էր, և գիտեր, թե որտեղ է նստած, որովհետև նրա դեմքը մնաց նույնը, ինչ որ առաջ և նա բոլորովին չնայեց այն օթյակին, որ ցույց տվեց Զաքարը:

— Հա, — ասաց նա անտարբերությամբ, — գիտեմ...

— Տեսնո՞ւմ ես, անպիտանը փոխ-գնդապետության աստիճան է ստացել, և պաշտոնով տեղափոխել են այստեղ, — շարունակեց Զաքարը: — Այսօր պատահել է քեզ պրոսպեկտի վրա, բայց դու չես տեսել նրան:

— Ճշմարիտ է: Ես տիկնոջ հետ էի: Նա ինձ բարևել է, բայց ես չեմ նկատել: Տիկինն ասաց ինձ այդ:

— Չնայելով, որ Թեոդոսիայում ձեր մեջ ինչ-որ անախորժություն է պատահել, չասաց, թե ինչ անախորժություն. մի ժամանակ, երևի, կիմանաս, ասում է, և դու, ինչպես երևում է, վիրավորված ես նրանից, բայց և այնպես պետք է ասած, որ նա շատ լավ մարդ է. գոնե ես սիրում եմ նրա բաց բնավորությունը և խիզախությունը: Էմմա, ուզո՞ւմ ես քեզ ծանոթացնեմ նրա հետ, — դարձավ նա կնոջը:

Էմման մի սուր և սառը հայացք նետեց նրա վրա և ուզում էր ասել, — մի մարդ, որ անբարոյական կանանց հետ է ման գալիս, ես չեմ ուզում նրա հետ ծանոթանալ, բայց մեկ էլ մտածեց և ասաց.

— Չեմ հասկանում, այդ ի՛նչ սովորություն է, որ առաջին պատահած մարդու հետ իսկույն ուզում ես ծանոթացնել ինձ:

Բայց հանկարծ մտածելով, որ Զազունյանը կարող է այդ և իր հաշվին առնել, իսկույն քնքշությամբ և բարեկամաբար նայեց նրան, և նրա հայացքը կարծես ասում էր, — ո՛ր ո՛չ պ. Զազունյան, դուք բոլորովին բացառություն եք կազմում: Բայց Զազունյանը չտեսավ այդ հայացքը, նա մռայլ մտախոհությամբ նայում էր դիրիժորին, որ հենց նոր մտել և նստել էր իր տեղը:

— Զարմանալի է, — պատասխանեց Զաքարը կնոջը, — հե խո չեմ ստիպում, որ ծանոթանաս, այլ ասում եմ, թե ուզում ես՝ կծանոթացնեմ, թե չէ՝ քո կամքն է, պրծավ գնաց: Հա՛, Արսեն, — դարձավ նա Զազունյանին, — ես այն էի ուզում հարցնել, թե այդ ի՞նչ անախորժություն է պատահել ձեր մեջ:

Լսվեց երրորդ զանգի ձայնը. վարագույրը պետք է բարձրանար: Դահլիճում լռություն տիրեց:

— Ուրիշ անգամ, ուրիշ անգամ, — մեքենայաբար պատասխանեց Զազունյանը և գնաց իր տեղը նստելու երկրորդ կարգում:

Վարագույրը բարձրացավ: Կոնցերտի երկրորդ բաժինն սկսվեց:

Զաքարը՝ վարագույրը բարձրանալուն պես՝ Զազունյանին էլ մոռացավ, Զագորսկուն էլ, կնոջն էլ և սկսեց ուշադրությամբ հետևել կոնցերտի ընթացքին: Այնինչ Էմմայի բոլոր ուշքն ու միտքը Զազունյանի կողմն էր: Այժմ նրան ավելի էր սկսել տանջել այն միտքը, թե ինչ անախորժության էր պատահել նրա և Զագորսկու միջև:

Կոնցերտի այդ բաժինն էլ Էմմայի համար այնպես վերջացավ, ինչպես առաջինը, նա ոչինչ չիմացավ, թե ովքեր և ինչ երգեցին: Նա այն ժամանակ միայն ուշքի եկավ, երբ սկսեցին ծափահարել:

Զաքարը վեր կացավ և գնաց Զազունյանի մոտ, որը դուրս էր գալիս աթոռների շարքից:

— Արսեն, — ասաց նա, — եկ գնանք՝ հաշտեցնեմ քեզ Զագորսկու հետ. խռով մնալը լավ չէ:

Զազունյանը հոնքերը կիտեց:

— Զաքար, — ասաց նա խուլ ձայնով, — ես քեզ հատուկ պետք է խնդրեմ, որ ինձ մոտ այլևս չտաս նրա անունը...

— Ինչպես կամենում ես, ինչպես կամենում ես, — շտապեց վրա բերել Զաքարը: — Բայց ճշմարիտն ասած, ինձ շատ է հետաքրքրում...

— Խնդրում եմ, թողնենք այդ առայժմ և ինձնից ոչինչ մի հարցնիր, — կտրեց նրա խոսքը Զազունյանը և գնաց դեպի Էմման:

— Դուրս չե՞ք գալիս, — հարցրեց Զաքարը:

— Դուրս չե՞ք գնում, տիկին, — իր կողմից հարցրեց Զազունյանը Էմմային:

Էմման նայեց նրան և տեսավ, որ նա մտադիր չէ դուրս գալու:

— Ո՛չ, — ասաց նա:

— Իսկ դո՞ւ, Արսեն:

— Ո՛չ, — պատասխանեց Զազունյանը:

«Չի ուզում Զագորսկուն հանդիպել» — մտածեց Զաքարը:

— Իսկ ես գնում եմ, — ասաց նա և դուրս գնաց:

Էմման հավաքեց շրջազգեստի ծայրերը, որոնք ընկել էին Զաքարի աթոռի վրա և փոքր-ինչ այն կողմը քաշվեց, որպեսզի Զազունյանը նստի:

Զազունյանը նստեց կողքի աթոռի ծայրին, որքան կարելի էր Էմմայից հեռու:

— Ի՞նչպես հավանեցիք այս բաժինը, տիկին, — հարցրեց նա:

— Չգիտեմ, ճշմարիտ, — պատասխանեց նա այդ գիշեր ես բոլորովին տրամադիր չեմ լսելու և համարյա ուշադրություն չէի դարձնում, թե ինչպես են երգում:

Եվ իրավ, ուրիշ անգամներ Զազունյանի ներկայության ժամանակ նա ուրախ էր լինում, բայց այժմ մի անորոշ տխրություն պաշարել էր նրան:

— Դուք թատրոն մի՞շտ հաճախում եք, — հարցրեք դարձյալ Զազունյանը, որպեսզի խոսակցությունն առաջ տանի:

— Թատրոն հաճախում ենք այն ժամանակ, երբ նոր, անծանոթ օպերա են ներկայացնում, — պատասխանեց Էմման, իսկ հայոց ներկայացումներին հաճախում ենք միշտ:

Խոսքն ընկնելով հայոց թատրոնի մասին և որովհետև Զազունյանն, իբրև նորեկ, համարյա բոլորովին անծանոթ էր հայ թատերական կյանքին, այդ պատճառով Էմման սկսեց պատմել հայկական ռեպերտուարի, բեմական ուժերի, նրանց ունեցած հաջողության և ուրիշ բաների մասին:

Կոնցերտը վերջանալուց հետո Զազունյանը հենց թատրոնի դռների մոտ բաժանվեց իր բարեկամներից:

— Ինչպես երևում է, Զագորսկին շատ ծանր վիրավորանք է հասցրել Զազունյանին,ասաց Զաքարը կնոջը, երբ կառք նստեցին և գնում էին տուն:

Կինը ոչինչ չպատասխանեց նրան, նա միայն ուղղեց գլխի շալը և կուչ եկավ կառքի անկյունը:

15

Հետևյալ շաբաթ Զազունյանը գնաց Շ... իր գործի քննությանը ներկա լինելու համար: Երկաթուղու կայարանում նրան ճանապարհ դրին Զաքարն ու Էմման և նրա մորաքրոջ փեսան ու աղջիկը: Բաժանվելիս Զաքարն ասաց.

— Մեզ չմոռանաս, Արսեն ջան, նամակ գրես:

— Չէ, այդ տանջանքից ինձ ազատ պահիր, ես շատ ծույլ եմ նամակներ գրելում, — պատասխանեց Զազունյանը:

— Կամ թե հեռագրիր, երբ գործը տանես, նկատի ունեցիր, որ մենք միշտ անհամբերությամբ կսպասենք: Հաջողություն: Բարի ճանապարհ:

Եվ նա պինդ համբուրեց Զազունյանի շրթունքը:

Այնինչ Էմման բաժանվեց առանց մի խոսք անգամ արտասանելու: Նա միայն սովորականից ավելի ամուր սեղմեց Զազունյանի ձեռքը, հոնքերը փոքր-ինչ ցած թողեց և քթի պնչերը լայնացրեց, այդ սովորությունն ուներ նա, երբ տխուր էր լինում և այդպիսի դեպքերում նրա դեմքը մի տեսակ ուրույն, զգաստ գեղեցկություն էր ստանում: Զազունյանն երկրորդ անգամն էր տեսնում նրան այդպես — մեկ թատրոնում եղած գիշերը, մեկ էլ այժմ, և երկու անգամ էլ նա առանձին ուշադրություն էր դարձնում այդ բանի վրա: Թեև նա չէր սիրում, որ այդ մանկահասակ, գեղեցիկ կնոջ ժպտուն դեմքն այդպես մռայլվում էր, բայց և այնպես այդ ուրույն, զգաստ գեղեցկությունը հենց առաջին հայացքից ուղղակի թափանցում էր նրա սրտի խորքը և այնտեղ ինչ-որ նոր, անծանոթ լարեր էր շարժում: Դեռ ոչ մի ժամանակ նա այնպես քնքուշ և ուշադիր չէր եղել դեպի Էմման, ինչպես այդ բաժանման միջոցին: Ամեն անգամ, քանի նայում էր այդ գեղեցիկ կնոջ տխուր, թախծալից դեմքին, հանկարծ ինչ-որ անհայտ զորություն կարծես բռնում էր նրան և ասում — կաց, մի հեռանար այստեղից:

Մորաքրոջ աղջկա և փեսայի հետ նա բաժանվեց ինչպես սերտ բարեկամներից: Երևում էր, որ այդ մի քանի օրվա մեջ նա կատարելապես գրավել էր նրանց համակրությունը: Նրանք խնդրեցին, որ նա, երբ Շ.. -ից վերադառնա, ուղղակի իրենց տանն իջնի:

Զազունյանի մեկնելուց հետո Էմմայի համարաշխարհը կարծես դատարկվեց: Այն զգացմունքը, որ Զազունյանի հետ ծանոթանալու օրից աննկատելի կերպով սողոսկել էթ նրա սիրտը և այնուհետև հետզհետե արմատներ էր արձակում, կարծես Զազունյանի մեկնելուն էր սպասում, որպեսզի հանկարծ զգալի անի նրան իր բոլոր ուժը: Այն ամենը, ինչ որ առաջ սիրելի և հարազատ էին իր սրտին և առանց որոնց նա կարծում էր, թե իր կյանքը կյանք չի լինի այժմ նրա աչքում այլևս մի կոպեկի գին չունեին: Ամեն ինչ հեռացավ, ամեն ինչ ծածկվեց թանձր քողով, և այդ բոլորի տեղը բռնեց մի բան, որը ամեն ժամանակ, թե երևակայության մեջ և թե երազում կանգնած էր նրա առջև և ավելի ու ավելի հափշտակում էր նրա սիրուն ու բոլոր մտածմունքները: Դա Զազունյանի պատկերն էր: Ոտից գլուխ, կարծես իրականապես, այդ պատկերն ամեն ժամանակ կանգնած էր նրա աչքերի առջև, ուրվականի նման ամենուրեք հետևում էր և երբեք հանգիստ չէր տալիս նրան «Ի՞նչ էր ուզում ինձնից, ի՞նչ», շատ անգամ մրմնջում էր նա, երբ գիշերը քունը մոտ չէր գալիս աչքերին կամ ցերեկը, ոչինչ չկարողանալով անել, ապ՛ուշի նման մի սենյակից մյուս սենյակն էր թափառում: Սաստիկ թախիծը պաշարել էր նրան: Ոչինչ չէր գրավում նրան, ընդհակառակն, ամեն ինչ անտանելի էր թվում, ամենից ավկի ամուսինն իր անհամ կատակներով ու հիմարական ծիծաղներով, իսկ նրա գուրգուրանքն ու համբույրները խո մի-մի տանջանք էին, որ նա մի կերպ կարողանում էր տանել: Շատ անգամ այնպիսի թշնամական աչքով էր նայում ամուսնուն, որ կարծես աշխարհիս բոլոր թշվառությանը նա թափել էր իր գլխին: Մինչև անգամ Արամիկը, սիրուն, խելոք Արամիկը, որին նա միշտ երեխաների կատարելատիպն էր համարում, նա էլ երբեմն շատ չար և փչացած էր թվում նրան:

«Այս ի՛նչ եմ անում, այս ի՛նչ եմ անում», շատ անգամ սարսափած ասում էր ինքն իրեն, երբ իր գրության մասին սկսում էր լավ մտածել: «Մի՞թե ես նրան... սիրում եմ. մի՞թե այս սեր է. մի՞թե ես սիրահարված եմ նրա վրա Ո՛չ, է՛լ, այդ անկարելի է, այս սեր չէ, ես սիրահարված չեմ նրա վրա: Մի՞թե սրտիս տերն ինքս չեմ: Կամ ինչո՞ւ պետք է սիրեմ, ի՞նչ իրավունքով, ո՞վ է նա — մի օտար մարդ, որ ինձ հետ ոչ մի կապ չունի, որ այսօր այստեղ է, վաղն ով գիտե որտեղ կլինի, ինչպես այժմ արդեն հեռացել է այստեղից: (Ինչո՞ւ է հեռացել, — տրտնջում էր նրա սիրտը): Իմ սերն ամուսինս է, իմ սերը միակ զավակս է — ահա ո՛ւմ եմ սիրում և ո՛ւմ պետք է սիրեմ, քանի կենդանի եմ. օտարի հետ ի՞նչ գործ ունեմ: Ոչ, այս սեր չէ, այս ուրիշ բան է. այս սատանա է, այս մի չար ոգի է, որ մտել է սիրտս և ինձ հանգիստ չի տալիս, ինձ այսպես տանջում է, չարչարում: Ես կհալածեմ նրան սրտիցս, կհալածեմ...»:

Եվ նրա հալածելն այն էր լինում, որ դարձյալ սկսում էր մտածել Զազունյանի մասին, պատկերացնել նրան իր առջև, մտքումը խոսել, վիճել նրա հետ: ինքնախաբեությունն, իհարկե, չէր օգնում, և «սատանան», «չար ոգին» շարունակում էր հանգիստ չտալ նրան: Իզուր էր նա աշխատում հալածել Զազունյանին — այդ «օտար մարդու» պատկերն իր մտքից և անձնատուր լինել ընթերցանությանը կամ տնային պարապմունքներին, ինչպես առաջ, իզուր էր աշխատում մայրական առաջվա վառ խանդով սեղմել Արամիկին իր կրծքին, ամեն օր առաջվա սիրով պարապել նրա հետ, ամեն ինչ իզուր, «չար ոգին» ամեն բանից ետ էր մղում նրան և ավելի վառ կերպով ստեղծելով նրա առջև Զազունյանի պատկերն, ասում էր, — ահա թե ո՛ւմ մասին դու պետք է մտածես շարունակ:

«Տեր աստված, դու օգնիր ինձ», շատ անգամ մրմնջում էր նա անզորացած, բայց աստված չէր լսում նրան:

Նա հուսահատվել էր:

Նրան ծանոթ չէր սիրո զգացումը, որովհետև դեռ ոչ ոքի չէր սիրել և այդ պատճառով չէր հասկանում, գլխավորը՝ չէր ուզում հավատալ, թե այն զգացումը, որ նա «չար ոգի» էր անվանում, հենց ինքը սերն էր, որ բախտը, թեև ուշ, բայց նրան էլ էր վիճակել: Լինելով միջակ կարողության տեր ծնողների զավակ, նա իր մանկությունն ու օրիո՛րդական տարիներն անց էր կացրել բացառապես ընտանեկան շրջանում, թեև խորթ, բայց բարի և սիրող մոր հսկողության տակ: Նրա ընկերը գիրքն էր, բայց ուներ և մի սրտակից բարեկամ, — դա դպրոցական ընկերուհիներից մեկն էր, որ հոգով չափ սիրում էր նրան: Նա իրեն կատարելապես երջանիկ էր զգում, երբ ձեռքին նոր գիրք ուներ կարդալու կամ երբ ընկերուհու հետ գնում էր զբոսանքի, կամ փակվելով սենյակում, անվերջ զրույցներ էր անում նրա հետ: Դրանից դուրս նա ուրիշ ոչինչ չէր կամենում: Նա ծիծաղում էր նրանց վրա, որոնք կյանքի իմաստն որևէ կերպ հասկացած և կյանքի համար ուրիշ կերպ պատրաստված, անդադար ընկնում են զանազան արկածների և զանազան հոգսերի ետևից: Նա ամուսնացավ այնպես, ինչպես ամուսնանում են նրա նման հազարավոր աղջիկներ — առանց սիրահարվելու և առանց իրեն հաշիվ տալու, թե ինչ բանի համար: Ամուսնացավ, որովհետև պետք է, վերջապես, ամուսնանար: Զաքար Մարկոսյանը, որ նրա խորթ մոր ինչ-որ հեռու ազգականն էր, ուսումը նոր էր ավարտել և եկել: Ծանոթանալով իրենց տանը, Էմման շատ էր հավանել նրա ուրախ բնավորությունը միայն, ուրիշ ոչինչ, և երբ մի քանի ժամանակից հետո, նրանից ամուսնանալու առաջարկություն ստացավ, առանց երկար ու բարակ մտածելուց ընդունեց: Նա ամուսնացավ և ապրում էր խաղաղ ու երջանիկ: Ամուսնացած ժամանակն էլ ընտանեկան շրջանից դուրս, նա ուրիշ ոչ մի կյանքի հետ մոտ հարաբերություն չուներ և չէր էլ ուզում ունենալ: Օրերն ու տարիներն անցնում էին իրենց կարգով, դրանց հետ անցնում էր և նրա հանդարտ կյանքը, ինչպես մի խաղաղ գետ, առանց ալեկոծվելու: Հորիզոնը միշտ պարզ էր, արևը միշտ պայծառ էր փայլում: Ուրիշ ի՞նչ էր հարկավոր: Նրա խաղաղ կյանքը այն ժամանակ դուրս եկավ իր սովորական ընթացքից, երբ աշխարհ եկավ Արամիկը և իր հետ բերեց մոր համար սովորական հոգսերը: Բայց ի՜նչ էին այդ հոգսերն այն ահագին երջանկության հանդեպ, որով մանուկն իր ծնվելու օրից պսակեց Էմմայի ընտանեկան խաղաղ կյանքը և մի նոր, հրապուրիչ հոսանք տվեց այդ կյանքին: Էմման իր բոլոր սերն ու խանդը նվիրեց իր այդ միակ զավակին: Շատ անգամ, երբ սեղմում էր նրան իր կրծքին, մայրական անհուն երջանկությունից կարծում էր, թե ահա, որտեղ որ է, պիտի մարի: Նա սիրում էր և ամուսնուն, սիրում էր նրա համար, որ իր ամուսինն էր, որի ձեռքն ընդունել էր ինքն իր հոժար կամքով: Եվ, փառք աստծո, ուրիշ ի՞նչ էր հարկավոր: Շատ անգամ իրեն այն աստիճան երջանիկ էր զգում, որ մինչև անգամ սկսում էր վախենալ, թե միգուցե այդ իրեն էժան չնստի, կարծես այդ երջանկությունը ոչ թե ինքը՝ բախտն էր շնորհել նրան, այլ նա մի տեղից գողացել էր և ապօրինի կերպով սեփականացրել իրեն:

Ամբողջ վեց տարի ամուսնական այդպիսի կյանք վարելուց հետո հանկարծ «չար ոգին» ներս է սողոսկում նրա անարատ սիրտը և ամեն ինչ տակնուվրա է անում: Նրա կյանքի պարզ հորիզոնը կամաց-կամաց սկսում է ծածկվել մռայլ ամպերով, նրա կյանքի խաղաղ հոսանքն սկսում է ալեկոծվել: Ի՞նչպես կատարվեց այդ բոլորը, ի՞նչ հրաշքով, որի դեմը նա վաղօրոք չկարողացավ առնել: Այդ ի՞նչ տանջանքներ են, որ նա կրում է, այս ի՞նչ անքուն գիշերներ են, որ նա քաշում է, այս ի՞նչ ծանր, սպանիչ դառնություն է, որով ամբողջապես պատած է նրա սիրտը: Ո՞ւր է նրա կյանքի այն շարունակ քաղցր թմրությունը, որի մեջ նա իրեն այնքան անհոգ և երջանիկ էր զգում, ո՞ր անգութը նրան հանկարծ սթափեցրեց այդ թմրությունից և ձգեց այդ Անտանելի տանջանքների մեջ:

Օրերն անցնում էին սպանիչ դանդաղությամբ: «Չար ոգին» շարունակում էր իր գործը: Էմման քիչ էր ուտում, քիչ էր քնում, համարյա ոչ մի գործ չէր կատարում, ամեն բանից զզվում, ձանձրանում էր, ամեն մի չնչին բանի համար բարկանում էր աղախնի և ծառաների վրա, ամուսնու հետ միշտ քիթ ու մռութով էր խոսում, նրանից խորշում էր և միշտ մենակ էր ուզում մնալ: Իհարկե, շարունակ այդպես չէր կարող տևել, մի հետևանք, վերջապես, պետք է ունենար այդ լարված դրությունը, և ունեցավ — երկու շաբաթից հետո նա անկողին ընկավ:

Զաքարի գլխին, կարծես, միանգամից կրակ էր թափվել: Ուրախություն, ծիծաղ, կատակ, ամեն ինչ մոռացել էր: Նա ման էր գալիս խենթի նման: Գլուխ էր կոտրում, թե ինչ է պատահում կնոջը, ոչինչ չէր կարողանում իմանալ հարցնում էր իրեն — կնոջը, թե ինչ ցավ, ինչ վիշտ, ինչ հոգս ունի նա, որ նրան այդ դրության մեջ է ձգել, բայց միշտ պատասխան էր ստանում՝ «ոչինչ» կամ «ինքս էլ չգիտեմ»: Նա հուսահատվել էր, չգիտեր ինչ աներ: Կնոջ անկողին ընկնելը նրա համար կատարյալ մահ էր, մահից էլ ավելի: Նա դիմեց ընկեր բժիշկներին: Բայց ի՞նչ պետք է անեին նրանք այնտեղ, որտեղ ինքնագլուխ իշխում էր «չար ոգին»: Էմմայի միակ խնդիրն այն էր, որ իրեն բժիշկ հարկավոր չէ, որ իրեն հանգիստ թողնեն:

16

Երեկո էր: Զաքարը տխուր ու տրտում մենակ նստած էր իր առանձնասենյակում և մտածում էր կնոջ դրության մասին: Երևում էր, որ շատ էր տանջվում: Որքան տանջում էր նրան Էմմայի դրությունը, նույնքան, գուցե և ավելի, տանջում էր այն հանելուկը, թե ինչ էր նրա այդ դրության պատճառը: Ենթադրությունները մեկը մյուսի ետևից ծնվում էին նրա գլխում, բայց ոչ մի բավարար հետևանքի չէին հասցնում, հանելուկը մնում էր հանելուկ:

«Ասում է մրսել եմ», մտածում էր նա. «ի՛նչ մրսել. մրսածին ես եփած էլ կճանաչեմ, չե՞մ տեսնում, որ այստեղ ուրիշ բան կա... ահա երկու շաբաթ է, որ ոտի վրա հալվում է. ինչո՞ւ ահա հանելուկ...»:

Եղավ մի րոպե, որ այդ հանելուկի բացատրությունը տանելու համար իր զանազան ենթադրությունների մեջ նրա միտքը կանգ առավ Զազունյանի և նրա մեկնելու վրա, բայց իսկույն էլ սարսափով ետ վանեց այդ ենթադրությունը, այնքան ահռելի և անհավատալի թվաց նրան այդ բանը:

Նա տարակուսանքով վեր քաշեց ուսերը, վեր կացավ և սկսեց ետ ու առաջ քայլել սենյակում:

Այդ րոպեին դուռը արագ բացվեց, և շտապով ներս մտավ մանկահասակ մի կին:

— Պարո՛ն Զաքար... Էմմաս հիվա՞նդ է, — անհանգստությամբ կանչեց նա:

Զաքարը կանգ առավ և զարմանքով նայեց նրա դեմքին:

— Տիկի՛ն Աննա, — բացականչեց նա ուրախացած: — Այդ ե՞րբ բայց ի՞նչպես... ի՛նչ լավ ժամանակին եկաք:

Նրանք ամուր սեղմեցին իրար ձեռքը:

Աննան Էմմայի ընկերուհին էր:

— Էմմաս, իմ Էմման ո՞րտեղ է, պ. Զաքար, — նույն անհանգստությամբ ասաց նա: — Ծառային հարցնում եմ, ասում է՝ հիվանդ պառկած է: Ինչո՞ւ է հիվանդ: Գնանք, տարեք ինձ նրա մոտ. որտեղ է նա:

— Այո՛, այս մի քանի օր է, ինչ պառկած է տխրությամբ հառաչեց Զաքարը:

— Ի՞նչն է ցավում, ինչո՞վ է հիվանդ: Գնանք, տարեք շուտ ինձ նրա մոտ:

Նա բռնեց Զաքարի ձեռքից, համարյա քարշ տվեց իր ետևից:

Զաքարը տարավ նրան կնոջ սենյակը:

Նիհար և գունատ՝ Էմման պառկած էր մահճակալի վրա: Նա հանել էր իր ձեռքերը վերմակի տակից և, աչքերը ձգած առաստաղին՝ ըստ երևույթին, ընկղմված էր խոր մտածման մեջ: Նրա մոտ դրված էր մի փոքրիկ սեղան՝ դեղերի սրվակներով: Դուռը բացվելուն պես սթափվեց և նայեց ներս մտնողներին:

— Էմմա ջան, — բացականչեց Աննան, առաջ վազելով դեպի նա: — Դու անկողնում պառկա՛ծ...

Նա չոքեց մահճակալի առջև, գրկեց Էմմային և սկսեց համբուրել նրա գունատ շրթունքներն ու այտերը:

Էմման դարձավ կողքի վրա և զարմացած նայեց նրան:

— Աննա՛... Մի՞թե այդ դու ես, — ուրախ, բայց թույլ ձայնով կանչեց նա և մի ձեռքով գրկեց նրա գլուխը:

— Այս ես եմ, բայց այդ դու չես, — ասաց Աննան, նայելով նրա խոշոր, բայց հիվանդությունից ավելի խոշորացած աչքերին: — Այդ ի՛նչ է դրությունդ, ի՛նչ ես դարձել, ի՞նչ հիվանդանալու ժամանակ է, որ հիվանդացել ես:

Էմման նստեց:

— Վեր կաց, ինչ ես չոքել, — ասաց նա:

Աննան վեր կացավ և նստեց մահճակալի մոտ դրած աթոռի վրա:

— Հղի խո չե՞ս, — հարցրեց նա, թեքվելով դեպի նրա դեմքը և առնելով նրա ձեռքերը:

Էմման բացասական կերպով շարժեց գլուխը:

— Հապա՞:

— Մրսել եմ:

Աննան ձեռքը դրեց նրա ճակատին:

— Տաքություն չունես, — ասաց նա կասկածելով:

Էմման նայեց նրան և ժպտաց:

— Լավացա, որ դու եկար, — ասաց նա:

— Փառք աստծո, — կարծես մի ծանր բեռից ազատվելով, կանչեց Զաքարը: — Ինչո՞ւ վաղ չէիք գալիս, — դիմեց նա Աննային, — որ այդպիսի հրաշք գործել գիտեք:

— Եթե գիտենայի, որ Էմմաս հիվանդ է, գլուխս կոտրելով կգայի, — պատասխանեց Աննան, սիրով և քնքշությամբ նայելով ընկերուհուն:

— Ե՞րբ ես եկել, գալուդ մասին ինչո՞ւ առաջուց իմացում չավիր, — հարցրեց Էմման:

— Ինքս էլ չգիտեի, թե այսպես շուտ եմ գալու: Ամուսինս գնաց Վիեննա առևտրական գործերով, իսկ ես մտադրվեցի գալ Քութայիս մորաքրոջս մոտ՝ մի կամ երկու շաբաթ այնտեղ մնալո՛ւ համար, իսկ այնտեղից ուղղակի պետք է գայի այստեղ՝ մորս մոտ և պետք է մնայի այստեղ մինչև ամուսնուս վերադառնալը, այսինքն՝ մինչև հունիս կամ հուլիս ամիսը: Բաթումից գնացի Քութայիս, բայց մորաքրոջս այնտեղ չգտա, գյուղ էր գնացել: Էլ չուզեցի սպասել, մի օր Քութայիսում մնալով, մյուս օրն, այսինքն երեկ, վեր կացա և, ահա այսօր այստեղ եմ: Ուզում էի անմիջապես գալ քեզ մոտ. բայց բարեկամներ, ազգականներ, ծանոթներ — գիտես, էլի — այնքան հավաքվել էին, որ հիմա էլ հազիվ եմ պրծել նրանց ձեռքից: Բայց որ գիտենաս որքա՛ն կարոտել էի քեզ, սիրելիս: Երևակայի՛ր՝ նստում եմ կառք, գալիս եմ, ուրախությունից գլուխս կորցրած բարձրանում եմ վերև, ծառային հարցնում եմ՝ տիկինը տա՞նն է, — հիվանդ է, ասում է, պառկած է: — Կարծեցի, թե տունը գլխիս փլվեց: Ներս եմ ընկնում պ. Զաքարի մոտ՝ Էմմաս, ասում եմ, իմ Էմման ո՞ւր է, պ. Զաքար. տարեք շուտ ինձ նրա մոտ, — և բռնում եմ ձեռքիցը, քարշ եմ տալիս: Նա բերում է ինձ քեզ մոտ և ահա քեզ ինչ դրության մեջ եմ գտնում:

Նա ծիծաղեց, և նրա աչքերում երևացին արտասուքի փայլուն կաթիլներ: Էմման ժպտաց, իսկ Զաքարը, որ շարունակ ժպտում էր, նայելով նրանց, նույնպես ծիծաղեց, ինչպես ծիծաղում են երեխաները: Նա պարզ կերպով տեսնում էր, որ Էմման ընկերուհուն տեսնելու րոպեից ուժ և կենդանություն ստացավ, և առաջվա տխրությունն ու թախիծը համարյա բոլորովին հեռացավ նրա դեմքից: Այդ պատճառով նա անհուն շնորհակալություն էր զգում դեպի Աննան, որ իր այցելությունով, ազատեց նրան հուսահատությունից և անտանելի մտատանջությունից:

— Դուք էլ աչքումս փոխվել եք, պ. Զաքար, — ասաց Աննան, նայելով նրա դեմքին:

— Ճիշտ է, — պատասխանեց Զաքարը: — Դե ես ի՜նչ, լավ ուտում էի, լավ խմում, ճաշից հետո լավ քնում, — նայելով կնոջը, ավելացրեց նա և ծիծաղեց (Էմման նայելով իր ձեռքերին, հոնքերը ցած թողեց և քթի պնչերը լայնացրեց), — բայց դրա դրությունն այս կարճ ժամանակում ինձ սպանեց էլ ոչ կենդանի էի, ոչ մեռած...

— Ախ, Է՛մմա, Է՛մմա, — հանդիմանորեն շարժեց գլուխը Աննան: — Եթե վաղն ևեթ չես վեր կենալ, չգիտեմ, ճշմարիտ, ինչ կանեմ: Ուրախ-ուրախ գալիս էի, ասում էի՝ վերջապես երկու տարվա կարոտս կառնեմ, կվերադարձնենք մեր օրիորդական քաղցր ժամանակները — հիշո՞ւմ ես ընթերցանությունը, զբոսանքը, խոսակցությունները,վիճաբանությունները — իսկ դու այստեղ ծանր ու բարակ պառկել ես անկողնում... անգութ չասեմ, ապա ի՞նչ ասեմ քեզ: Բժիշկը գալի՞ս է... Ախ, ներողություն, պ. Զաքար, — կանչեց նա ծիծաղելով, — բժիշկդ այստեղ կանգնած եք, ես ուրիշ բժիշկ եմ հարցնում:

— Չէ, ի՜նչ ներողություն, — ասաց Զաքարը, — ուրիշ բժիշկ է գալիս: Ապա ի՞նչ իմ բանն է... տանու տերերին «օրհնյա ի տեր» կլինի՞:

Այդ խոսքերի հետ նա բարձրաձայն ծիծաղեց:

— Կասես, որ այսուհետև էլ չգա — ասաց Էմման առանց նրան նայելու:

— Ո՞վ, բժի՞շկը:

— Այո, ինձ այլևս բժիշկ հարկավոր չէ:

— Բայց դու դեռ թույլ ես. քեզ էլի…

— Ասում եմ, որ հարկավոր չէ, — պնդեց Էմման: — Ես ինձ հիմա լավ եմ զգում:

— Ինչպես ուզում ես, ինչպես ուզում ես, միայն թե դու լավ լինես: Կուզես, այս դեղերն էլ տանեմ դուրս շպրտեմ:

— Եվ լավ կանես:

Զաքարը մոտեցավ դռանը:

— Կա՛րապետ, Կա՛րապետ, — կանչեց նա դեպի դուրս:

Ծառան ներս մտավ:

— Այս բոլոր դեղերը հավաքիր և դուրս տար իսկույն... ուզում ես ինքդ խմիր, ուզում ես թափիր: Շուտ:

Կարապետն ատամները ցույց տվեց և սկսեց հավաքել սեղանի վրայից դեղերի սրվակները:

— Արամիկն ո՞ւր է, Արամիկը, — հանկարծ մտաբերելով հարցրեց Աննան, — կանչեցեք տեսնեմ: Ինչպես մոռացել էի: Իմ սիրելի Արամիկը...

— Լսիր, — դարձավ Զաքարը ծառային, որ սրվակները դուրս էր տանում: — Մաշային կասես, որ Արամիկին իսկույն այստեղ բերի:

Ծառան դուրս գնաց:

— Արամիկն այնպիսի քաջ և խելոք տղա է դարձել, որ էլ ասել հարկավոր չէ, — դարձավ Զաքարն Աննային:

— Մի՞թե... այն նիհարիկն ու չարաճճի՞ն:

— Նիհարիկն ու չարաճճի՞ն: Այժմ ինձնից էլ չաղ ու ինձնից էլ խելոք է:

— Մի՞թե: Դու էլ խո այնքան գովում էիր նրան նամակներիդ մեջ, Էմմա: Նամակներդ կարդալիս շատ անգամ այնպես կարոտում էի նրան, այնպես կարոտում, որ որտեղ էլ պատահում էի նրա անունը նամակիդ մեջ, սկսում էի համբուրել, չե՞ս հավատում: Դժբախտաբար նրա պատկերը կորցրել եմ, մի օր ամբողջ տունը տակնուվրա արի, չկարողացա գտնել: Բայց այս անգամ ես ինքս պետք է հանել տամ նրա պատկերն ինձ հետ միասին, թո՞ւյլ կտաք:

— Ձեզ փեշքեշ, — ասաց Զաքարը ծիծաղելով:

17

— Ահա՛ նա, ահա՛ իմ սիրելիս, — բացականչեց Աննան և, վեր թռչելով տեղից, վազեց դեպի Արամիկը, որ աղախնի առջևից մտնելով անհամարձակ կերպով կանգնեց դռան մոտ: Մի ակնթարթում նա առավ երեխային իր գրկի մեջ, բարձրացրեց և, համբուրելով նրա դեմքի յուրաքանչյուր պատահած տեղը, ձեռքի վրա տարավ, նստեց դարձյալ իր աթոռի վրա: Երբ համբուրելուց կշտացավ, նստեցրեց նրան իր ծնկների վրա և սկսեց նայել նրան այն սիրով ու հրճվանքով, ինչպես միայն կանայք են նայում: Իրավ, ի՛նչ մեծացել է, ի՛նչ գեղեցկացել, — ասում էր նա, սեղմելով նրան կրծքին:

— Աչքով չտաս, — նկատեց նրան Էմման, որի սրտի մեջ զարթնել էր մայրական հպարտությունը, տեսնելով ընկերուհու իր զավակին ցույց տված սերն ու խանդը:

— Հա՛, հա՛, աչքով չտաք, — իր կողմից վրա բերեց Զաքարը և իր սովորության համեմատ բարձրաձայն ծիծաղեց:

— Մի վախենաք, աչքս թեթև է, — պատասխանեց Աննան և շարունակեց սիրով և հրճվանքով նայել Արամիկին:

Արամիկը նստեց Աննայի ծնկան վրա, զարմացած և հետաքրքրությամբ նայում էր նրան, շրթունքները սեղմել էր իրար և այտերը փքել, դրանից նրա մանկական գեղեցիկ դեմքը ստացել էր մի տեսակ լուրջ, բայց շատ գրավիչ և սիրելի արտահայտություն, որպիսին ունենում են միայն երեխաները:

— Ի՞նչ ես ինձ այդպես նայում, ինձ չե՞ս ճանաչում, — հարցրեց Աննան:

— Ոչ, — գլուխը բացասական կերպով շարժելով, հապաղելով պատասխանեց Արամիկը և շարունակեց նայել նրան:

— Ես քո մամայի քույրիկն եմ:

— Իմ մամայի քույրի՞կը, — կարծես խոր մտածելով, ասաց Արամիկը և նայեց մորը, հետո դարձյալ Աննային, դարձյալ մորը, կարծես ուզում էր որևէ նմանություն գտնել նրանց միջև:

— Այո, իմ քույրիկն է, Արամիկ, իմ քույրիկն է, — ժպտալով հաստատեց մայրը:

Արամիկը դարձյալ նայեց Աննային:

— Հապա ինչո՞ւ առաջ դուք չէիք գալիս մեր տուն, — հարցրեց նա:

— Որովհետև մայրիկդ ինձ միշտ ծեծում էր, — պատասխանեց Աննան կատակով:

Երեխան չհասկացավ կատակը, նա կիտեց հոնքերը և այտերը փքեց:

— Ճիշտ չէ, — կարծես վիրավորված ասաց նա: — Մամաս ոչ ոքի չի ծեծում. — գուցե բարկացել է ձեզ վրա, ինչպես անցյալ օրը...

Սա լռեց և այտերը բոլորովին փքեց:

— Ի՞նչ, ի՞նչ անցյալ օրը, — ծիծաղը զսպելով, հարցուփորձ արավ Աննան:

— Բարկացավ ինձ վրա, — կամաց ասաց Արամիկը և գլուխը կախեց:

— Բարկացա՞վ... ինչո՞ւ... երևի չարություն էիր արել:

— Ոչ, ես ոչ մի չարություն չէի արել, այլ ուրուխ-ուրախ ներս վազեցի նրա մոտ... նա տխուր նստած էր հանկարծ բարկացավ ինձ վրա... հրամայեց, որ իսկույն դուրս գնամ և... ետնիցս ինձ... չար... փչացած տղա անվանեց...

Նրա ձայնը դողաց և նա, հանկարծ դեմքն ամուր սեղմելով Աննայի կրծքին, սկսեց հեկեկալ:

Հայրը, մայրը և Աննան սկսեցին ծիծաղել:

— Իսկապես որ չար և փչացած տղա, — կանչեց Զաքարը: — Ինչպես միտն է պահել: Մեծահիրտ, վիրավորանք չի ուզում տանել:

Ներողություն խնդրելով, նա դուրս գնաց հյուրին պատվելու պատրաստություններ տեսնելու:

Աննան հանգստացրեց Արամիկին, հաշտեցրեց մոր հետ, համբուրել տալով նրա ձեռքը, և մի քանի քաղցրեղեններ տվեց նրան, որ բերել էր իր հետ:

Մի ամբողջ քառորդ ժամի չափ նստած մնալով Աննայի ծնկան վրա, Արամիկը հոգնեց, նա ուզում էր դուրս գնալ և վազվզել:

— Ձեր հագուստը բոլորովին փչացրի, թողեք ինձ իջնեմ, — ասաց նա:

Աննան ծիծաղեց:

— Ա՛յ խորամանկ, — կանչեց նա, — ուզում ես փախչել և ա՞յդ ես հնարում:

Նա պինդ համբուրեց նրա երկու այտն էլ և ցած դրեց:

— Դեհ, գնա խաղա: Բայց լսիր ինձ այսուհետև միշտ մորաքույր կանչիր, իմացա՞ր:

— Իմացա:

— Եվ կսիրե՞ս ինձ ինչպես մամայիդ:

— Ինչո՞ւ չեմ սիրի:

— Ես քեզ համար միշտ քաղցրեղեն կբերեմ:

— Ի՞նչ եմ անում քաղցրեղենը:

— Ա՜յ հպարտ… ինչո՞ւ:

— Որովհետև մամաս ասում է, որ քաղցրեղենը վնաս է ատամներին:

— Տեսնո՞ւմ ես սրան... Բասետ տուր իմ տվածը:

— Ահա:

Արամիկը մեկնեց նրան նրա տված քաղցրեղենը:

Աննան դիտմամբ դեմքը խոժոռեց:

— Դու ինձ վիրավորում ես, — ասաց նա ծանր:

— Ի՞նչ անեմ, դուք ինքներդ եք ետ ուզում, ես էլ տալիս եմ:

Աննան չկարողացավ չծիծաղեի

— Լավ, այդ մեկը «առ կեր, այդ վնաս չէ, — ասաց մայրը:

Արամիկը դարձավ և դիմեց դեպի դուռը:

— Սպասիր, — կանչեց նրա ետևից Աննան:

Արամիկը կանգ առավ:

— Ուրեմն դու ինձ առանց քաղցրեղենի է՞լ կսիրես, — հարցրեց Աննան:

— Եթե դուք ինձ սիրեք, ես էլ ձեզ կսիրեմ:

Աննան վեր թռավ տեղից, վազեց, գրկեց նրան և դարձյալ սկսեց համբուրել նրա դեմքի յուրաքանչյուր պատահած տեղը:

— Ա՜յ, ես քեզ ի՜նչպես եմ սիրում, ա՜յ, ինչպես եմ սիրում, — ասում էր նա և շարունակում իր համբույրները: — Հիմա դու ինձ համբուրիր, որ իմանամ, թե դու էլ ինձ ես սիրում, — ասաց նա այտը մոտեցնելով նրա շրթունքներին:

— Ա՜յ, ես էլ ձեզ ի՜նչպես եմ սիրում, — կանչեց Արամիկն, ամուր համբուրեց նրա այտն և դուրս փախավ:

Աննան մտախոհությամբ նայեց նրա ետևից, կամաց հառաչեց և գնաց նստեց իր տեղը:

— Երանի քեզ, Էմմա — ասաց նա — ինչքա՜ն երջանիկ ես դու… ե՞ս եմ, որ չգիտեմ ո՜ր մեղքիս համար զրկված եմ մի այդպիսի բախտավորությունից:

«Ինչքան երջանիկ եմ ես», դառնությամբ մտածեց Էմման, և Զազունյանի պատկերը ցցվեց նրա առջև: Հանկարծ նա ժպտաց և նայեց Աննային:

— Ուզո՞ւմ ես քեզ տամ, — ասաց նա:

— Է՛հ տվողն աստված է, դու ինձ ի՞նչ պետք է տաս, — տխուր պատասխանեց Աննան: — Մինչև տանդ, եթե ոչ մի քանի, գոնե մի հատիկ երեխա չունենաս, էլ ինչչացո՞ւ ես դու, էլ ինչի՞ ես պետք: Ի՞նչ կյանք է ամուսնացած կնոջ կյանքն առանց երեխայի: Ի՞նչ զգացմունք, ի՞նչ երջանկություն կարող է հասնել մայրական զգացմունքին, մայրական երջանկությանը: Ամեն ինչ, ամեն տեսակ զգացմունք խախուտ և անցողական է, բացի մայրական զգացմունքից: Ի՞նչ բան է սերը, հանրածանոթ սերը մայրական զգացմունքի առաջ — մի թշվառ, շո՛ւտ բռնկող և շուտ էլ մարող թղթերի բոց, զարնանածին արևի հարատև, պայծառ ճառագայթների հանդեպ: Հանրածանոթ սերը թեև լայնատարած, բայց շրջափակված մի ծով է, որ անդադար ալեկոծվում է և աhագին վնասներ, աղետներ է բերում շատ անգամ, իսկ մայրական սերը պարզ, վճիտ աղբյուր էր, որ hոսում է հանդարտ և չես իմանում որտեղից է սկսվում և որտեղ վերծանում: Մարդկանց մեջ ամենաերջանիկը մայրն է: Չնայելով, որ ինքս մայր չեմ, դժբախտաբար, բայց ես այդ հասկանում եմ, զգում եմ և գուցե քեզնից էլ ավելի: Գիտե՞ս, թե ես քեզ որքան նախանձում եմ, Էմմա:

— Իզո՛ւր, — կարծես երազում արտասանեց Էմման, որ այդ բոլոր ժամանակ հոնքերը կիտած և քթի պնչերը լայնացրած՝ շարունակ նայում էր դեպի պատուհանը:

Աննան ցնցվեց: Նա կարծես նոր տեսավ Էմմայի դեմքի տխուր, մտախոհ արտահայտությունը: Նա կամաց թեքվեց դեպի նրա դեմքը:

— Ի՞նչ… իզո՞ւր, — հարցրեց նա ծանրությամբ:

Էմման թեթև հառաչեց և չպատասխանեց:

Աննան արագ վեր կացավ աթոռի վրայից և նստեց նրա անկողնի վրա: Նա առավ ընկերուհու ձեռքը և աչքերը հառեց նրա աչքերին:

— Էմմա, դու շատ ուրիշ տեսակ ես երևում, — ասաց նա առաջվանից ավելի ծանր: — Դու խորհրդավոր ես... ես քեզ չեմ հասկանում... բացատրիր... Ի՞նչ է պատահում քեզ:

Էմման հանկարծ իր կողմից նայեց նրան դեռ լուրջ, հետո ժպտաց:

— Ի՞նչ պետք է պատահի, — ասաց նա պարզ, — ես այստեղ անկողնում հիվանդ պառկած եմ, իսկ դու ինձ նախանձում ես:

Աննան դրանով չխաբվեց: Նա թերահավատությամբ և լրջորեն նայեց նրա աչքերին և ուզում էր ինչ-որ ասել, բայց Զաքարը մտավ, և նա այլևս ոչինչ չասաց: Այնուհետև նա շարունակ դիտում էր Էմմային, բայց Էմման տեսնելով, որ անզգուշությամբ ինքն իրեն մատնել էր, աշխատում էր իրեն ուրախ ցույց տալ: Սակայն առանց այն էլ ընկերուհու անսպասելի զալո՛ւստը նրան մեծ ուրախություն էր պատճառել, մանավանդ իր ներկա ծանր դրության մեջ: Նա իրեն մինչև անգամ առողջացած էր զգում: Աննան տեսնելով, որ իր կասկածանքն, ըստ երևույթին, հիմք չունի, դադարեց նրան զիտելուց: Սկսվեց մի քաղցր և անվերջ զրույց: Զաքարը, տեսնելով, որ կնոջ դրությունը շատ լավ է, ուրախությունից ոտի վրա չէր կանգնում: Բայց նա աշխատում էր իրեն զսպած պահել, որպեսզի մի այնպիսի հիմար բան չանի, որով զրգռի կնոջ տհաճությունը, ինչպես վերջին օրերում մի քանի անգամ պատահել էր:

Բավական ուշ էր, որ Աննան պատրաստվեց տուն գնալու: Էմման խնդրեց նրան, որ հետևյալ օրն առավոտյան այցելի իրեն:

— Լույսը չծագած, ես այստեղ եմ, — ասաց Աննան:

Մինչև փողոցի դուռը Զաքարն իջավ նրա հետ: Այնտեղ նա ամուր սեղմեց Աննայի ձեռքը:

— Անչափ շնորհակալ եմ ձեզնից, տ. Աննա, — ասաց նա զգացված: — Մեզ աստված է ուղարկել, որ Էմմային առողջացնեք, իսկ ինձ ազատեք հուսահատությունից:

18

Հետևյալ օրն առավոտյան, երբ Աննան էկավ, Էմման դեռ քնած էր, իսկ Զաքարն իր առանձնասենյակում շտապով թեյ էր խմում, որ գնա իր պաշտոնին: Աննան մտավ նրա մոտ և մանրամասն հարցուփորձ արեց Էմմայի հիվանդության մասին: Զաքարը պատմեց նրան, ինչ որ գիտեր և ինչի մասին որ գիշեր-ցերեկ մտատանջվում էր, բայց Զազունյանի վերաբերմամբ ունեցած կասկածից, որը շարունակում էր մտատանջել նրան, ինչքան էլ որ նա աշխատում էր վանել իր մտքից այդ ենթադրությունը:

Աննան մտածման մեջ ընկավ: Թեյը խմելուց հետո Զաքարը գնաց, խնդրելով նրան, որ Էմմային մենակ չթողնի:

Աննան մտավ Էմմայի ննջարանը: Էմման դարձյալ քնած էր: Հուշիկ քայլերով մոտեցավ նրա մահճակալին և նստեց աթոռի վրա: Սենյակում տիրում էր կիսախավար, և օդը փոքր-ինչ ծանր էր: Նա վեր կացավ, լուսամուտներից մեկի վարագույրն ետ քաշեց, բաց արեց օդանցքը և դարձյալ գնաց նստեց իր տեղը: Էմման պառկած էր կողքի վրա՝ դեմքը նրա կողմն արած: Գիշերային սպիտակ գլխակապի տակից դուրս էին թափվել նրա փայլուն մազերը, որոնց մի փունջ ընկել էր նրա դեմքի վրա և թեթև դողդողում էին նրա հավասար շնչառությունից: Երկար թերթերունքներն ստվեր էին ձգել նրա փակ աչքերի տակ, այտերի վրա խաղում էր թեթև շառագո՛ւյնը, շրթունքները փոքր-ինչ բաց՝ կարծես ժպտում էին: Քնած ժամանակ նա գեղեցիկ և անմեղ էր երևում, ինչպես լինում են երեխաները: Աննան սիրով և քնքշությամբ նայում էր նրան, ինչպես նայում է մայրն իր քնած երեխային: Զգում էր, որ անչափ սիրում է նրան, ինչպես իր հարազատ քրոջը, և նրա համար ամեն բան պատրաստ է անել: Շարունակ նայում էր նրա դեմքին, մտառությամբ դիտում նրա յուրաքանչյուր դիմագիծը և տեսնում էր, որ նա մնացել էր համարյա նույնը, ինչ որ օրիորդական հասակում, ժամանակը, կարծես, խնայել էր այդ գեղեցիկ դեմքը, որը սեր, համեստություն և քնքշություն էր շնչում, միայն այժմ փոքր-ինչ նիհար և գունատ էր բայց այդ ավելի նպաստում էր նրա քնարական գեղեցկությանը:

Աննան կամաց թեքվեց և զգուշորեն համբուրեց նրա այտը:

Էմման հանկարծ ինչ-որ մի խուլ ճիչ արձակեց և ամբողջ մարմնով ցնցվեց: Աչքերը բաց արավ և իսկույն նստեց. հայացքն անմիտ էր, դեմքը սարսափ էր արտահայտում, շնչում էր արագ:

— Ի՞նչ պատահեց, սիրելիս, հարցրեց Աննան վախեցած:

Էմման չպատասխանեց, անմիտ հայացքը շրջեց այս ու այն կողմը, հետո քիչ-քիչ ուշքի գալով, նայեց Աննային և ձեռքով շփեց դեմքը:

— Այդ դո՞ւ ես, — ասաց նա կամաց:

— Չլինի՞ վախեցար, որ համբուրեցի:

Էմման ձեռքը դրեց իր արագ բաբախող կրծքին:

— Հենց նոր երազումս քեզ էի տեսնում, — ասաց նա և աշխատեց ժպտալ:

— Ի՞նչպես, պատմիր տեսնենք:

— Իբրև թե... Դու երազի հավատո՞ւմ ես:

— Ի՜նչ հավատալու է:

— Իհարկե:

Էմման վերցրեց գլխակապը և մազերը ետ տարավ ճակատից:

— Վաղո՞ւց ես եկել, — հարցրեց նա:

— Մեկ ժամ կլինի պատասխանեց Աննան:

— Մի՞թե... ինչո՞ւ չէիր արթնացնում:

— Միևնույն է. ինձ խո երազումդ էլ տեսնում էիր:

Էմման ժպտաց:

— Եվ բոլոր ժամանակ նստա՞ծ էիր մոտս հարցրեց նա:

— Ոչ, դեռ ամուսնուդ մոտ էի, հետո քեզ մոտ:

— Նա տա՞նն է:

— Ոչ, գնաց:

— Ուրեմն բավական ուշ է, — ասաց Էմման, լուսամուտից դուրս նայելով:

— Ժամը տասն է:

— Հա՞... Այսպես շատ ես ոչ մի օր չեմ քնել:

— Այդ առողջանալուդ նշանն է:

— Այո, ես այսօր ինձ բավական լավ եմ զգում և դրա համար պարտական եմ քեզ:

— Օդանցքն ես եմ բաց արել, օդը ծանր էր, կուզե՞ս փակեմ, — հարցրեց Աննան:

— Չէ, մնա:

— Ոչ, փակեմ, փակեմ, կմրսես, ցուրտ է:

Աննան վեր կացավ և փակեց օդանցքը:

— Ուրի՞շ... հա, երազդ մոռացար պատմել:

— Չէ, չեմ մոռացել, հիմա կպատմեմ:

— Այս շալն էլ որ ծածկես, Էմմա ջան, այն ժամանակ ավելի լավ կլինի:

— Արա, ինչ ուզում ես, ես քեզ անձնատուր եմ լինում, — ասաց ժպտալով Էմման:

Աննան շալը ձգեց նրա ուսերին և ծածկեց նրա մեջքն ու կուրծքը:

— Ահա այսպես: Հիմա պատմիր՝ տեսնենք ինչ երազ ես տեսել:

— Բայց այնպե՛ս սարսափելի երազ էր, Աննա, — մտախոհությամբ ասաց Էմման:

— Հա՞... երևի շատ ես վախեցել:

— Շատ:

— Պատմի՛ր, պատմի՛ր:

— Իբրև թե անցնում եմ մի ընդարձակ դաշտով, — սկսեց Էմման: — Դաշտը կանաչ էր, ինչպես գարնանն է լինում: Տեսնեմ հեռու մի ծեր, ալևոր մարդու շուրջը բազմաթիվ ջահել կանայք և աղջիկներ են հավաքված: Ծեր մարդու ձեռքին բազմաթիվ վառ ճրագներ կան: Շուրջը հավաքված կանանցից և աղջիկներից ոմանք հափշտակում են նրա ձեռքից մի-մի ճրագ, ոմանց ծերունին ինքն էր տալիս, և բոլորն էլ՝ ճրագները ձեռքներին՝ սկսում էին փախչել, կարծես վախենում էին, որ ծերունին ետ կխլի ճրագներն իրենց ձեռքից: Ճրագները վազելուց սաստիկ վառվում էին: Փախչողներից ոմանք, առանց իրենց վնաս տալու ճրագի վառ բոցերից, ազատ վազում էին և ուրախ-ուրախ ծիծաղում, կրկչում, իսկ ոմանք այրում էին իրենց դեմքը, հագուստը, երբեմն լաց էին լինում, երբեմն ծիծաղում, դարձյալ լաց լինում, դարձյալ ծիծաղում և առաջինների հետ հավասար վազում էին, իսկ երբեմն էլ վայր էին ընկնում, քիթ ու բերանը արնոտում, բայց ճրագները ձեռքներից բաց չէին թողնում... Մի ինչ-որ անդիմադրելի զորություն ձգում էր ինձ դեպի ծերունին: Ես վազեցի դեպի նա և հասա նրան այն ժամանակ, երբ արդեն ամենքը հեռացել էին նրանից և ճրագները ձեռքներին՝ վազում էին ընդարձակ դաշտի վրայով: Ծերունու ձեռքին մնացել էր մի հատիկ ճրագ միայն: Այդ ճրագը մերթ շատ պայծառ էր վառվում, մերթ շատ աղոտ: — Այդ ճրագն էլ ինձ տուր, — բացականչեցի ես, ձեռքս մեկնելով: Ծերունին գլուխը բացասական կերպով շարժեց: Նա մի գարհուրելի մարդ էր: «Ուշ եկար, ասում է, քեզ չի հասնի: — Տո՛ւր, տո՛ւր, — աղաչում էի ես: Ճրագն ինձ սաստիկ գրավում էր: «Եթե տամ, ասում է, հագուստդ կայրես»: — Տո՛ւր, տո՛ւր, — թախանձում էի ես: Նա մեկնեց ինձ ճրագը և նույն րոպեին դարձյալ ետ էր ուզում տանել, բայց ես հանկարծ հափշտակեցի նրա ձեռքից և ծիծաղելով մյուսների պես սկսեցի փախչել...

Էմման հանկարծ ցնցվեց և լռեց:

— Հետո՞, — հարցրեց Աննան, որին ակամա հետաքրքրում էր նրա երազը: — Ես դեռ չեմ երևում այդտեղ:

— Սպասիր, կերևաս, — ասաց Էմման:

— Հետո, — շարունակեց նա, — ճրագը ձեռքիս՝ փախչում էի... չէ, չէի փախչում, թռչում էի, սլանում էի. ոտներս գետնի վրա չէին: Ճրագը սաստիկ վառվում էր. նրա բոցը դեպչում էր դեմքիս և այրում: Հանկարծ տեսնեմ, կպավ հագուստիս, հագուստս սկսեց այրվել: Սարսափեցի: Ուզում էի ճրագը վայր ձգեմ ձեռքիցս, չէր լինում, կպած էր ձեռքիս, պոկ չէր գալիս... այնինչ՝ հակառակ իմ կամքին՝ ես շարունակում էի սլանալ... Հանկարծ տեսնեմ դիմացս անթիվ գամփռ շներ հաչոցով հալածում են երկու հոգու, մեկն իբրև թե Զաքարն է, իսկ մյուսն Արամիկս: Զաքարը բռնած ունի Արամիկի ձեռքից: նրանք վազում են շների առաջից: Արամիկը սաստիկ ճչում է, լաց է լինում... ճրագը ձեռքիս սլացա նրանց դեմ, նրանց շներից ազատելու մտքով: «Ճրագը հանգցրու, գոռում է Զաքարը, շները կփախչեն»: Ես փչում եմ ճրագին, փչում եմ, չի հանգչում... «Հանգցրու», աղաչում է Զաքարը: «Հանգցրու, մամա», ճչում է Արամիկը: Ես ավելի ուժով եմ փչում, դարձյալ չի հանգչում ճրագը: Շները դժոխային հաչոց են բարձրացնում... Հանկարծ որտեղից — չգիտեմ — հայտնվում ես դու, մի անգամ փչում ես, և ճրագը հանգչում է:

Էմման լռեց:

— Հետո՞, — հարցրեց Աննան:

— Հետո, շուրջս սարսափելի խավար տիրեց...

— Եվ...

— Հանկարծ դեմքիս մի սաստիկ, խիստ սաստիկ, կարծես երկաթե ձեռքի ապտակ զգացի... Այնքան սաստիկ էր այդ ապտակը, որ ընկա և սկսեցի գլորվել մի մութ անհատակ անդունդ...

— Հա՛, հա՛, հա՛, — բարձրաձայն ծիծաղեց Աննան: — Երևի այդ ապտակն իմ համբույրն էր:

— Երևի:

— Հետո՞, հետո՞ ինչ:

— Հետո արթնացա:

— Ափսոս, երանի ապտակ չէի տվել, ով գիտե էլ ինչ հիմարություններ էիր տեսնելու:

— Չէ, Աննա, լավ եղավ, որ արթնացրիր... ինչպես զարհուրելի՛ էր, — ասաց Էմման մտախոհ:

— Հիմա՞, — կարճ լռությունից հետո հարցրեց Աննան:

Էմման սթափվեց, նայեց նրան և տխուր կերպով ժպտաց:

— Մեկնիր երազս, — ասաց նա:

— Մեկնե՞մ... շատ լավ: Շները խո շներ են, Զաքարը — Զաքար, Արամիկն — Արամիկ, դու — դու, ես էլ — ես: Ճրագը, որով այրում էիր դեմքդ և հագուստդ, հիվանդությունդ էր: Փչելով և հանգցնելով ճրագը՝ նշանակում է առողջացրի քեզ և... հիմա պետք է վեր կենաս, սիրելիս, և անկողինդ թողնես: Ահա մեկնությունս: Հավանո՞ւմ ես:

Էմման դարձյալ ժպտաց:

— Հավանում եմ, — ասաց նա: — Եվ հիմա ուղիղ որ վեր կկենամ: Դու մեկ նեղություն կրիր զանգը տուր:

— Ինչո՞ւ:

— Աղախինը գա հագցնի ինձ:

— Ախ, չէ, սիրելիս, մնա դեռ անկողնում, ես կատակով ասացի, դու դեռ թույլ ես:

— Չէ, Աննա, հավատա, չէ. ես ինձ հիմա բավական լավ եմ զգում, միշտ պառկած լինելն էլ ավելի է թուլացնում մարդու, տուր զանգը:

— Ի՞նչ հարկավոր է. երբ որ այդպես է, ես ինքս կհագցնեմ քեզ, — ասաց Աննան և սկսեց հագցնել նրան:

Մի ժամից հետո Էմման արդեն հագնված, լվացված և սանրված՝ նստած էր մի ուրիշ տաք սենյակում բազկաթոռի վրա: Նրա դիմաց նստած էր Աննան, իսկ Աննայի մոտ — Արամիկը: Փոքրիկ սեղանի վրա դրած էր սուրճը ոսկեզօծ բաժակների մեջ: Երկու վաղեմի և սիրելի ընկերուհիների միջև բացված էր այն քաղցր զրույցներից մեկը, որ երբեք չի վերջանում: Էմման իրեն մի տեսակ թեթև և հանգիստ էր զգում: Ինչ-որ տխուր, բայց անդորր զգացմունք լցրել էր նրա սիրտը:

Զաքարն այդ օրը սովորականից ավելի վաղ տուն եկավ: Ավելորդ է ասել և նկարագրել, թե ինչքան և ինչպես ուրախացավ նա, երբ կնոջն անկողնից արդեն վեր կացած տեսավ: Այդ օրը կնոջից ծածուկ նա մի քանի անգամ համբուրեց Աննայի ձեռքը, իբրև անհուն երախտագիտության և շնորհակալության արտահայտություն:

19

Էմման, հետզհետե ուժի գալով, բոլորովին կազդուրվեց: Զազունյանի վրա սիրահարվելով (թեև նա այդ բանին ոչ մի կերպ չէր ուզում հավատալ), նա իրեն կատարելապես մենակ էր զգում, ամուսինն առավել քան ուրիշը, բնականաբար, նրան անտանելի էր թվում. Արամիկն ընկել էր երկրորդ կարգը, հասարակական զբոսատեղերը հենց սկզբից էլ նրան այնքան չէին գրավում, ուրիշ ո՞վ կար և ի՞նչ կար: Հարկավոր էր նրան մեկը, որ փոքր-ինչ թեթևացներ նրա մենակությունը, և այդ մեկը — Աննան էր, որ իր կանացի բնական ընդունակությամբ ու սիրով, իր գալու հենց առաջին օրից ունեցավ նրա վրա իր բարերար ազդեցությունը: Եվ, իրավ, Աննայի ներկայության ժամանակ Զազունյանն այլևս այնպես չէր զբաղեցնում Էմմայի միտքն ու՛ սիրտը, ինչպես առաջ, այդ «օտար մարդու» պատկերը հետզհետե աղոտանում էր նրա հիշողության մեջ: Աննան գիտեր նրան զբաղեցնել, նա գալիս էր առավոտյան վաղ, գնում էր գիշերն ուշ: Զաքարն ամենայն անկեղծությամբ սիրեց նրան, նա իրեն երախտապարտ էր համարում դեպի այդ կինը և չգիտեր, թե ինչով և երբ կարող է հատուցանել նրան իրեն արած «երկնային ծառայության» համար, ինչպես ասում էր նա:

Օրերն անցնում էին: Էմման շարունակում էր ավելի ու ավելի քիչ մտածել Զազունյանի մասին, իսկ երբեմն կատարելապես մոռանում էր նրան: Դեպի Զազունյանը տածած զգացմունքը սառչում էր նրա սրտի մեջ և այլևս այնպես չէր անհանգստացնում նրան: «Փառք աստծո», մտածում էր նա ազատ և ուրախ շնչելով, «հազիվհազ ազատվեցի»: Եվ նա սիրով ու երախտագիտությամբ նայում էր Աննային — իր «ազատչին»: — Սիրելիս, ի՞նչ պետք է անեի ես առանց քեզ, — ասում էր նրա այդ հայացքը:

— Ինչո՞ւ ես ինձ այդպես նայում, Էմմա, — հարցնում էր Աննան այդպիսի դեպքերում:

— Որովհետև դու հրեշտակ ես:

— Որ աստված է ուղարկել, ինչպես ասում է ամուսինդ:

— Այո:

— Բայց տարաբախտաբար, ինձ պոզեր են պակաս, — ասում էր Աննան ծիծաղելով:

— Այո, եթե պոզերը միայն սատանաներին չեն պատկանում, — նկատում էր Էմման: — Իրավ, Աննա, — ասում էր նա կարճ լռությունից հետո, — ինչո՞ւ դու այդքան լավն ես:

— Ճոթ կամ միրգ խո չեմ, որ լավ լինեմ, կանչում էր Աննան ծիծաղելով:

— Չէ, Աննա, ասա, ինչո՞ւ դու այդքան լավն ես:

— Ես չգիտեմ «լավն» եմ թե վատը, միայն գիտեմ, որ քեզ շատ եմ սիրում:

— Ուրեմն պատճառն ա՞յդ էլ:

— Չգիտեմ:

— Այ, ես էլ քեզ եմ շատ սիրում, հապա ինչո՞ւ ես քեզ պես լավը չեմ:

— Դարձյալ «լավ»... Լավը ո՞րն է, է՛: Բարեսի՞րտ, առո՞ղջ, կենսուրա՞խ:

— Չէ, չէ, լավը... լավն ուրիշ է... Այ, լա՛վն այն է, որ… երբ ես քեզ տեսնում եմ, և դու նստած ես մոտս, ինչպես հիմա, քեզ շատ եմ սիրում:

— Ինքդ էլ չես հասկանում, ինչ ես ասում, — ծիծաղում էր Աննան:

— Ի՞նչ անեմ, դու խո հասկանո՞ւմ ես:

— Լավ, հետո՞:

— Հետո այն, որ դու ասում ես, թե լավն ես նրա համար...

— Ես այդ չեմ ասում, ասում եմ...

— Ասում ես, ասում... Դու ասում ես, թե լավն ես նրա համար, որ ինձ շատ ես սիրում: Ես էլ քեզ եմ շատ սիրում, հապա ինչո՞ւ, ասում եմ, ես էլ քեզ պես լավը չեմ:

— Դու ի՞նչ գիտես, թե «լավը» չես:

— Հաա՞, ե՞ս էլ լավն եմ:

— Չգիտեմ «լավն» ես թե չէ, — ասում էր Աննան ժպտալով, — միայն երբ ես քեզ տեսնում եմ, և դու նստած ես մոտս, ինչպես հիմա, քեզ շատ եմ սիրում:

Էմման այդ խոսքերի վրա ծիծաղելով երեխայի նման ընկնում էր նրա վզովը և համբուրում էր նրան:

Այսպես անցավ մոտ մի ամիս: Էմմայի սիրտը բոլորովին խաղաղեց: Ժամանակավոր ալեկոծությունից հետո նրա կյանքը շարունակեց անցնել նույն կարգով, ինչպես առաջ. Զաքարը նրա աչքում նորից դարձավ նույն բարի, իրեն պաշտող ամուսինը, նույն զվարճախոսը և նույն «ծիծաղելին», ինչ որ առաջ. Արամիկը նույնպես այլևս այն «չար» և «փչացած» տղան չէր, ինչ որ իր «հիվանդության» ժամանակ, դա էլ նրա աչքում նորից երեխաների նույն կատարելատիպն էր ինչպես առաջ: Ծառաների վրա տեղի-անտեղի այլևս չէր բարկանում: Կերակուրն ուտում էր նույն ախորժակով, ինչպես առաջ, քնում էր նույնպես հանգիստ, ինչպես առաջ — մի խոսքով, ամեն ինչ առաջվա ընթացքն ստացավ: Ընդհակառակն՝ այժմ նրա կյանքն առաջվանից է՛լ ավելի լավ և աննկատելի սկսեց անցնել, որովհետև վաղեմի սիրելի, ընկերուհին — իր «ազատիչ հրեշտակը» — մոտն էր:

Սակայն, չնայելով, որ նրա սիրտը սառել էր դեպի Զազունյանը նա այլևս առաջվա նման շատ չէր մտածում այդ մարդու մասին, այնուամենայնիվ, ի ներքուստ անհամբեր սպասում էր նրա վերադարձին: Ամեն անգամ, երբ ամուսինը տուն էր գալիս, նա ակամա մի տեսակ հարցական և անհամբեր-հետաքրքիր հայացքով նայում էր նրան, թե արդյոք լուր կամ հեռագիր չունի՞ Զազունյանից, ե՞րբ է գալու նա: Զազունյանի հեռանալուց հետո ոչ մի անգամ նրա անունը չէր հիշել ամուսնու մոտ: Զաքարն էլ նրա հիվանդության պատճառով համարյա բոլորովին մոռացել էր իր վաղեմի բարեկամին, բայց երբ հիվանդությունն անցավ, և նրանց կյանքն սկսեց ընթանալ սովորական կերպով, նա նորից հիշեց Զազունյանին և սկսեց խոսել նրա մասին:

Սովորաբար, երբ խոսք էր բացվում Զազունյանի մասին, պատմում էր զանազան արկածներ նրա կյանքից, որոնց մեջ նա այս թե այն կերպ միշտ հերոս էր ներկայացնում: Զաքարը պատմում էր հիացմունքով, մեկը տասն էր շինում, ոչ մի գովասանք չէր թողնում, որ չշռայլեր իր բարեկամի հասցեին, բոլորովին չկասկածելով, թե դրանով ինչ էր շարժում կնոջ սրտում... Էմմայի՝ Զազունյանի վրա սիրահարվելու մասին ունեցած կասկածը նա բոլորովին վանել էր մտքից:

— Ո՞վ է այդ Զազունյանը, պ. Զաքար, — մի անգամ հարցրեց նրան Աննան, որ ներկա էր նրա այդպիսի պատմություններից մեկին:

— Զազունյանը... Զազունյանն իմ ամենալավ և ամենասիրելի ընկերն է, — պատասխանեց նրան Զաքարը: — Մի զարմանալի ազնիվ և առաքինի մարդ:

— Չե՞ք չափազանցում, — ժպտալով նկատեց նրան Աննան: — Այդ ածականները մի տեսակ խորթ են թվում ինձ:

— Չեք հավատում ինձ, հարցրեք Էմմային, — ասաց Զաքարը: — Էմմա, — դարձավ նա կնոջը, — ինքդ ասա, ի՞նչպիսի մարդ է Զազունյանը:

— Այո, Զազունյանը լավ մարդ է, — պարզ կերպով պատասխանեց Էմման:

— «Լավ», — նկատեց նրան Աննան և ծիծաղեց:

Էմման նայեց նրան և նույնպես ծիծաղեց:

— Էմման ինքն էլ չէր հավատում, երբ ես նրան գովում էի, բայց հիմա՝ տեսնո՞ւմ եք, — ասաց Զաքարը:

— Բայց ո՞վ է այդ մարդը, որ ես չեմ ճանաչում, — հարցրեց Աննան: — Ձեր տուն գնում-գալի՞ս էր:

— Ի՛նչպես չէ, — պատասխանեց Զաքարը: — Եթե մի երկու, երեք շաբաթ առաջ գայիք, կտեսնեիք նրան այստեղ. նա համարյա ամեն օր մեր տանն էր լինում: Երբ դուք եկաք, նա նոր էր հեռացել այստեղից: Ահա գուցե շուտով կվերադառնա, և դուք կտեսնեք, կծանոթանաք նրա հետ: Այսօր-վաղը սպասում եմ հեռագրի կամ իրեն:

— Ո՞ւր է գնացել:

Զաքարը պատմեց նրան, թե ուր և ինչ բանի համար է գնացել Զազունյանը:

— Շուտով մեկ զա տեսնեմ, թե ով է ձեր այդ «ազնիվ» և «առաքինի» մարդը, — ասաց Աննան: — Դուք այնքան գովում եք նրան, որ ակամա շարժում եք հետաքրքրությունս:

— Կգա, կտեսնեք, կծանոթանաք և անձամբ կհամոզվեք, որ ես ճշմարիտ եմ ասում, — պատասխանեց Զաքարը: — Զագորսկուն մի քանի անգամ տեսա, Էմմա, — դարձավ նա կնոջը: — Հարցրի, թե ի՞նչ տարաձայնություն է պատահել նրա և Զազունյանի միջև, բայց նա, չնայելով, որ կոնցերտի գիշերն ասացեք թե երևի այդ մի անգամ կիմանամ, բայց հիմա ասում է, որ այդ մի գաղտնիք է, որ ինքը չի ասի: Ինչքան խնդրեցի, չասաց: Ես զարմանում եմ, ճշմարիտ, թե ինչ գաղտնիք պետք է լինի: Զազունյանին էլ մի քանի անգամ խնդրեցի, որ ասի, բայց նա էլ ոչինչ չէր ասում, միշտ հետաձգում էր: Հավատացիր, ես շատ հետաքրքրվում եմ դրանով:

Էմման ոչինչ չասաց. նա միայն հոնքերը կիտեց և քթի պնչերը լայնացրեց:

— Իսկ այդ Զագո՞րսկին ով է, — հարցրեց Աննան:

— Զագորսկի չէ, Զագորսկի...

— Երևի դա էլ մի ուրիշ «ազնիվ» և «առաքինի» մարդ է: Զաքարը ծիծաղեց:

— Չէ, Զագորսկին մի շատ ճարպիկ և ազատամիտ մարդ է, — ասաց նա: Դա էլ իմ վաղեմի ընկերն է, ինչպես Զազունյանը: Փոխգնդապետ է:

— Նոր մարդիկ են: Զագորսկի... անպատճառ լեհ է:

— Այո, լեհացու արյուն էլ է խառը:

— Էմման ծանո՞թ է նրա հետ:

— Ուզում էի ծանոթացնել, չուզեց:

— Ինչո՞ւ:

— Չգիտեմ, ամեն մեկի հետ, ասում է, չեմ ուզում ծանոթանալ:

— Ա, երևի ձեր այդ «շատ ճարպիկ» և «ազատամիտ» մարդը հեռու է «զարմանալի ազնվությունից» և «առաքինությունից», — նկատեց Աննան ծիծաղելով:

— Ինչո՞ւ դուք այդպես եք կարծում, — հարցրեց Զաքարը:

— Որովհետև տեսնո՞ւմ եք, Էմման այն առաջինի հետ... ի՞նչպես է նրա ազգը:

— Զագոր... Զազունյան: ...

— Զազունյանի հետ ուզեցել է ծանոթանալ, ծանոթացել է և գովում է նրան, իսկ այդ Զաբոր... Զագորսկու հետ չի կամեցել ծանոթանալ, չի ծանոթացել և, ինչպես երևում է, չի հավանում նրան: Այնպես չէ՞, Էմմա:

— Դու էլ զարմանալի ես, Աննա, — առանց նրան նայելու, թեթև անբավականությամբ նկատեց նրան Էմման: — Ես նրա հետ ի՞նչ գործ ունեմ, որ հավանեմ կամ չհավանեմ նրան: — Ուրիշ բան չկա՞ խոսելու, որ նրանց մասին եք խոսում:

Աննան ձեռքերը դրեց նրա ծնկների վրա, առաջ թեքվեց դեպի նրա դեմքը, խորամանկությամբ նայեց նրա աչքերի մեջ և հանկարծ ծիծաղեց:

— Ինչո՞ւ «ազնիվ» և «լավ» մարդու մասին խոսելիս էլ չասացիր, որ ուրիշ բաների մասին խոսենք, — նկատեց նա:

Էմման սաստիկ կարմրեց:

— Ի՜նչ չար ես, Աննա, — ոտները հատակին խփելով, բացականչեց նա բարկացած և վեր կացավ տեղից: — Այնպիսի բաներ ես ասում, որ ակամա շփոթեցնում ես մարդու:

Եվ նա դժգոհ հեռացավ դեպի լուսամուտը:

Աննան դեռ կարճ ժամանակ մնաց նստած, հետո լուռ, ժպտալով վեր կացավ, մոտեցավ նրան և գրկեց նրա իրանը:

— Ինչ նեղսիրտ ես, Էմմա,-ասաց նա կամաց,-ես կատակ էի անում, իսկ դու... մեկ նայիր քթիդ, ինչքան է կախվել, իսկ հոնքերդ, իսկ շրթունքներդ...

Նա բարձրաձայն ծիծաղեց և ամուր համբուրեց նրա քունքը:

— Դեհ, հաշտվենք, հաշտվենք, սիրելիս,-ասաց նա: — Ներիի ինձ, էլ չեմ ասի... Դեհ, շուտ, թե չէ... լաց կլինեմ:

Էմման աչքի տակով նայեց նրան ու սկսեց անձայն ծիծաղել:

— Ա, հաշտվեցի՛նք, հաշտվեցի՛նք — երեխայի նման բացականչեց Աննան և, թողնելով նրան, սկսեց ծափահարել: — Հաշտվեցի՛նք, հաշտվեցի՛նք — կրկնեց նա, դարձյալ գրկեց նրան և համբուրեց:

Զաքարը, նստած իր տեղը, լուռ նայում էր նրանց և երջանիկ բարեսրտությամբ շարունակ ժպտում էր:

20

Անցավ դարձյալ երկու շաբաթ: Օրը շաբաթ էր: Էմման սպասում էր ամուսնուն ճաշի: Այդ օրն Աննան ինչ-որ պատճառով չէր եկել: Էմման նստած էր մենակ և նույն օրվա լրագիրը ձեռքին՝ կարդում էր: Վերջապես Զաքարն եկավ: Նա այնպես ներս վազեց կնոջ մոտ, որ Էմման մինչև անգամ վախեցավ:

— Հեռագի՛ր, Էմմա, հեռագի՛ր — բացականչեց նա, ձեռքին մի թուղթ շարժելով — Զազունյանը գործը տարել է և գալիս է: Վաղն առավոտյան այստեղ կլինի: Ահա կարդա:

Նա ձեռքի թուղթը ձգեց կնոջ ծնկների վրա

Հեռագրի անունը լսելով, Էմմայի սրտում հանկարծ ինչ-որ շարժվեց, երկյուղ էր արդյոք այդ, թե ուրախություն, ինքն էլ չգիտեր, միայն զգաց, որ սիրտն սկսեց թրթռալ: Նա մեքենայաբար վերցրեց ծնկներից հեռագիրը և լուռ կարդաց հետևյալը, որ միևնույն էր, թե չկարդար, որովհետև դրանից ոչինչ չհասկացավ սաստիկ շփոթված լինելու պատճառով. «Գործս տարա: Վաղն՝ առավոտյան գնացքով այստեղ եմ: Զազունյան»: Նա մեկ էլ կարդաց, դարձյալ ոչինչ չհասկացավ և հեռագիրը լուռ մեկնեց Զաքարին: Նրա ձեռքը թեթև դողում էր:

— Ի՞նչպես է, վերջապես գալի՞ս է, թե ոչ, — կանչեց Զաքարը, հեռագիրն առնելով:

— Ի՞նչպես ես ներս ընկնում, վախեցրիր, — հանգիստ, մինչև անգամ սառնությամբ նկատեց նրան Էմման:

— Ուրախությունից, ուրախությունից, սիրելիս: Ներիր, եթե վախեցրի: Աննան չի՞ եկել այսօր, մեկ նրան էլ ավետեմ: Դիմավորելու դո՞ւ էլ կգաս երկաթուղու կայարան:

— Ե՞ս ինչու պիտի գամ, — այս անգամ արդեն ուղղակի սառնությամբ պատասխանեց Էմման, առանց նրան նայելու:

— Հա, քո կամքն է, — շտապով վրա բերեց Զաքարը: — Առավոտյան այնպես վաղ, ես ինքս էլ չեմ տանի քեզ, ո՞վ գիտե, դարձյալ չմրսես, ավելի լավ է, ես մենակ կգնամ, կդիմավորեմ և հենց այնտեղից ուղղակի կբերեմ այստեղ թեյի: Ի՞նչ կասես:

— Ինչպես կամենում ես, — պատասխանեց Էմման և վեր կացավ տեղից: — Ասե՞մ սեղան պատրաստեն, — հարցրեց նա:

— Իհարկե, իհարկե: Ուրեմն այդպես. վաղն առավոտյան...

Էմման է՛լ չլսեց նրան և դուրս գնաց:

Սեղան նստած ժամանակ նա համարյա բոլորովին չէր խոսում և եթե խոսում էր, այն էլ սառնությամբ, սակայն, երեկոյան, երբ Աննան եկավ նրա մոտ, նա հանկարծ սաստիկ ուրախություն զգաց, ինքն էլ չիմացավ, ինչ բանի համար:

— Ավետիք տամ ձեզ, տ. Աննա, — բացականչեց Զաքարը: — Զազունյանը գալիս է:

— Ա, վերջապե՛ս, — ասաց Աննան:

— Դուք ցանկանում էիք նրան տեսնել և ահա վաղն առավոտյան անպատճառ կտեսնեք:

— Այո, ես շատ եմ հետաքրքրվո՛ւմ տեսնել ձեր այդ զարմանալի՝ «ազնիվ» և «առաքինի» մարդուն:

— Վաղը, վաղն առավոտյան: Այսօր ես հեռագիր ստացա նրանից, վաղն առավոտյան գնացքով այստեղ կլինի, այնտեղից նրան ուղղակի պետք է բերեմ մեր տուն թեյի: Դուք էլ, իհարկե, այստեղ կլինեք և կծանոթանաք նրա հետ:

— Սքանչելի՛, սքանչելի՛, — կանչեց Աննան շինծու ուրախությամբ: — Բայց ի՞նչ ես կարծում, Էմմա, — դարձավ նա ընկերուհուն. — կհավանե՞մ ձեր... ըը... ի՞նչպես է նրա ազգը... Զազունյանին: Կհավանե՞մ:

— Զարմանալի հարց ես տալիս, ես ի՞նչ գիտեմ, — պատասխանեց Էմման ծիծաղելով:

— Չէ, այնուամենայնիվ:

— Կարծում եմ, որ կհավանես:

— Հա-ա՛»... Ախ, ի՛նչ լավ կլինի: Բայց գիտե՞ք ինչպիսի մարդ եմ երևակայում նրան: Ես նրան երևակայում եմ հիսուննյոթ տարեկան...

— Ո՛ւֆ, — կոմիկական սարսափով հառաչեց Զաքարը — Ի՞նչ եք ասում. նա հազիվ քառասուն տարեկան լինի:

Էմման սկսեց ծիծաղել:

— Ի՞նչ անեմ, ուզում է քսան տարեկան լինի, բայց ես նրան հիսունևնյոթ եմ երևակայում, — ասաց Աննան:

— Դեհ, որ այդպես է, ասեք վաթսուն տարեկան, էլի:

— Չէ, հիսունևնյոթ: Ես նրան երևակայում եմ հիսունևնյոթ տարեկան, երկար, մինչև կուրծքը ալեխառն մորուքով, ծիծեռնակի թևերի նման բեղերով...

— Ո՜ւֆ ՜ուֆ, — շարունակեց հառաչել Զաքարը, — իսկ Էմման ծիծաղեց:

— ... Հազուստը փոքր-ինչ հնացած, ճխլտված և անճոռնի, — շարունակեց Աննան: — Աչքերը շարունակ ժպտում են, դեմքից միշտ մեղր է կաթում, ձայնը բարակ է: Կանանց հետ ծանոթանալիս՝ մինչև գետին գլուխ է տալիս և ամենաընտիր կոմպլիմաններ ասում: Բարևելիս ամուր և երկար սեղմում է ձեռքը: Ամենքի հետ, առանց բացառության, սիրով է խոսում և ամեն մի դեպքից օգուտ է քաղում, որ ձեզ որևէ ծառայություն մատուցի: Շատախոս է, փոքր-ինչ — ներեցեք — թեթևամիտ, պարծենկոտ և, վերջապես, բռնոթի է քաշում:

— Ո՜ւֆ, — այս անգամ իսկապես սարսափած գոռաց Զաքարը և ծիծաղից թուլացավ:

— Ի՜նչ ես ասում, Աննա, ի՞նչ ես ասում, — միևնույն ժամանակ կանչեց Էմման և նույնպես ծիծաղից թուլացավ:

— Ի՞նչ է, ոչ մի նմանություն չկա՞ իմ և ձեր Զազունյանի միջև, — հարցրեց Աննան:

— Մի գիծ անգամ, մի գի՜ծ, — ասաց Զաքարը փոքր-ինչ հանգստանալով ծիծաղից: — Բռնոթի՜ է քաշում, — մտաբերեց նա և դարձյալ ծիծաղից թուլացավ:

— Բռնոթի քաշելը ո՞րտեղից գտար, — ասաց Էմման, շարունակելով ծիծաղել:

— Դե ի՞նչ անեմ, որ իմ երևակայած Զազունյանը բռնոթի է քաշում, — պատասխանեց Աննան նույնպես ծիծաղելով:

Գիշերը Էմման չկարողացավ քնել: Զազունյանի մոտալուտ գալուստը արդեն սկսել էր բորբոքել նրա սրտի մեջ դեպի նա ունեցած զգացմունքը, որը, ըստ երևույթին, բոլորովին սառել և հանգիստ էր տվել նրան: Մտքերը նորից թռչում էին դեպի այդ «օտար մարդը», երևակայությունը նորից ստեղծում էր նրա պատկերը, ամեն ոք և ամեն ինչ նորից սկսում էր ծածկվել թանձր քողով, և նրա առջև սկսում էր փայլել միայն այդ պատկերը: Իսկ այն գիտակցությունը, որ վաղն առավոտյան պետք է տեսնի Զազունյանին, խոսի՜ նրա հետ, նրա սիրտը լցնում էր անհուն բերկրությամբ: Վա՜ղը, վա՜ղը... Ինչո՞ւ գիշերն այդքան դանդաղ է անցնում... ե՞րբ պետք է լուսանա,,.

Վերջապես լուսացավ: Զաքարը շտապեց դեպի երկաթուղու

կայարան, իսկ Էմման մնաց տանը, հագնվեց և մինչև Զազունյանի գալը շուտ-շուտ մոտենում էր հայելուն, նա երկար ժամանակ կանգնած էր մնում հայելու առջև: Այլևս այնպես անհամբեր չէր, ինչպես գիշերը, մինչև անգամ ուզում էր որ Զազունյանը ուշ գա, որովհետև իրեն մի տեսակ հուզված և շփոթված էր զգում և ուզում էր ժամանակ վաստակել, որպեսզի փոքր-ինչ անցնի այդ արտասովոր հուզմունքն ու շփոթությունը, և ինքը կարողանա Զազունյանին հանգիստ ընդունել: Նա այնքան էլ ուրախ չէր, ինչպես գիշերը. ինչ-որ թեթև տխրություն պաշարել էր նրան, և մի տեսակ անհասկանալի երկյուղ ճմլում էր նրա սիրտը:

«Ախ, գոնե Աննան գա շուտով», ասում էր ինքնիրեն, երբ տեսնում էր, որ հուզմունքն ու շփոթությունը ոչ թե անցնում, և ընդհակառակն՝ հետզհետե սաստկանում. է. «Մենակ... վախենում եմ...»:

Զաքարն ու Զազունյանն ուշանում էին, գնացքը վաղուց արդեն ժամանած պետք է լիներ: Անհամբերությունը նորից պաշարեց նրան: նա նստեց լուսամուտի առջև և սկսեց դուրս նայել: Օրը կիրակի լինելով, փողոցը սովորականից ավելի կենդանություն էր ստացել Մարդիկ անցուդարձ էին անում: Ծառաներն ու աղախինները՝ կողովները ձեռքներին՝ կամ գնում էին շուկա, կամ վերադառնում էին շո՛ւկայից: Եղանակը տաք էր: Գարնանային առողջարար օդն ախորժելի թարմությամբ շոյում էր մարդու դեմքը: Փողոցում տնկած հակակի ծառերն արդեն բավական ծաղկել էին: Նրանց նորածիլ կանաչ տերևները լուսավորված առավոտյան արևի ոսկեշող ճառագայթներով՝ պսպղում և կարծես կայծեր էին արձակում: Ամբողջ քաղաքը ժպտում էր: Հեռվից լսվում էր եկեղեցիների մեծ և փոքր զանգակների ուրախ ղողանջյունը: Հրաշալի էր եղանակը: Էմման հանկարծ նորից անհուն բարկություն զգաց, ինչ-որ քաղցր ու թեթև մի զգացմունք ախորժելի կերպով ճմլեց նրա սիրտը: Նա ժպտաց, ձեռքերը ջղաձգորեն տարածեց օդի մեջ, որպես թե մեկին գրկելով, բռնեց իր ուսերից և արմունկներն ամուր սեղմեց կրծքին: նույն րոպեին նրա սիրտն այն աստիճան թրթռաց, որ մինչև անգամ ցավ տվեց:

«Ա՛խ, ա՛խ, — շշնջաց նա. խոնարհվեց ծնկների վրա ու ցնցողաբար կուչ եկավ:

Կարճ ժամանակ մնաց այդ դրության մեջ: Փողոցից կառքի դղրդոց լսվեց: նա վեր թռավ տեղից և լուսամուտից ցած նայեց: Կառքով եկողները Զաքարն ու Զազունյանն էին: Զազունյանին տեսնելուն պես՝ մի դող անցավ նրա ամբողջ մարմնով: Շտապով մոտեցավ հայելուն, մազերը, հագուստն ուղղեց և մեքենայաբար, կարծես սաստիկ հոգնած, նստեց:

Մի քանի րոպեից հետո Զաքարը մտավ շտապով:

— Էմմա, ի՞նչ ես շինում, — ասաց նա, — եկ, Ջազունյանը եկավ:
Էմման վեր կացավ և դուրս գնաց նրա ետևից:

21

Հյուրասենյակում Ջազունյանը կանգնած էր լուսամուտի մոտ և հանում էր շագանակագույն ձեռնոցները: Էմմային տեսնելուն պես՝ արագ մոտեցավ նրան:

— Բարև ձեզ, տիկին, — ասաց ժպտալով և ամուր սեղմեց նրա ձեռքը:

— Բարի լինի ձեր գալուստը, — պատասխանեց Էմման: Այժմ նա իրեն բոլորովին համարձակ էր զգում: — Շնորհավորում եմ, գործը տարել եք:

— Շատ շնորհակալ եմ: Բայց այժմ ի՞նչպես եք զգում ձեզ, տիկին, — հարցրեց Ջազունյանը, մի առանձին հայացքով նայելով նրան: — Զաքարն ասաց, որ դուք հիվանդ էիք

— Այո, փոքր-ինչ մրսել էի... հիմար բան էր, — պատասխանեց Էմման:

— Ով գիտե, ինձ ճանապարհ դնելու գիշերը մրսեցիք, այն գիշեր բավական ցուրտ էր: Ճշմարիտ, խիղճս ինձ տանջում է, տիկին, որ ես եմ եղել ձեր մրսելու պատճառը:

— Ախ, դուք մի այնպիսի մեծ նշանակություն եք տալիս այդ բանին, — ասաց Էմման փոքր-ինչ կարմրելով: — Խնդրեմ նստեցեք: Ես ձեզ երկար ժամանակ սպասում էի թեյի:

— Հա, գիտե՞ս ինչու այսքան ուշացանք, Էմմա, — ասաց Զաքարը: — Ես խո ուզում էի Ջազունյանին կայարանից ուղղակի այստեղ բերել, բայց որովհետև հետը ճամպրուկ-մամպրուկ ուներ, այդ պատճառով դեռ գնացինք հյուրանոց, մի սենյակ վարձեցինք, ճամպրուկ-մամպրուկն այնտեղ թողինք և մինչև հագուստը փոխեց, մինչև այս, մինչև այն, մինչև հյուրանոցից դուրս եկանք, մինչև կառք նստեցինք, մինչև եկանք, մինչև կառքից իջանք, մինչև զանգը քաշեցինք, մինչև ծառան դուռը բաց արեց, մինչև բարձրացանք և մինչև ներս մտանք այստեղ, արդեն բավական ուշացանք: Հիմա վազեմ ասեմ, որ մեզ թեյ հրամցնեն:

Եվ իսկապես դուրս վազեց:

Ջազունյանը, հակառակ իր սովորության, համարյա շարունակ նայում էր Էմմային. նրա հայացքը և՛ տխուր էր, և՛ քնքուշ, և՛ հետաքննին, կարծես փայփայում էր և միևնույն ժամանակ ինչ-որ բան էր որոնում Էմմայի դեմքի վրա, որ և՛ հաջողվում էր, և՛ չէր հաջողվում գտնել: Այնինչ այդ հայացքը շփոթեցնում էր Էմմային: Նա չէր կարողանում համարձակ նայել Ջազունյանին և շուտ-շուտ կարմրում էր: Ջազունյանը վերջապես դադարեց նրան նայել զննող հայացքով:

— Ուրեմն, փառք աստուծո, տիկին, այժմ լավ եք, — ասաց նա, կարծես, թեթևացած մի ծանր բեռից:

— Այո, այժմ ինձ կատարելապես առողջ եմ զգում, — պատասխանեց Էմման և, խոսքը փոխելով, հարցրեց, թե ի՞նչպես սկսվեց և ի՞նչպես անցավ նրա գործը, որովհետև չէր ուզում, որ իր հիվանդության մասին երկար խոսվի:

Զազունյանը համառոտակի պատմեց իր դատի ընթացքը:

Կարճ ժամանակից հետո եկավ և Աննան: Էմման և Զաքարն անմիջապես ծանոթացրին նրան Զազունյանի հետ: Սենյակը մտնելուն պես տեսնելով Ազունյանին, Աննան իսկույն հասկացավ, որ նա է: «Ա՛, ահա թե ով է սրանց «զարմանալի ազնիվ» և «առաքինի մարդը», մտածեց նա, նայելով Զազունյանի փոքր-ինչ այրված, լուրջ դեմքին և լայն, այրական թիկունքին: նրան տեսնելու հենց առաջին վայրկյանից նա հիասթափվեց իր երևակայած Զազունյանի վերաբերմամբ, ինչքա՛ն զանազանություն... նա հիշեց Զաքարի «ուֆ» «ուֆը» և, նայելով նրան, ակամա ժպտաց: — Իսկապես որ — ո՛ւֆ, ո՛ւֆ, պ. Զաքար, — կարծես ասում էր նրան:

Նա զննողաբար նայեց Էմմայի պայծառ և միևնույն ժամանակ շփոթված դեմքին:

— Ինչո՞ւ այսքան ուշացար, Աննա, — հարցրեց նրան Էմման: — Ես քեզ այսօր ավելի վաղ էի սպասում:

— Եկեղեցումն էի, սիրելիս, — պատասխանեց Աննան: — Մինչև պատարագը կվերջանար, բավական ժամանակ անցավ: Էլ տուն չգնացի, եկեղեցուց ուղղակի այստեղ եկա: Իսկ դու եկեղեցի գնո՞ւմ ես, — հարցրեց նա:

— Ինչպես չէ, — պատասխանեց Էմման: — Ոչ մի կիրակի ես եկեղեցուց ետ չեմ ընկնում, միայն այսօր չկարողացա գնալ, որովհետև սպասում էի պ. Զազունյանին:

— Ցավում եմ, տիկին, որ իմ պատճառով իզուր ետ եք ընկել եկեղեցուց, — ասաց Զազունյանը:

Էմման թեթև կարմրեց

— Ոչինչ, պ. Զազունյան, — աննկատելի հեգնությամբ պատասխանեց նրա տեղ Աննան: — Թանկագին հյուրի համար մի օր եկեղեցուց ետ ընկնելը, կարծում եմ, այնքան էլ մեծ զոհաբերություն չպետք է լինի:

Աննան իր ծանոթանալու հենց առաջին օրից զգում էր, որ Զազունյանի հետ ուրիշ կերպ չէր կարողանում խոսել, եթե ոչ հեգնորեն, ինչո՞ւ — ինքն էլ չէր հասկանում, բայց միևնույն ժամանակ նա մի տեսակ հաճույք էր զգում նրա հետ խոսելիս և ուզում էր խոսել:

— Եկեղեցի մենա՞կ ես գնում, — հարցրեց նա Էմմային:

— Ոչ, Արամիկին էլ հետս եմ տանում:

— Հապա պ. Զաքա՞րը, — հարցրեց Աննան, նայելով Զաքարին:

— Այդ բանում ես ծույլ եմ և ժամանակ էլ չունեմ գնալու, — շտապով ասաց Զաքարը և ծիծաղեց:

— Չլինի՞ թե դուք էլ մեր նոր մոդի երիտասարդներին եք ուզում հետևել:

— Ո՛չ, Շտրաուսի կապիկների՞ն, — կանչեց Զաքարը:

— Ինչո՞ւ դուք այդպես ստորացնում եք մեր երիտասարդությանը, — նկատեց նրան Աննան: — Ի նկատի ունեցեք, որ ես մեր երիտասարդության զարգացած մասն ունեմ աչքի առջև, իսկ զարգացած մասն ամեն բանի, առավելապես կրոնական խնդիրների վերաբերությամբ համոզմունքով է գործում:

Եվ Աննան նայեց Զազունյանին, կարծելով, թե նա կպատասխանի իրեն (նա այդ խոսակցությունը բաց արեց իսկապես նրա համար, որ Զազունյանին խոսեցնել տալ, բայց Զազունյանը լուռ էր:

— Այսինքն դուք ուզում եք ասել հաստատ համոզմունքով, — վրա բերեց Զաքարը:

— Կարող եք և այդպես հասկանալ, — ասաց Աննան, դարձյալ նայելով Զազունյանին:

— Գիտե՛մ, գիտե՛մ, — պատասխանեց Զաքարը: — Իհարկե հաստատ համոզմունքով է գործում, աստծու չեն հավատում — Դարվին, կրոն չեն ընդունում — Ռուսո, իսկ Դարվին+Ռուսո= նիհիլիզմ, ոչնչականություն:

Ամենքը ծիծաղեցին նրա այդ համեմատության վրա, իսկ ինքը — ավելի:

— Հա, — Արսեն, հանկարծ դարձավ նա Զազունյանին, — ասում են, որ նիհիլիստների համար ոչ մի, թեկուզ բնատուր, բարոյական օրենք չկա. և ոչ մի աստվածային կամ մարդկային օրենքով իրենց կապված չեն համարում և խիղճ էլ չեն ճանաչում, ճի՞շտ է այդ:

— Այդպիսի դեպքում, կարծում եմ, որ երկրորդ ջրհեղեղ պետք է լիներ, — պատասխանեց Զազունյանը: — Իհարկե, մարդկությունը դեռ այդ աստիճանին չի ընկել և չի կարող ընկնել:

— Կընկնի, կընկնի, — բացականչեց Աննան: — Անպատճառ կընկնի և — շատ շուտով: Խոր թափանցողություն և խոր հասկացողություն չի հարկավոր, որպեսզի ամեն մեկն այդ բանում չհամոզվի: Նայեցեք ձեր շուրջը, նայեցեք առօրյա կյանքին՝ ո՛ր երկրում և ո՛ր ազգության մեջ որ ուզում եք, — և դուք կտեսնեք, որ բարոյականությունը ծանր հիվանդի նման հազիվհազ կանգնում է ոտքի վրա, և այսօր թե վաղն անպատճառ պետք է ընկնի, մեռնի: Դրա տեղ անբարոյականությունը Դամոկլեսի սրի նման կախված է մարդկության գլխին և ամեն րոպե սպառնում է իջնել իր գործը կատարելու: Մի քայլ էլ դեպի անբարոյականություն — և ամեն ինչ վերջացած է մարդկության համար: Նրա վիճակն արդեն վճռված է:

— Իմ կարծիքով, սխալվում եք, տիկին, — պատասխանեց Զազունյանը. մարդկության վիճակը դեռ չի վճռված, նրա վիճակը դեռ չի վճռված, նրա վիճակը նոր է որոշվում: Ճշմարիտ է, բարոյականությունը ներկա ժամանակում, ըստ երևույթին, ընկած է և կարծես այդ իսկապես այդպես էլ է, ըստ երևույթին, ինչպես դուք ասացիք, նա նմանում է ծանր հիվանդի, որ այսօր թե վաղը պետք է ընկնի, բայց, իմ կարծիքով, դուք շատ եք շտապում դատավճիռ կարդալու: Բարոյականությունը ծանր հիվանդի նմանեցնելով, դուք այդ հիվանդի վրա նայում եք հուսահատ հիվանդատիրոջ նման, որ ձեռքերն արդեն լվացել, ետ է նստել, այնինչ՝ եթե դուք ուզում եք իսկապես իմանալ գործի էությունը, պետք է նայեք ոչ թե այդպես, այլ փորձառու բժշկի նման: Ինչպես որ ծանր հիվանդն ունենում է ճգնաժամ — կրիզիս, որ վերջնականապես որոշում է նրա դրությունը, այսինքն՝ որ նա կամ պետք է մեռնի, կամ պետք է առողջանա, նույնպես և մարդկությունը. — մարդկության ներկա ծանր դրությունը նրա ապագայի ճգնաժամն է. այդ ճգնաժամը վերջնականապես կվճռվի, թե արդյոք մարդկությունը պե՞տք է մեռնի — այսինքն՝ բարոյապես բոլորովին ընկնի՞, թե պետք է առողջանա — այսինքն բարոյապես վերածնվի:

— Ուրեմն միևնույն է, ես չեմ կարող նայել և իբրև փորձառու բժիշկ, — ասաց Աննան, — քանի որ փորձառու բժիշկն էլ չգիտե, թե ինչո՞վ իսկապես կվերջանա հիվանդության ճգնաժամը — մահո՞վ, թե առողջությամբ: Եվ ի՞նչ օգուտ դրանից:

— Ինչո՞ւ չէ, — պատասխանեց Զազունյանը: — Փորձառու բժիշկը, եթե նա լավ հասկացող է, հետևելով հիվանդության ճգնաժամին, այնուամենայնիվ, դարձյալ մի հետևանքի վրա ավելի կարող է պնդել, քան թե մյուս հետևանքի վրա. իսկ այդ մեծ բան է, այստեղ դարձյալ հույս կա:

— Բայց դուք ո՞ր կողմն ավելի եք հակված մարդկության վերաբերմամբ, — հարցրեց Աննան դարձյալ աննկատելի հեգնությամբ, — դեպի բարոյականության կատարյալ անկո՞ւմն, թե՞ դեպի բարոյական վերածնություն:

— Դեպի բարոյականության վերածնություն:

— Ուրեմն մարդկության ներկա դրության ճգնաժամին հետևելով դուք ա՞յդ եզրակացության եք եկել, ա՞յդ հետևվանքի վրա ավելի եք պնդում:

— Այո:

— Արդյոք կարո՞ղ եմ հարցնել, ինչ հիմունքով:

— Այն հիմունքով, որ յուրաքանչյուր մարդ խիղճ ունի:

— Ի՞նչ բան է «խիղճը», ես չեմ հասկանում,-ասաց Աննան, որ ի ներքուստ սկսել էր գրգռվել, ինքն էլ չիմանալով, թե ինչու:

— Խիղճը գիտակցությունն է, — պատասխանեց Զազունյանը:

— Յուրաքանչյուր մարդ առանց բացառության գիտակցություն ունի:

— Ունի, բայց մեկինն ավելի զարգացած է, մյուսինն՝ ավելի թույլ — այդ դաստիարակությունից և մտավոր զարգացումից է կախված, լավ դաստիարակություն ստացած և կրթված մարդու գիտակցությունը զարգացած է, իսկ անխնամ թողածինը — թույլ: Բայց բանն այդ չէ. բանն այն է, որ երկուսն էլ ունեն գիտակցություն, ուրեմն և — խիղճ: Հայտնի է, որ արյունարբու ավազակ-մարդասպաններն անգամ հասկանում և զգում են իրենց արարքի վատությունը:

— Ինձ հայտնի չէ, և ես ոչ ոքի չեմ հավատա, մինչև որ ինձ ինքն արյունարբու ավազակ-մարդասպանն այդ բանում անձամբ չխոստովանի, — պատասխանեց Աննան:

Նա այլևս չէր կարողանում իրեն զսպել, գրգիռն ակամա երևան էր գալիս:

«Խոսում է այնպես, կարծես իրենից ավելի խելոք մարդ չկա աշխարհիս երեսին, — մտածում էր նա, — այստեղ զառներ է գտել, ուզում է խաբել, իրեն անսխալական ցույց տալ... ուրույն մտքեր է հայտնում իբր թե...:

Զաքարը, որ հայտնի չէր, թե ինչ հրաշքով այդքան ժամանակ լուռ էր, հանկարծ, ինչպես ասում են, կոտրած գդալի պես մեջ ընկավ, բայց Էմման տեսնելով, որ խոսակցությունն Աննայի պատճառով քանի գնում, այնքան սուր ընթացք է ստանում, անսպասելի հմտությամբ վերջ տվեց նրանց վիճաբանությանը:

22

Զազունյանի և Մարկոսյանների միջև բարեկամությունն իսկապես այժմ սկսվեց: Այս անգամ Զազունյանն առանց այլևայլության արդեն ինքն էր հաճախում նրանց տուն, և շաբաթվա մեծ մասը նրանց միմյանց մոտ կարելի էր տեսնել: Իհարկե, նրանց ընկերության մեջ պակաս դեր չէր կատարում և Աննան: Չնայելով, որ ինչ-ինչ անհասկանալի պատճառներով նա հենց սկզբից չսիրեց Զազունյանին, բայց և այնպես այդ մարդու ներկայությունը նրա համար բոլորովին անախորժ չէր. մինչև անգամ, երբ պատահում էր, որ Զազունյանը բացակա էր լինում Մարկոսյանների տնից, նա կարծում էր, թե մի բան պակաս է, և այդ պակասն իսկույն լրանում էր, երբ Զազունյանը գալիս էր: Զազունյանի հետ խոսում էր միշտ հեգնող եղանակով, ինչպես առաջին օրը. ամեն բանում աշխատում էր հակառակել նրան, և այդ պատճառով օր չէր պատահի, որ նրանք որևէ բանի մասին չվիճաբանեին միմյանց հետ: Զազունյանը նույնպես հենց առաջին օրից չսիրեց նրան և, չնայելով, որ այդ կնոջ ներկայությունն — ընդհակառակն — անախորժ էր նրա համար, այնուամենայնիվ, նա դեպի Աննան նույնքան քաղաքավարի և հարգանքով էր վերաբերվում, որքան և դեպի Էմման: Սակայն, ինչ էլ որ լիներ, այնուամենայնիվ, ժամանակը բոլորի համար էլ անցնում էր ուրախ և աննկատելի կերպով:

Այնինչ Էմման օր-օրի վրա սարսափով տեսնում և զգում էր, որ ինքն իսկապես սիրահարված է Զազունյանի վրա, ապա թե ոչ՝ ի՞նչ էր նշանակում այն անհուն ուրախությունը, որ Զազունյանն իր ամեն գալովը բերում էր նրա համար, ի՞նչ էր նշանակում սրտի այն երջանիկ թրթիռը, որով ամեն անգամ նա հանդիպում էր Զազունյանին, ի՞նչ էր նշանակում այն առանձին ախորժելի զգացումը, որով նայում էր նա Զազունյանին, լսում էր նրան, ի՞նչ էր նշանակում այն անտանելի սպանիչ զգացումը, որ պաշարում էր նրան, երբ մի օր չէր տեսնում Զազունյանին. ի՞նչ էր նշանակում... մի խոսքով՝ ի՞նչ էր նշանակում այն մշտական տենդային դրությունը, որի մեջ նա զգում էր իրեն: Միաժամանակ քնած զգացմունքը նո՛րից զարթել էր նրա կրծքի մեջ և այս անգամ արդեն այնպիսի ուժով էր սկսել գործել, որ թվում էր, թե այլևս ոչ մի Աննա չէր կարող այդ զգացմունքը նորից քնեցնել, հանգստացնել: Այդ արդեն առաջվա զգացմունքը չէր առաջվա զգացմունքը մի թեթև քամի էր, որ հազիվ շարժում էր ծառերի կատարները, բայց այժմյան զգացմունքը մի ահեղ փոթորիկ էր, որ, հետզհետե սաստկանալով, սպառնում է ահագին կաղնիներ հիմն ի վեր տապալել՝ անարգել առաջ սլանալու համար: Սկզբում Էմման այդ զգացմունքին անձնատուր եղավ կուրորեն, առանց մտածելու, և այդ ժամանակ նա իրեն կատարելապես երջանիկ էր զգում, բայց մի անգամ, երբ ամուսինը նրան գուրգուրում էր, հանկարծ, մի ակնթարթում սոսկալի թույն ընկավ նրա սրտի մեջ, և այդ օրից արդեն սկսվեց նրա համար անասելի հոգեկան տանջանքների ժամանակը նա միանգամից զգաց, թե որքան սարսափելի է իր դրությունը: Դառն գիտակցությունն, ինչպես շիկացած երկաթ, շանթում էր նրա ուղեղն ու սիրտը:

«Ի՞նչ անեմ, ի՞նչ անեմ», անտանելի հուսահատությամբ մտածում էր նա: «Այս ի՞նչ կրակ է սրտումս — ո՞ւր փախչեմ: Ի՞նչպես ազատվեմ այս անտանելի դրությունից... Գոնե Զաքարն այնքան բարի չլինի, այնքան լավը չլինի, գոնե նա վատ վարվելիս լինի ինձ հետ... ինչո՞ւ ես ատում եմ նրան, զզվում եմ նրանից... այն ժամանակ ես կփախչեի նրա հետ, հավիտյան նրանը կլինեի, նրա աղախինը, նրա ստրուկը կլինեի... տեր աստված, տեր աստված...»:

Եվ ինչպես մի մարդ, որ, հանկարծ սթափվելով տեսնում է իրեն

շրջապատված կրակիահռելի բոցերով և ոչ մի տեղից, ոչ մի կողմից ելք չի գտնում ազատվելու համար, նույնպես և նա — ո՛ր կողմից էլ քննում, կշռում էր իր դրությունն, ամեն կողմից տեսնում էր իրեն շրջապատված տանջանքով և հուսահատությամբ: Մի ելք միայն կար այդ դրությունից ազատվելու համար, այն է՝ Զազունյանի ընդմիշտ հեռանալը, բայց այդ այն աստիճան սոսկալի էր թվում նրան, որ նա մինչև անգամ չէր ուզում, վախենում էր այդ մասին մտածել, նրան թվում էր, նա զգում էր, թե Զազունյանի հեռանալուն պես վշտից և հուսահատությունից անպատճառ կմեռնի ինքը: Ընդհակառակն, նրա բոլոր մտավոր և հոգեկան աշխարհը մարմնացել էր միայն այն անհուն ցանկության մեջ, որ Զազունյանը միշտ իր մոտ, իր աչքի առջև լինի:

«Ի՞նչ անեմ, ի՞նչ անեմ», անդադար մտածում էր նա տանջվելով և ոչ մի տեղից պատասխան չէր ստանում այդ «ի՞նչ անեմ»-ին:

Այնինչ Զազունյանը շարունակում էր հաճախել նրանց տուն: Նրան տեսնելուն պես, կարծես, մի կախարդական զորությամբ, Էմմայի տանջանքն իսկույն չքանում էր, և դրա տեղ նրա սիրտը լցվում էր անհուն ուրախությամբ, բայց նա ամեն կերպ աշխատում էր զսպել իրեն, որպեսզի ոչ մի բանով չմատնի իրեն, մանավանդ այն ժամանակ, երբ Աննան ներկա էր լինում, որովհետև ոչ ոքից այնքան չէր վախենում, որքան Աննայից: Առանց այն էլ նրան թվում էր, թե Աննան արդեն ամեն բան հասկանում է և իրեն միշտ հետամուտ էր լինում, միշտ կասկածավոր աչքով է նայում: Նա սկսեց խորշել Աննայից.. ի՞նչ-որ, անհայտ մի զգացմունք ետ էր մղում նրան իր վաղեմի ընկերուհուց և այլևս թույլ չէր տալիս այնպես մտերիմ լինել նրա հետ, ինչպես առաջ: Նա մինչև անգամ զգում էր, որ Աննան հետզհետե ընկնում էր իր աչքում, և մի տեսակ ատելության զգացմունք բույն էր դնում իր սրտի մեջ դեպի նա, մանավանդ այն ժամանակ, երբ Զազունյանի մասին խոսք ընկնելով, Աննան միշտ իրեն հատուկ հեգնությամբ էր խոսում նրա մասին: Շատ անգամ Աննայի խոսակցության այդ հեգնական ձևը և Զազունյանի հասցեին շռայլած արհամարհական ածականներն այն աստիճան անտանելի էին թվում նրան, որ նա քիչ էր մնում ուղղակի արգելեր նրան, որ նա Զազունյանի մասին այլևս ոչ մի խոսք չարտասանի: Երբեմն էլ նրան թվում էր, թե Աննան Զազունանի մասին այնպես աննպաստ խո՛սում է միայն նախանձից, թեև տեսնում էր, որ Աննան իրեն ցույց է տալիս նույն քնքուշ մտերմական սերը, ինչ որ առաջ և նրա վարմունքի մեջ, ըստ երևույթին, հակառակորդուհու մի նշույլ անգամ չկա: Պակաս չէր տանջվում նաև այն ժամանակ, երբ Զազունյանի մասին խոսում էր Զաքարը, չնայելով, որ նա Զազունյանի մասին միշտ հիացմունքով էր խոսում: Մի անգամ, այլևս չկարողանալով համբերել, նա մինչև անգամ բարկացած կանչեց Զաքարի վրա.

— Քանի՞ զովես, քանի՞... հազար անգամ լսել ենք:

Աննան այնպիսի արարածներից էր, որոնք մի հայացքով իմանում են, թե բանն ինչումն է, և որոնց սուր դիտողությունից հազիվ թե հնարավոր է լինում որևէ բան ծածկել, այդ պատճառով նկատում էր, թե ինչ է կատարվում Էմմայի մեջ, մանավանդ որ Էմման, չնայելով իր բոլոր նախազգուշություններին, այնքան էլ լավ չէր կարողանում պահել իրեն: Սկզբում Աննան այդ բանին համարյա նշանակություն չէր տալիս, նա կարծում էր, թե մի աննշան տպավորություն էր, որ Զազունյանի պես գեղեցիկ մարդիկ սովորաբար թողնում են մանկահասակ կանանց վրա, քանի որ նրանք նոր են, խորհրդավոր են, և կարծում էր, որ ժամանակի հետ անցնելով Զազունյանի այդ խորհրդավորությունը, կանցնի և Էմմայի վրա թողած տպավորությունը, այդ պատճառով նա ուշադրություն չէր դարձնում այդ բանի վրա: Բայց տեսնելով, Զազունյանի թողած տպավորությունը հաստատ, անցողիկ տպավորություն չէ, Աննան սկսեց լուրջ ուշադրություն դարձնել այդ բանի վրա: Էմման նրան տակավին շատ անփորձ էր թվում, և այդ պատճառով նա իր բարոյական պարտքն էր համարում նախազգուշացնել ընկերուհուն այն վտանգավոր ճանապարհից, որի վրա անգիտակցորեն ոտք էր դրել նա: Մի քանի անգամ փորձեց այդ բանի մասին խոսք բանալ Էմմայի հետ, բայց ինչ-որ անհասկանալի պատճառով թե՛ սիրտ չէր անում և թե ժամանակը հարմար չէր լինում: Վերջապես մի անգամ առավոտյան հաստատ վճռականությամբ նա գնաց Էմմայի մոտ պարզապես խոսելու այդ մասին:

23

Ամեն անգամ, երբ նա գալիս էր Էմմայի մոտ, ժպտալով կամ ծիծաղելով ուղղակի ներս էր վազում նրա սենյակը, բայց այս անգամ նրա դեմքի վրա ոչ ծիծաղ կար, ոչ ժպիտ: Ներս մտավ ծանր, հաստատուն քայլերով և մինչև անգամ չնայեց Էմմային:

Էմման նստած էր լուսամուտի առջև: Ձեռագործը ձախ ձեռքին՝ դրել էր ծնկան վրա, իսկ աջ ձեռքի արմունկը լուսամուտի տախտակին հենած և կզակն ափի վրա դրած՝ շարունակ նայում էր դեպի դուրս: Ինչպես երևում էր, ընկղմված էր մտածմունքների մեջ, բայց Աննայի մտնելուն պես՝ հանկարծ սթափվեց և հարցական-զարմացական հայացքով նայեց նրան:

— Էմմա, ես ուզում եմ քեզ հետ մի բանի մասին խոսել, — ասաց Աննան դարձյալ չնայելով նրան և ձեռնոցները դուրս քաշելով ձեռքերից:

Էմման դեռ կարմրեց, հետո գունատվեց: Իսկույն հասկացավ, թե բանն ինչումն է, և հպարտ, մինչև անգամ արհամարհական դիրք ընդունեց, կարծես դրանով ուզում էր ասել — ասա՛, քեզնից չեմ վախենում:

— Ի՞նչ բանի մասին, — հարցրեց նա, աշխատելով որքան կարելի է ձայնին հանգիստ եղանակ տալ:

Աննան հանեց ձեռնոցները, վերցրեց գլխարկը, համարյա շպրտեց բազկաթոռի վրա, արագ մոտեցավ նրան և, կանգնելով նրա առջև, համարձակ նայեց նրա աչքերին:

— Դու սիրահարված ես Ջազունյանի վրա, — ասաց նա:

Էմման թեև գիտեր, որ նա այդ պետք է ասեր և առաջուց պատրաստվել էր նրան համարձակ դիմավորելու, բայց այնուամենայնիվ դարձյալ չկարողացավ չկարմրել և չգունատվել: Նա ոչինչ չպատասխանեց և, իբրև թե սաստիկ զարմացած, միայն աչքերը չռեց:

— Ճիշտ չէ՞, — հարցրեց Աննան, շարունակ նայելով նրա աչքերին:

Էմման գլուխը բացասական կերպով շարժեց:

— Ճիշտ չէ, — պատասխանեց նա ծանրո՛ւթյամբ:

— Սիրահարված չե՞ս, — կրկնեց Աննան:

— Սիրահարված չեմ, — նույն կերպով պատասխանեց Էմման:

Աննան հոնքերը կիտեց, և նրա դեմքը խիստ արտահայտություն ստացավ:

— Ինձնից ծածկո՞ւմ ես, — հարցրեց նա ծանրությամբ:

— Քեզնից ոչինչ չեմ ծածկում և ոչինչ չունեմ ծածկելու, — համարձակ կերպով պատասխանեց Էմման:

— Դու սո՛ւտ ես ասում, — կանչեց Աննան:

— Ես սուտ չեմ ասում:

— Սուտ ես ասում, ասում եմ:

— Սուտ չեմ ասում:

Աննայի դեմքը նորից հանգիստ արտահայտություն ստացավ:

— Ես գիտեմ, որ դու սիրահարված ես, — հանդարտ և համոզող ձայնով ասաց նա:

— Դու սխալվում ես:

— Չեմ սխալվում, Էմմա:

Էմման իբրև թե տարակուսանքով վեր քաշեց ուսերը և, չպատասխանելով, դեմքը դարձրեց դեպի դուրս:

— Էմմա, ասա ճիշտը, ինձնից մի ծածկիր, — համոզող ձայնով կրկնեց Աննան:

— Դե որ գիտես՝ սիրահարված եմ, էլ, ի՞նչ կանես իմ ասելը, — հեգնորեն նկատեց Էմման, դեպի դուրս նայելով:

— Ես ուզում եմ, որ դու ինքդ այդ հաստատես:

— Սա քեզ ասում եմ, որ սիրահարված չեմ:

— Ասա, ասում եմ:

— Զարմանալի է, ի՞նչ ասեմ, քանի որ ոչինչ չկա, — անհամբերությամբ կանչեց Էմման, արագ դեպի նա դառնալով:

— Ասա, ասում եմ, — կրկնեց Աննան:

Էմման նայեց նրան թշնամաբար:

— Դու կատա՞կ ես անում, — հարցրեց նա:

— Ես կատակ չեմ անում, Էմմա:

— Հապա՞:

— Ես լուրջ կերպով եմ խոսում, շատ լուրջ կերպով:

— Ի՞նչ ես ուզում ինձնից:

— Խոստովանիր, որ սիրահարված ես Զազունյանի վրա:

— Տեր աստված, — անհամբեր արտասանեց Էմման:

— Խոստովանի՛ր, ասում եմ:

— Դիցուք թե սիրահարված եմ, — հանկարծակի վճռականությամբ ասաց Էմման և սաստիկ ատելությամբ նայեց նրան:

— «Դիցուք թե» չէ հարկավոր:

— Լա՛վ, սիրահարված եմ, այո՛, սիրահարված եմ Զազունյանի վրա. ի՞նչ ես ուզում ինձնից, — կանչեց Էմման և վեր թռավ տեղից:

Աննան կարճ ժամանակ նայեց նրան լուռ:

— Գիտե՞ս, ես այդ պարզ խոստովանանքի տեղ եմ ընդունում, Էմմա, — ասաց նա:

— Ասում եմ՝ սիրահարված եմ Զազունյանի վրա, հիմա՞, ի՞նչ ես ուզում ինձնից, — կրկնեց Էմման, իրեն համարյա կորցնելով: Նա սաստիկ գունատվել էր, շրթունքները նկատելի կերպով դողում էին, աչքերը փայլում էին և սպիտակ ճակատի վրա կարմիր բծեր էին երևան եկել:

Այնինչ Աննան հանգիստ տխրությամբ նայում էր նրան:

— Գիտե՞ս, Էմմա, ես քեզ այժմ բոլորովին չեմ կարողանում ճանաչել, — կարճ լռությունից հետո ասաց նա կամաց: — Սերը քեզ բոլորովին փոխել է:

— Ի՞նչ ես ուզում ինձնից, ի՞նչ, ասա՛, — կանչեց Էմման:

— Երբ հանգստանաս, այն ժամանակ կասեմ, իսկ հիմա ինձ չես հասկանա– թեթև հառաչելով ասաց Աննան և, հեռանալով նրանից, նստեց մի աթոռի վրա:

Էմման այս անգամ նայեց նրան արհամարհական հայացքով:

— Գլխիս վերակացու է եկել, — ասաց նա, իբրև թե ինքն իրեն, և շտապով դուրս գնաց, դուռն ամուր շրխկացնելով իր ետևից:

Աննան արագ նայեց նրան, վեր թռավ և վազեց նրա ետևից, բայց դռան մոտ հանկարծ կանգ առավ և դառնությամբ ժպտաց:

— Ախ, սիրելիս, ինչպես խելքդ կորցրել ես, — շշնջաց նա մեղմ տխրությամբ և վերադարձավ, նստեց իր տեղը:

Գիտենալով, որ այդ օրն այլևս ոչինչ չի կարող անել և իր մնալն ավելորդ է, մինչև անգամ ավելի կգրգռի Էմմային, նա շուտով վեր կացավ և հեռացավ սաստիկ տխուր ու ծանր սրտով: Բոլորովին չէր նեղանում Էմմայից, որովհետև հասկանում էր, որ նրա փոփոխության պատճառը միայն սերն է, նա միայն մտահոգվում էր սիրելի ընկերուհու համար, որ այդքան կուրորեն անձնատո՛ւր էր եղել այդ սիրուն, որը, նրա համոզմունքով, կործանաբեր էր:

«Ո՛չ, ո՛չ, — մտածում էր նա, — ես չեմ թողնի այդպես, այն դիմակավոր սրիկան կկործանի այդ խղճուկին և բավական չէ միայն դրան, նա այն խեղճ մարդո՛ւն — Զաքարին էլ կթշվառացնի... իսկ Արամիկը... Չէ՛, չէ՛, ինչ ուզում է լինի, չեմ թողնի այդպես,,. Ախ, սրիկա՛, սրիկա՛...»:

Սաստիկ կատաղությունը բորբոքվել էր նրա սրտում Զազունյանի դեմ, և նա դեռ ոչ ոքի այնպես չէր ատել, ինչպես այդ մարդուն: Նրա կատաղությունն ու ատելությունն ավելի ևս բորբոքվում էին, երբ տեսնում էր, որ ինքը բոլորովին անզոր է այդ մարդու դեմ կռվելու:

24

Հետևյալ առավոտյան նա դարձյալ գնաց Էմմայի մոտ: Զաքարը տանը չէր, ինչպես և նախորդ օրը: Աղախինը հայտնեց նրան, որ տիկինը ննջարանումն է և ոչ ոքի չի ընդունում:

— Եվ ո՞չ ինձ, — կանչեց Աննան:

— Տիկինն այդպես հրամայեց, — պատասխանեց աղախինը:

— Ես նրան ցույց կտամ «տիկինն այդպես հրամայեց», — ասաց ինքնիրեն Աննան և շտապեց դեպի Էմմայի ննջարանը: Նա բռնեց դռան փականքից և առաջ հրեց: Դուռը փակ էր ներսից:

— Էմմա, բա՛ց արա, — կանչեց նա:

Ներսից ձայն չկար:

— Էմմա, բա՛ց արա, — կրկնեց նա:

Դարձյալ ձայն չկար:

— Չե՞ս լսում, Էմմա:

Նա շարժեց դուռը:

— Ո՞վ է, — վերջապես լսվեց ներսից Էմմայի ձայնը:

— Ես եմ, բաց արա:

— Հիմա չեմ կարող ընդունել:

— Ասում եմ՝ բաց արա:

— Հիվանդ եմ:

— Բաց արա, քեզ ասում եմ:

— Աննա, խնդրում եմ, հիմա ինձ հանգիստ թող:

— Բաց արա, թե չէ կկոտրեմ դուռը, — կանչեց Աննան և դուռը ուժգին չրխկչրխկացրեց:

«Ախ», լսվեց ներսից մի հուսահատական հառաչանք, և դուռը բացվեց:

Նրա առջև կանգնած էր Էմման գունատ և անշարժ:

Նրանք միաժամանակ նայեցին միմյանց, որպես երկու կատաղի, անհաշտ թշնամիներ:

— Չե՞ս ամաչում... չե՞ս ամաչում... չե՞ս ամաչում, — կանչեց Աննան հետզհետե ձայնը բարձրացնելով: — Դու գժվե՞լ ես, թե... Ինչո՞ւ էիր դուռը փակել և չէիր ուզում ինձ ներս թողնել, ինչո՞ւ էիր փակել, ասա, տեսնեմ: Նրա համա՞ր, որ ես ուզում եմ քեզ սխալ ճանապարհից հեռացնել, նրա համա՞ր, որ ես քեզ ուզում եմ կորստյան անդունդից հեռացնել, նրա համա՞ր, որ ես քեզ, աստված գիտե, թե ինչպես եմ սիրում: Խելագա՛ր, անմի՛տ, մեկ մտածիր, թե ի՛նչ ես անում, ի՛նչ սոսկալի թշվառություն ես պատրաստում քեզ, ամուսնուդ և երեխայիդ համար... Ի՞նչ ես տեսել այն սրիկայի, այն կեղծավորի, այն, այն... դիմակավոր ավազակի մեջ, որի համար այդպիսի զոհ՛ւթյուններ ես անում: Անմի՛տ, անմի՛տ, դու ամուսին ունես, դու որդի ունես: Ախր այն սրիկան Զաքարի մի եղունգն անգամ չարժե, ո՞ւմ ես թողնում և ո՛ւմ գիրկն ես ընկնում, խելքդ ո՞րտեղ է:

Հոնքերը կիտած, քթածակերը լայնացրած և ձեռքերը բռունցք կազմած Էմման կանգնած՝ էր նրա առջև անշարժ և, առանց ձայն-ծպտուն հանելու, սառն, արհամարհանքով շարունակ նայում էր հատակին:

— Սիրում ես, ո՞վ է քեզ դրա համար մեղադրում, — շարունակեց Աննան քիչ հանգստանալով: — Դու ի՞նչ մեղավոր ես, որ սիրում ես... բայց խո հասկանո՞ւմ ես, որ այդ սերը ներելի չէ քեզ, որ դու իրավունք չունես, քո պայմաններո՛ւմ սիրելու ուրիշին, ուրեմն, ինչո՞ւ չես ուզում, որ քանի ուշ չէ, դրա դեմն առնելու համար խելք ելքի տանք, մի բան անենք: Ինչո՞ւ այդ ծածկում ես ինձնից և դեռ դուռդ փակում ես իմ առջև: Մի՞թե կարծում ես, որ ես քո վատն եմ ցանկանում, ես, որ մանկական հասակիցս քեզ միշտ հոգով շատ սիրել եմ: Ի՞նչպես չես տեսնում այն սոսկալի թշվառությունը, որ դու ինքդ պատրաստում ես քեզ համար, դեռ մի կողմը թողնենք Զաքարին ու Արամիկին... Եկ, եկ նստենք այստեղ և խոսենք հանգիստ, եկ:

Եվ նա, բռնելով Էմմայի ձեռքից, համարյա քարշ տվեց նրան իր ետևից, նստեցրեց, իսկ ինքը նստեց նրա դիմաց:

— Գիշերը չեմ քնել քո մասին մտածելով, — շարունակեց նա: — Երեկվանից դես ես իմը չեմ, քո տեղ ես եմ տանջվում, և դու դեռ իմ առջև փակում ես դուռդ... Ախ, Է՛մմա, Է՛մմա, ի սեր աստծո, խելքի արի, խելքի, թե չէ... Մոռացիր այն սրիկային, այն ավազակին, նա քեզ չի տալ այն, ինչ որ դու ես ցանկանում, նա միայն կթշվառացնի քեզ, երդվում եմ, որ կթշվառացնի: Դու չգիտես, թե ինչպիսի մարդ է նա, — ի՛նձ հարցրու, ե՛ս եմ ճանաչում նրան. Ամեն նայելովս թափանցում եմ նրա հոգին, նրա այն կոռեկտ, գեղեցիկ դիմակի տակ հազար և տասն հավար սատանա կա թաքնված, ի՞նչ ես նայում նրա արտաքինին կամ ի՞նչ ես նայում Զաքարին, որ իր. անմիտ և անմեղ գովասանքներով նրան երկինք է բարձրացնում. Զաքարը միամիտ մարդ է, քեզնից ավելի շուտ խաբվող — դու ի՛նձ լսիր ի՛նձ, ուրիշ ոչ ոքի և, աստված է վկա, չես զղջա: Ախր մեկ այս էլ մտածիր, նրան որ սիրում ես, այդ աստիճան որ անձնատուր ես եղել այդ սիրույն, որ ոչ մի միջոցով չես ուզում դրա դեմն առնել, վերջն ի՞նչ պետք է անես, ինչո՞վ պետք է այդ բոլորը վերջանա: Պետք է տունդ, տեղդ, ամուսնուդ, որդուդ թողնես և փախչե՞ս նրա հետ, հա՞... պետք է անարատ անունդ, պատիվդ զոհե՞ս այն սրիկայի համար... կանե՞ս այդ, հա՞, կանե՞ս... Ի՞նչ ես լռել, ինչո՞ւ չես խոսում:

— Դու խոսում ես, է՛լի, ես էլ ի՞նչ խոսեմ, — ասաց հեգնորեն Էմման, որը արհամարհանքով շարունակ նայում էր ուրիշ կողմ:

Աննան աչքի տակից մի զգաստ և խիստ հայացք ձգեց նրա վրա:

— Էմմա, — կարճ լռությունից հետո ասաց նա ծանր և հանդարտ, — մի՞թե ես այլևս քո մտերիմ ընկերուհին չեմ:

Էմման չպատասխանեց:

— Մի՞թե ես այլևս ոչ մի նշանակություն չունեմ քո աչքում: Մի՞թե անկեղծ սրտացավությունս և սերս միայն արհամարհանք են շարժում քո սրտում:

Էմման լռում էր:

— Մի՞թե մի թափառական, մի բախտախնդիր սրիկա, որ զբաղված է ուրիշի երջանկությունը գողանալով և անմեղ ընտանիքներ սրբապղծելով, ինձ էլ կարողացավ քո սրտից հանել:

Էմման հանկարծ նայեց նրան, նրա հայացքը կատաղի էր:

— Ի՞նչ ես ուզում ինձնից, — հարցրեց նա խստորեն:

— Այն սրիկային վռնդիր այստեղից, — կանչեց Աննան: Էմման նույն հայացքով նայեց նրան և սաստիկ կատաղությունից երկար ժամանակ ոչինչ չկարողացավ պատասխանել:

— Հիմա ե՛ս պետք է ասեմ քեզ՝ խելքի արի վերջապես ասաց նա, և վեր կենալով տեղից, հեռացավ մի կողմը:

— Ի՞նչ, դու կարծում ես, թե այս անկարելի՞ է, — կարճ լռությունից հետո ասաց Աննան» — Ես խո չեմ ասում, թե նրա ցիլինդրը վերցրու և լուսամուտից դուրս շպրտիր կամ թե՝ ծառաներին հրամայիր, որ վզակոթին տալով դուրս անեն այստեղից: Դու. ուղղակի կարող ես հիվանդ ձևանալ և, երբ նա կգա, դուրս չգնալ նրա մոտ, պրծավ գնաց: Այդպիսով նա ինքն ամեն բան կհասկանա և ոտը կկտրի այստեղից:

— Խնդրում եմ, բավական է այդ մասին խոսես, ես այլևս չեմ կարող քեզ լսել, — ասաց Էմման և ուզում էր դուրս գնալ:

— Ո՛չ, բավական չէ՛, բավական չէ՛, — կանչեց Աննան, վազելով նրա ետևից և բռնելով նրան, — ես քեզ հանգիստ չեմ տա, մինչև չլսես ինձ, գիշեր-ցերեկ ես կտանջեմ քեզ, մինչև որ դու առաջվա ճանապարհի վրա չկանգնես Ջազունյանին վռնդիր այստեղից, ես քեզ ասում եմ

— Թե չէ... — հեգնական ժպիտով հարցրեց Էմման:

— Թե չէ... ես ինքս կխայտառակեմ նրան և կվռնդեմ այստեղից:

Էմման մի ծաղրական-արհամարհական հայացքով չափեց նրան ոտից գլուխ:

— Հետո՞, — հարցրեց նա:

— Հետո նա ավելի շուտ գլուխը քարովը կտա, քան թե այստեղ այլևս ոտք կդնի:

— Իսկ քեզ ո՞վ կվռնդի այստեղից...

— Ոչ ոք:

— Ե՛ս, — խլվելով նրա ձեռքից և գոռոզ հպարտությամբ խփելով իր կրծքին, կանչեց Էմման: — Ե՛ս կվռնդեմ քեզ այստեղից, հասկանո՞ւմ ես, ե՛ս... Այստեղ նայիր, ո՛վ ո՛ւմ տանն ի՛նչ իրավունքներ է ուզում բանեցնել... Խնդրեմ, խնդրեմ... Դու ինչ-որ քեզ շատ ես երևակայում... Քեզ ոչ ոք չի խնդրել, որ գաս այստեղ կարեկից և սրտացավ լինես... Խրատներ ունես՝ տար ուրիշին տուր, այստեղ ոչ ոք հիմար չկա... ամեն մեկը իր խելքը, իր հասկացողությունն ունի: Այնտեղ, այնտեղ, — ձեր տանը... այս ուրիշի տունն է...

Եվ դարձյալ մի ծաղրական-արհամարհական հայացքով չափելով նրան ոտից գլուխ, ինքնավստահ, հպարտ քայլերով դուրս գնաց:

Աննան մնաց քարացած:

25

Ջազունյանը մինչև իր Շ... գնալն անտարբեր չէր դեպի Էմման. նրա սրտումն էլ սիրո նման ինչ-որ բան էր սկսել շարժվել, որին նա համարյա ոչ մի նշանակություն չէր տալիս, որովհետև այդ միայն հիմարություն էր համարում: Եվ դրա համար նա ուներ երկու պատճառ, որոնց նա ահագին նշանակություն էր տալիս. — մեկն այն, որ Էմման ազատ չէր, ամուսին և զավակ ուներ, որոնք նրան սիրո՛ւմ և պաշտում էին, և այդ ամուսինն, իբրև անհատ, իբրև մարդ մի կողմը թողած, իր բարեկամը, իր ընկերն էր, որին դավաճանել չէր կարող, իսկ երկրորդ պատճառը... Սակայն երկրորդ պատճառը, ահագին նշանակություն ունենալով հանդերձ, այն աստիճան մեծ դեր էր խաղացել և դեռ շարունակում էր խաղալ նրա բարոյական աշխարհում, որ նա այդ մասին երբեք չէր ուզում մտածել և ամեն կերպ աշխատում էր մոռացության տալ... Սակայն առաջին անգամ անջատվելով Էմմայից և գնալով Շ..., նա զգաց, որ այն զգացմունքը, որ ինքը կատարյալ հիմարություն էր համարում, այնքան էլ հիմարություն չէր և արդեն կարողացել էր իր համար մի որոշ նշանավոր տեղ բռնել նրա սրտում: Ինչպե՞ս, ե՞րբ... — ահա հարցեր, որոնց նա ինքն էլ չէր կարողանում պատասխանել և որոնք նրան, եթե ոչ երկյուղ, գոնե զարմանք էին պատճառում:

«Հիմարություն է, հիմարություն է», դարձյալ չէր ուզում նա հավատալ, չնայելով, որ Էմմայի պատկերը նրա աչքերի առաջից չէր հեռանում, չնայելով, որ այժմ, հակառակ իր սովորության, սկսել էր անձնատուր լինել «հիմար» ցնորքներին, որոնց մեջ նա մի տեսակ քաղցրություն էր զգում, մի տեսակ ախորժելի կաշկանդող ուժ: «Հիմարություն է, հիմարություն», անդադար կրկնում էր նա ինքնիրեն: «Այս մի տպավորություն է, որ շուտով կանցնի»:

Եվ իրավ, «հիմարությունը» սկզբի օրերում միայն հանգիստ չտալով նրան, այնուհետև սկսեց փոքր առ փոքր խաղաղել, իսկ շաբաթներ անցնելուց հետո նրա սիրտն սկսեց բաբախել սովորական կերպով, Էմմայի պատկերն էլ հեռացավ նրա աչքերի առաջից, «հիմար» ցնորքներն էլ հանգիստ տվին նրան, կարծես բոլորովին ոչինչ չէր էլ պատահել: Այդ բանին քիչ չնպաստեց նրա դատի քննությունը, որ սկզբում շատ վատ էր գնում, նա ակամա ստիպված էր ցնորքները մի կողմ թողնել և մտածել իր դատի մասին, նոր միջոցների դիմել, միշտ աչալուրջ մնալ, որպեսզի դատը տանուլ չտա: Եվ տանուլ չտվեց: Ամեն ինչ վերջացնելով և կալվածքների մասին հարկավոր կարգադրություն անելով, նա պատրաստվեց Թիֆլիս վերադառնալու, իսկ Թիֆլիսից մտադիր էր անմիջապես շարունակելու իր ճանապարհորդությունը: Նախքան Թիֆլիս գնալը, նա մտաբերեց Զաքարի խնդիրը և հեռագրեց նրան:

Երկաթուղու երկրորդ կարգի վագոնում նստած՝ նա վերադառնում էր Թիֆլիս, և նրա երևակայության մեջ նորից հարություն էր առնում Էմմայի պատկերը և դրա հետ առաջվա «հիմար» ցնորքները նորից պաշարում էին նրան: Այդ բանի համար նա այլևս հաշիվ չէր տալիս իրեն, ուրեմն և չէր աշխատում հեռացնել իրենից երևակայության այդ անկոչ հյուրերին, որոնք ինչ-որ գաղտնի զորությամբ գողունի մտնում էին նրա ուղեղը և զբաղեցնում նրան: Որքան մոտենում էր Թիֆլիսին, այնքան նրա սիրտը բաբախում էր անհանգստությամբ՝ նա կարծում էր, որ երկաթուղու կայարանում Զաքարի հետ իրեն կդիմավորի և Էմման, և ինքը նրա երևակայական պատկերի տեղ կտեսնի նրա իսկական պատկերը: Ակամա անհասկանալի մի ցնծություն պաշարեց նրան: Բայց երբ կայարանում նրան հանդիպեց միայն Զաքարը, նրա այդ ցնծությունը տեղի տվեց մի տեսակ հիասթափության, իսկ երբ Աաքարից իմացավ, որ Էմման նրա մեկնելուց հետո հիվանդացել էր, սկզբում շատ վախեցավ: «Չլինի՞ թե սիրահարվել է ինձ վրա», առաջին անգամ այդ միտքը կայծակի արագությամբ անցավ նրա գլխով և, բոպեական երկյուղից հետո, նրա սիրտը թրթռաց մի տեսակ երջանիկ ինքնաբավականությամբ: Սակայն մտքումը նա իսկույն նեթ սկսեց ծիծաղել իր վրա, որ այդքան հեռու գնաց, որովհետև ինչպես իր՝ Էմմայի վրա սիրահարվելը, նույնպես և Էմմայի՝ իր վրա սիրահարվելը նա կատարելապես «հիմարություն» էր համարում: Այնուհետև նույն օրը տեսնելով Էմմային և սկսելով խոր դիտել նրան, նա մեկ համոզվում էր, որ նա անտարբեր չէ դեպի ինքը, մեկ էլ, իր թերահավատության պատճառով, նրան հակառակն էր թվում, բայց, այնուամենայնիվ, երկու դեպքումն էլ նա ի ներքուստ ավելի հակված էր դեպի վերջին ենթադրությունը:

Օրերն ու շաբաթներն անցնում էին: Զազունյանն իր սրտի մեջ եղած «հիմարությանն» այժմ իր իսկական անունն էր տալիս: Ինքնախաբեությունով, իհարկե, ոչինչ չէր դառնա, իրականությունն ամեն դեպքում միշտ իրականություն է մնում: Օր-օրի վրա նա սարսափով տեսնում էր, որ այդ «հիմարությունն» ահագին ուժ և զորություն է ստանում և անասելի արագությամբ տիրապետում է նրա բոլոր մյուս զգացմունքներին, նրա ամբողջ էությանը: Ճանապարհորդությունը շարունակելու միտքը միշտ հալածվում էր նրանից, որպես բոնի ստեղծած ցնորք, երբեմն մտնում էր նրա գլուխը և առանց մի որոշ վճիռ ստանալու, նորից չքանում, անհետանում էր: Ուրիշ ավելի քաղցր, ավելի հոգեզմայլ ցնորքներ շարունակ վխտում էին նրա գլխում, որպես կախարդիչ հուրիներ, և նրա բոլոր մտավոր կարողությունը կենտրոնացնում էին միայն իրենց վրա: Որքան նա աշխատում էր սառը, լուրջ խոհականությամբ հալածելու իր գլխից այդ ցնորքները և կշռադատելու իր դրությունը, չափելու այն անդունդի խորությունը, որի մեջ աննկատելի կերպով ընկնում էր ինքը, այնուամենայնիվ, այդ բոլորի հետևանքը դարձյալ առաջվա ցնորքներն էին լինում: Որքան նա աշխատում էր Էմմայից հեռու փախչել, այնքան այդ նորատի, գեղեցիկ կինը որպես մագնիս ձգում էր նրան դեպի ինքը, և նա չէր կարողանում դիմադրել այդ ձգողական ուժին: Նա սիրում էր ամենավառ զգացմունքով և անասելի տանջվում էր, որ իր այդ սիրով ոչ իրեն և ոչ Էմմային չի կարող տալ երջանկության մի նշույլ անգամ, այլ, ընդհակառակն, իր հետ նրան էլ: սաստիկ ապերջանիկ կդարձնի: Նա արդեն բաց է արել սոսկալի թշվառության դուռը և բռնած այդ անմեղ կնոջ ձեռքից՝ ուզում է նրան ներս քաշել այնտեղ... Ո՛չ, ո՛չ, թեև արդեն մոտ են այդ թշվառության դռան շեմքին, բայց քանի դեռ ուշ չէ, քանի դեռ չեն կոխել այդ շեմքը, պետք է անհապաղ դրա դեմ միջոցներ ձեռք առնել, պետք է կանգ առնել, առաջ չգնալ, պետք է ետ դառնալ, պետք է... այո՛, պետք է հեռանալ: Եթե սիրում է և կամենում է իր սիրո առարկայի երջանկությունը, ապա այդ երջանկությունը, խղճի և առողջ դատողության ասելով, պետք է որոնի միայն իր ընդմիշտ հեռանալու մեջ: Հապա այն վեհ, բարոյական պարտականությո՞ւնը, որ դրված է նրա վրա՝ որպես ընկերոջ վրա, այդ բառի ոչ թե սահմանափակ, այլ ամենաընդարձակ, բուն նշանակությամբ: Մի՞թե անձնազոհությունը չէ դրա միակ և ուղիղ միջոցը: Անձնազոհությո՞ւնը... Մի՞թե դա չէ այն երջանկությունը, որի ետևից վազում է մարդկությունը, բայց այդ որսում է դրա այլանդակած ուրվականը միայն... Մի՞թե սերը չէ դեպի ընկերն, ուրեմն և ինքնուրացությունը, անձնազոհությունն ընկերի համար: Ինքնուրացություն, անձնազոհություն... Մի՞թե բառը միշտ բառ պետք է մնա, հապա գո՞րծը...

26

«Եվ այդպես, վճռված է. պետք է հեռանալ», մի անգամ, շատ երկար մտածելուց հետո, ասաց ինքն իրեն Զագունյանը և սկսեց հագնվել: Նա ուզում էր վերջին կամ նախավերջին անգամ այցելել Մարկոսյաններին և մի կամ երկու օրից հետո... բարի ճանապարհ: Ինչպես ուղեցույցի սլաքը, որ ինչպես էլ բռնում ես, միշտ դեպի հյուսիս է դառնում, նույնպես և նա — ինչ կերպ և ինչ կողմից էլ որ քննության էր ենթարկում իր դրությունը, խիղճը և առողջ դատողությունը միշտ կանգ էին առնում այն բանի վրա, որ պետք է հեռանա:

Մի կերպ, կարծես տենդի մեջ, հագնվելով, նա դուրս եկավ և դիմեց դեպի Մարկոսյանների տուն:

Երեկո էր, արևն արդեն մայր էր մտել: Չնայելով, որ նա ուղղակի գնում էր Մարկոսյանների տուն, բայց տակավին երկմիտ էր՝ գնա՞, թե ոչ, որովհետև կարծում էր, որ նրանք այդ ժամանակ, գուցե, դուրս եկած կլինեն զբոսանքի, մանավանդ որ եղանակը շատ գեղեցիկ էր. բացի դրանից, նա հենց սկզբից վախենում էր, զգում էր, որ ինքը անկարող կլինի իր բերանով հայտնելու Էմմային, որ ինքը մի կամ երկու օրից հետո պետք է հեռանա, այդ նրան միևնույնն էր թվում, թե ինքն իր բերանով պետք է կարդար իր դատավճիռը: Նա գնում էր և հետզհետե քայլերը դանդաղեցնում: Որքան առաջ էր դնում, այնքան նրա մտքերն անկանոն ընթացքը տանում, այնքան նրանք հեռանում էին վերջնական վճռից: — Արդյոք գնա՞, թե չգնա, արդյոք նրանք տանը կլինե՞ն, թե ոչ, և եթե տանը լինեն, արդյոք Էմմայի ներկայությամբ հայտնի՞ Զաքարին իր հեռանալու մասին, թե սպասի մի ուրիշ անգամի... արդյոք լավ չի՞ լինի, եթե մի քանի օրով հետաձգի իր հեռանալը: Չնայելով, որ վերջին խնդիրը նա արդեն վճռել վերջացրել էր, բայց այժմ մի անհասկանալի զորությամբ այդ վճիռը հետզհետե թուլանում էր և խնդիրը նորից քննություն էր պահանջում:

Այդպիսի տատանումների մեջ էր նա, երբ հանկարծ տեսավ Զաքարին կառքով անցնելիս: Զաքարը նույնպես տեսավ նրան և կառքն իսկույն կանգնեցնել տվեց: Զազունյանն իջավ մայթից և մոտեցավ նրան:

— Ո՞ւր ես գնում, — հարցրեց Զաքարը, ձեռք տալով նրան: — Եկ նստիր, գնանք մեր տուն:

Զազունյանը նստեց: Կառքն առաջ անցավ:

— Գալիս էի ձեր տուն, — պատասխանեց Զազունյանը:

— Հա-ա՞... փառք աստծո: Երևի այս երկու օրը ոտներիդ հինա էիր դրել, որ չէիր գալիս: Տխուր նստում ենք, տխո՛ւր վեր կենում: Չէ, եղբայր, դեռ սկզբից չպետք է գայիր մեր տուն, բայց որ մի անգամ եկար, այլևս իրավունք չունես մի օր անգամ բացակայելու. ես այդպես եմ հասկանում բարեկամությունը: Դու խո գիտես, որ քո ներկայությունն առանձին բավականություն է պատճառվում մեզ, էլ ի՞նչ ես նազ ու տուզ ծախում: Հավատացիր, Արսեն, որ առանց քեզ մենք շատ տխուր ենք լինում, մանավանդ որ Աննան էլ այս երկու-երեք օրը, չգիտեմ ինչ պատճառով, այլևս չի գալիս մեր տուն: Երևի դու և նա միասին խոսք եք կապել, որ մեզ բոլորովին մենակ թողնեք:

Զազունյանին խիղճն սկսեց տանջել, ինչպիսի՞ միամիտ բարեսրտություն և ի՛նչքան խոր, անկեղծ հավատ դեպի ընկերը: Կարելի՞ է միթե այդպիսի մի կատարյալ հավատ ի չարը գործ դնել: Ահա մի զենք, ինքնըստինքյան մի աննշան, բայց և միևնույն ժամանակ իր անգիտակցությամբը մի զորավոր զենք, որի առաջ պետք է բթանա չարամտությունը, որին հանդիպելով ամոթահար պետք է փախուստ տա վատությունը... Ոչ, Զաքարն իր այն համարյա երեխայական անկեղծ սիրով և հավատով բնավ խղճալի չէ թվում Զազունյանին, ընդհակառակն՝ Զազունյանն այդ րոպեին նայում էր նրա վրա որպես մարդու և ընկերի կատարելատիպի, իդեալի վրա, որի առջև հոգեզմայլությամբ պատրաստ էր ծունկ խոնարհել: Ի՞նչ են հազարավոր թշվառ օթելլոներ այդ մարմնացյալ սիրո և հավատի առաջ: Մի՞թե այդպիսի մարդը չարժե այն անձնազոհությանը, որ ինքը — Զազունյանը, կամենում էր բերել նրա համար, որ իսկապես ասած անձնազոհություն էլ չէր լինի, այլ մի տեսակ մարդկային, ընկերական պարտականություն:

Նա հարմար և ի դեպ համարեց հայտնել Զաքարին իր հեռանալը և գիտեր, որ նա իր կողմից տուն գնալուն պես կհայտնի այդ մասին իր կնոջն, ուրեմն այդպիսով ինքը կազատվեր Էմմային անձամբ հայտնելու դժվարությունից:

— Այս գուցե վերջին անգամն է, որ գալիս եմ ձեր տուն, — ասաց նա տխուր ժպիտով:

Զաքարն արագ, մինչև անգամ վախեցած, նայեց նրան:

— Ի՞նչպես, — հարցրեց նա:

— Շուտով պետք է հեռանամ այստեղից, — պատասխանեց Զազունյանը:

— Ո՞ւր, ի՞նչպես, ե՞րբ, ի՞նչ ես ասում, գժվե՞լ ես, — վրա տվեց Զաքարը, չհավատալով: — Կատա՞կ ես անում:

— Հավատացիր, չէ. խո առաջ էլ ասում էի, որ պետք է հեռանամ:

— Ուրեմն վճռե՞լ ես, հաստա՞տ վճռել ես:

— Վաղուց եմ վճռել:

— Բայց ո՞ւր, եղբայր, ո՞ւր պետք է գնաս, ես չեմ հասկանում:

— Ո՞վ գիտե...

— Է, եղբայր, թե աստվածդ կսիրես, ձեռք վերցրու այդ հիմար մտադրությունից: Ուզում ես նեղացիր, բայց ես հիմարություն եմ համարում աննպատակ ճանապարհորդությունը: Հա, էլի մի ամիս, երկու ամիս, երեք ամիս, մի տարի — ես հասկանում եմ, բայց ամբողջ կյանքը նվիրել ճանապարհորդությանը — այդ, կրկնում եմ՝ մեծ հիմարություն է, հավատացիր, մեծ հիմարություն: Գոնե որևէ աշխարհագրական ընկերության անդամ լինես, էլի մի բան է. կասեմ ճանապարհորդում ես ուսումնասիրական նպատակով, գիտությանն ուզում ես օգուտ տալ, բայց ախր ճանապարհորդել լոկ ճանապարհորդելու համար, անօգուտ, ապարդյուն... Չէ եղբայր, չէ, ինչ ուզում ես ասա, ես էլի կասեմ, որ այդ մեծ հիմարություն է, մեծ:

Զազունյանը չպատասխանեց, ինչ-որ նոր, տակավին անծանոթ մի տխրություն պաշարեց նրան:

— Նստիր քեզ համար, — կարճ լռությունից հետո շարունակեց Զաքարը, — տուն-տեղ դիր, ամուսնացիր, սիրիր, սիրիր, որդիք ունեցիր, ապրիր քեզ համար հանգիստ, խաղաղ — ահա քեզ երջանկությո՛ւն, ահա քեզ օգտակար կյանք, թե չէ, մի օր այստեղ ապրել, մյուս օրն — այնտեղ, ամբողջ կյանքը թափառականությամբ անցկացնել... Ի՞նչ միտք ունի: Չէ, եղբայր, գուցե ես եմ հիմար և քեզ լավ չեմ հասկանում, հը՞... բայց ապա մեկ ինձ բացատրիր, թե մշտական ճանապարհորդությո՛ւնն ինչով է լավ նստակյաց կյա՛նքից:

— Քեզ համար՝ ոչնչով, բայց ինձ համար՝ շատ բանով, — պատասխանեց Զազունյանը:

— Օրինա՞կ:

— Դու ինձ չես հասկանա, որովհետև չգիտես, թե ինչ բան է ճանապարհորդությունը:

— Էլի:

— Օրինակ հենց նրանով միայն, որ իմ երջանկությունն, եթե միայն

այդ երջանկություն կարելի է անվանել, ճանապարհորդության մեջ է գտնվում, ինչպես քոնը — նստակյաց կյանքի մեջ:

— Ախր, օրինակ:

— Էլի դու քոնն ես պնդում, այստեղ ոչ մի օրինակ հարկավոր չէ: Որպեսզի ինձ հասկանաս, պետք է անձամբ ճանապարհորդած լինես և ձգտումն ունենաս դեպի ճանապարհորդությունը:

— Ես զարմանում եմ, ճշմարիտ... Ախր, եղբայր, եթե ճանապարհո՛րդությունը որևէ առավելություն ունի նստակյաց կյանքից, էլ ինչո՞ւ չես կարող բացատրել ինձ, թե ինչումն է այդ առավելությունը:

— Դու ինձ ասա, թե ինչո՞ւ անպատճառ նստակյաց կյանք ես սիրում և ոչ՝ ճանապարհորդություն:

— Որովհետև նստակյաց կյանքը ամեն բանով լավ և օգտակար է ճանապարհորդությունից:

— Իսկ ես էլ կասեմ, որ ճանապարհորդությունն ամեն բանով լավ և օգտակար է նստակյաց կյանքից:

— Ի՞նչով օրինակ:

Զազունյանը ժպտաց:

— Տեսնո՞ւմ ես, մենք դարձյալ ետ գնացինք, — ասաց նա: — Ոչ մի օրինակ հարկավոր չէ, ասում եմ: Այդ կախված է անհատի բնավորությունից, հակումից: Ինչո՞ւ մեկը խորոված է սիրում, մյուսը փլավ, ինչո՞ւ մեկը գինի է սիրում, մյուսը — գարեջուր, ինչո՞ւ մեկը շուն է սիրում, մյուսը — չի սիրում, կարո՞ղ ես բացատրել դրանց պատճառները: Չէ: Այնպես էլ ես:

— Էհ, մախլաս, — ասաց Զաքարը մի տեսակ տխուր և հուսահատ դժգոհությամբ և թեթև հառաչեց:

Երկուսն էլ կարճ ժամանակ լռեցին:

— Արսեն, արի իմ խաթրու մնա, ձեռք վերցրու ճանապարհորդությունից — հանկարծ ասաց Զաքարը, նայելով Զազունյանին:

— Անկարող եմ, Զաքար — մեղմությամբ պատասխանեց Զազունյանը: — Ինձ համար մահու չափ անտանելի է մի տեղում երկար մնալը, սաստիկ ձանձրանում եմ... Ահա քանի ժամանակ է՝ ես այստեղ եմ, և դու չես կարող երևակայել, թե այժմ ինչքան ձանձրացել եմ այստեղից, — խաբեց նա:

— Մե՞զ մոտ, մենք քեզ ձանձրացնո՞ւմ ենք զարմացած հարցրեց Զաքարը:

— Էհ, Զաքար... երեխայի նման խո միշտ ձեր ետնից չեմ ընկնի, — ասաց Զազունյանը տխրությամբ:

— Դե որ այդպիսի համառն ես, աստված բարի ճանապարհ տա, — բարկացած կանչեց Զաքարը: — Գնա ուր ուզում ես, գնա թափառի ինչքան ուզում ես, ես իսկի չեմ էլ ուզում քեզ արգելք լինել:

Երկար ժամանակ երկուսն էլ լռեցին:

— Ե՞րբ ես գնում հարցրեց, — քթով Զաքարը:

— Կամ վաղը, կամ մյուս օրը պատասխանեց Զազունյանը:

27

Կառքը կանգ առավ Զաքարի բնակարանի դռանը: Նրանք իջան և բարձրացան վերև, հյուրասենյակ: Զաքարն ուզում էր գնալ տեսնելու, թե ինչ է անում կինը, ինչու չի մտնում, գլխավորապես հայտնելու նրան Զազունյանի հեռանալը, որ իրեն սաստիկ ազդել էր, երբ հանկարծ մտավ Աննան: Երևում էր, որ նա նոր չէր եկել և փոքր-ինչ առաջ սաստիկ հուզվել էր:

— Ա՛, փա՛ռք, աստծու նրան տեսնելով, կանչեց Զաքարը: — Հազիվ միտներդ եք բերել մեզ:

— Ներեցեք ինձ, — այս երկու-երեք օրը ես հիվանդ էի, դրա համար էլ չէի գալիս, — ասաց Աննան, սեղմելով նրա ձեռքը, իսկ Զազունյանին միայն թեթևակի և համարյա առանց նրան նայելու, կարծես ակամա, գլուխ տալով:

Զազունյանն այդ առաջին անգամը չէր տեսնում, որ Աննան լավ աչքով չէր նայում իրեն:

— Ի՞նչպես, ի՞նչ էր պատահել, — հարցրեց Զաքարը:

— Չգիտե՞ք ինչ կպատահեր. շուտ հիվանդացողինը և շուտ առողջացողինը կամ գլուխը պետք է ցավելիս լիներ, կամ պետք է մրսած լիներ, — պատասխանեց Աննան բռնի ժպիտով, որպեսզի ցույց չտա իր հուզմունքը, որից, ինչպես երևում էր, նա դեռ չէր հանգստացել և չէր կարողանում հանգստանալ:

— Հա, այդ մեկը ճիշտ է, այդ մեկը ճիշտ է շտապով պատասխանեց Զաքարը: — Բայց ո՞ւր է Էմման. դուք նրա մո՞տ էիք. ինչո՞ւ ներս չեք գալիս, — ասաց նա, ուզելով դուրս գնալ:

— Նա հիմա կգա, նա հիմա կգա, պ. Զաքար, — շտապեց. պատասխանել Աննան:

— Ախր դուք չգիտեք, տ. Աննա, Զազունյանը վաղը կամ մյուս օրը վճռել է արդեն հեռանալ այստեղից, — ասաց Զաքարը տխրությամբ:

Աննան արագ նայեց Զազունյանին: Նրա դեմքի վրա երևաց զարմանք և ուրախություն, որ նա չկարողացավ ծածկել:

Զազունյանը նկատեց այդ և հոնքերը փոքր-ինչ կիտեց: Սա նստած էր, ըստ երևույթին, բոլորովին հանգիստ:

— Այո՞, պ. Զազունյան, — հարցրեց Աննան:

— Այո, — պատասխանեց Զազունյանը:

— Վաղը կամ մյուս օ՞րը:

— Այո:

— Զարմանալի է, ինչո՞ւ այդպես հանկարծ...

Զազունյանը հոնքերը ավելի կիտեց. նա արդեն ամեն բան հասկանում էր:

— Հանկարծ ասացիք ու թողի՞ք, — վրա բերեց Զաքարը: — Գոնե երկու շաբաթ, գոնե մի շաբաթ, գոնե հինգ օր առաջ հայտնեք, թե այսինչ օրը հեռանում եմ, այնինչ՝ այսօր...

Ներս մտավ Էմման մետաքսյա մոխրագույն զրջազգեստով, որ կոկ և մեծ ճաշակով կանգնած էր նրա փոքր-ինչ առաջ թեքված, բայց կանոնավոր ճկուն կազմվածքի վրա: Ներս մտավ համարձակ, մինչև անգամ հպարտ քայլերով, ինչպես ոչ մի ժամանակ ներս չէր մտել: Երևում էր, որ նա նույնպես հուզված էր եղել, ինչպես Աննան, և հուզված էր եղել Աննայից է՛լ ավելի, նրա սպիտակ ճակատի վրա տակավին երևում էին կարմիր բծեր, իսկ վզի և ծնոտների վրա՝ կապույտ երակներ, որոնք սաստիկ հուզմունքից գրգռվել-ձգվել էին: Մինչև Զազունյանը նրան տեսնելուն պես վեր կկենար և կշտապեր դեպի նա բարևելու համար, Էմման իր կողմից արագ քայլերով մոտեցավ նրան և ամուր սեղմեց նրա ձեռքը, ինչպես ոչ մի ժամանակ չէր սեղմել:

— Դուք գիտեք, թե ինչ բանի համար ես պետք է մեղադրեմ ձեզ, իսկ ես գիտեմ, թե ինչ պետք է պատասխանեք դուք ինձ, — ասաց նա ժպտալով, համարձակ և անսովոր արագախոսությամբ, կարծես մեկին ջգրացնելով, — և այդ պատճառով ոչ ես կասեմ ձեզ իմ մեղադրանքը, ոչ էլ դուք՝ ձեր պաշտպանությունը կամ... ներողությունը — այդ ավելորդ է... Բայց այժմ կարծում եմ, որ ձեր այցելության համար ես պարտական եմ ամուսնուս:

— Սխալվում ես, Էմմա, ինքն էր գալիս այստեղ:

— Հա-ա՞... ավելի լավ, — բացականչեց Էմման: — Սակայն այս էլ եմ կարծում, որ այս երկու օրն, առանց մեզ, պետք է որ ձանձրանալիս լինեիք, ինչքան էլ զբաղված լինեիք որևէ գործով: Ներեցեք ինձ, որ ես համարձակվում եմ այդպես կարծել և այդ ուղղակի ասում եմ ձեզ, որովհետև — ես ճշմարիտ կասեմ — հենց սկզբից կարծել եմ, որ ձեզ համար մեծ նշանակություն ունի մեզ այցելելը, ինչպես և մեզ համար մեծ նշանակություն ունի ձեր ներկայությունն այստեղ:

— Դուք կատարյալ իրավունք ունիք այդպես կարծելու, — պատասխանեց Զազունյանը: — Ինձ համար միշտ մեծ պատիվ է ձեզ այցելել:

Նա շփոթված և զարմացած նայում էր Էմմային: Ի՞նչ է նշանակում այս, Էմման այդպես համարձա՞կ, այդպես աշխո՞ւյժ, այդպես արագախոս և պարզախո՞ս... նա նախ նայեց Զաքարին, հետո Աննային, կարծես նրանցից սպասելով այդ հանելուկի բացատրությունը. Զաքարի դեմքին նա տեսավ զարմանքի նման մի բան, իսկ Աննայի դեմքին — հազիվ նկատելի մի հեգնական ժպիտ, որ կարծես ասում էր — գիտեմ, գիտեմ ինչ է նշանակում այդ...

— Իսկ դո՞ւ ինչ կասես, Էմմա, որ այս պարոնը հեռանում է վաղը, — ասաց Զաքարը:

— Ի՞նչ, — կասես սաստիկ վախից հանկարծ ցնցվելով, արտասանեց Էմման և արագ նայեց Զազունյանին: Մի ակնթարթում նրա գույնը թռավ:

— Վա՞ղը, — հարցրեց երկարացնելով և կարծես ինքն իր ձայնից վախենալով:

— Այսինքն վաղը կամ մյուս օրը, — ուղղեց Զաքարն իր սխալը:

— Այո՞, — նույն կերպ հարցրեց Էմման, գլուխը անզգայաբար փոքր-ինչ առաջ տանելով և շարունակ նայելով ուղղակի Զազունյանի աչքերին:

— Այո, — պատասխանեց Զազունյանը շփոթված:

Էմման այլևս ոչինչ չկարողացավ ասել: Նրա շուրջն օդը կարծես հանկարծ սպառվեց: Նա մեքենայաբար հեռացավ դեպի լուսամուտը և նույնպես մեքենայաբար նստեց աթոռի վրա մեջքն Աննայի կողմն անելով:

— Այսօր ի՛նչ շոգ է, — արտասանեց նա շնչասպառ, նորից վեր կացավ, ուժով բաց արեց լուսամուտի փեղկերը, որ իսկույն չհաջողվեց, և նորից նստեց աթոռի վրա:

Զազունյանն և Աննան, իհարկե, հասկացան, թե բանն ինչումն է, բայց Զաքարը տեսավ և ոչինչ չհասկացավ: Նա միայն զարմացած նայեց կնոջը:

Սենյակում երկար ժամանակ լռություն տիրեց:

— Թեյը պատրա՞ստ է, — դիմեց կնոջը Զաքարը:

— Ի՞նչ, — հարցրեց Էմման մեքենայաբար նայելով նրան:

Զաքարը բոլորովին զարմացած նայեց ուղղակի նրա աչքերին:

— Թե՛յ, կրկնեց նա:

— Թե՞յ... Հա, իսկույն... — ասաց Էմման, շտապով վեր կացավ և շտապով դուրս գնաց՝ անցնելիս մի լաստիկ և կատաղի ատելությամբ լի հայացք ձգելով Աննայի վրա:

Այնուհետև մինչև Զազունյանի գնալը նրա խելքը կարծես գլխին չէր: նա նմանում էր մի կասկածավոր մարդու, որին անսպասելի կերպով վրա են հասել մարդիկ, և նա շփոթությունից, շտապելուց չգիտե, թե ինչպես անի, որ նրանց ձեռքը չընկնի:

Թեյից հետո, երբ արդեն մթնել էր, Զազունյանը վեր կացավ, որ գնա, որովհետև պարզ տեսնելով Էմմայի դրությունը, նրա համար անասելի ծանր էր մնալ այնտեղ: Զաքարը փորձեց չթողնել նրան, բայց նա չմնաց, պատճառ բերելով, որ պետք է ճանապարհի պատրաստություններ տեսնի:

— Ի՞նչ, դու վաղն ես գնում, — կանչեց Զաքարը:

— Չէ, գուցե վաղը չկարողանամ գնալ, — պատասխանեց Զազունյանը հապաղելով:

— Հա, այդ էր պակաս որ վաղը գնայիր, — մրթմրթաց Զաքարը: — Սպասիր, ես էլ եմ քեզ հետ դուրս գալիս:

Ձեռք տալու ժամանակ Էմման կարծես հանկարծ ուշքի եկավ:

— Գնալուց առաջ, իհարկե, մեզ չեք մոռանալ, — անսպասելի հաստատ ձայնով և առանց նրան նայելու, ասաց նա: Նրա ձայնը այնպես էր հնչում, որ, կարծես, նա սաստիկ վիրավորված էր Զազունյանից:

Զազունյանը չպատասխանեց, միայն ամուր սեղմեց նրա ձեռքը:

28

Զաքարի և Զազունյանի դուրս գնալուց հետո Աննան ու Էմման մնացին մենակ միևնույն սենյակում: Աննան շարունակ նստած էր միևնույն տեղը, միևնույն բազկաթո՛ռի վրա: Էմման, առանց նրան գեթ մի անգամ նայելու, կարծես նա բոլորովին այնտեղ էլ չէր, գնաց նստեց լուսամուտի մոտ, առաջվա նման մեջքը նրա կողմը անելով:

Սենյակում երկար ժամանակ լռություն էր տիրում, կարծես այնտեղ ոչ ո՛ք չկար: Դուրսն արդեն բավական մութն էր: Սեղանի վրա պայծառ վառվում էր հսկա լամպը: Էմման շարունակ նայում էր դեպի դուրս, իսկ Աննան՝ նրա ծոծրակին:

— Ինչքա՛ն վատ բան է հիասթափությունը, — վերջապես, կարծես ինքն իրեն, կամաց խոսեց Էմման: — Ես կարծում էի, թե աշխարհիս երեսին մի ընկերուհի, մի քույր ունիմ, որ հարկավոր դեպքում պատրաստ կլինի ինձ համար մինչև անգամ կյանքը զոհելու, այնինչ անմիտս չէի իմանում՝ որ մարդկային սրտում երբեմն բույն է գնում այնպիսի զզվելի, գարշելի մի զգացմունք, որ ամեն ինչ տակնուվրա է անում, այդ զգացմունքը — նախանձն է, չար, սև նախանձը, որ մարդուս ամեն ժամանակ փոխում է և ընդունակ է դարձնում ամեն տեսակ ստոր արարքների...

Աննան, իհարկե, հասկացավ, թե նա դրանով ում և ինչ է ուզում ակնարկել, բայց ավելի լավ համարեց լռել, քան թե պաշտպանել իրեն, չնայելո՛վ, որ Էմմայի խոսքերը բավական դիպան նրա սրտին, թեև նա շատ լավ իմանում էր, որ Էմման այդ ժամանակ ինչ էլ ասեր, բոլորը ներելի էր նրան:

— Ինչո՞ւ ես այսպես պետք է տանջվեմ, ինչո՞ւ, — կարճ լռությունից հետո շարունակեց Էմման դողդոջուն ձայնով: — Բացի սիրելուց և դարձյալ սիրելուց, ես ի՞նչ էի արել նրան, ի՞նչ վնաս էի տվել նրան, որ նա ինձ այս սոսկալի դրության մեջ ձգեց... Սրտիս մեջ կրակ, դժոխք ձգեց, իսկ ինքն այժմ նայում է ինձ և զվարճանում...

Նրա ձայնը բոլորովին դողաց: Նա ձեռքերը դրեց լուսամուտի տախտակի վրա, դեմքը թաղեց կռների մեջ և ցնցողաբար սկսեց հեկեկալ:

Աննան այս անգամ զարմացավ, ի՞նչ է ասում, «նա» ո՞ւմն է վերաբերում, — իրե՞ն, թե Զազունյանին... վերջին խոսքերից երևում է, որ իրեն է վերաբերում: Բայց ինքն ի՞նչ մեղք ունի նրա տանջանքների մեջ: Նա չկարողացավ համբերել, վեր կացավ և շտապով մոտեցավ Էմմային:

— Էմմա, — ասաց նա, առաջ թեքվելով դեպի նա, — ի՞նձ ես մեղադրում, ի՞նձ ես ասում:

— Այո, քե՛զ եմ մեղադրում, քեզ եմ ասում, — առանց գլուխը բարձրացնելու արտասանեց Էմման հեկեկանքի միջից:

Աննան բոլորովին զարմացավ:

— Ես քեզ ի՞նչ եմ արել, — հարցրեց նա:

— Դու ինձ ի՞նչ ես արել, — հանկարծ բացականչեց Էմման կատաղությամբ վեր թռչելով տեղից: — Ահա՛ ինչ ես արել: — Նա երկու ձեռքով բռնեց կրծքից և ուզեց պատռել շրջազգեստը: — Պատռիր կուրծքս և տես, թե ինչ ես արել... պատռի՛ր...

— Հիսուսին ու Քրիստոսին, Էմմա, Հիսուսին ու Քրիստոսին, դու խելագարվել ես, — շշնջաց Աննան, վախեցած ակամա ետ ու ետ գնալով:

— Դու կարծում ես, թե ես հիմա՞ր եմ և ոչինչ չեմ հասկանա, — կանչեց Էմման հետզհետե ավելի ու ավելի կատաղելով: — Դու կարծում ես, թե ինձ հետ կարող ես խաղալ, ինչպես անմիտ երեխայի հետ: Ինչո՞ւ ես գնացել ասել Զազունյանին, որ հեռանա այստեղից... Ինչո՞ւ, ասա, ինչո՞ւ:

— Է՛մմա, Է՛մմա, ի՞նչ ես ասում, ո՞վ է գնացել, ո՞վ է ասել, — կանչեց Աննան զարմացած:

— Դո՛ւ, դո՛ւ, դո՛ւ... Դու չէի՞ր ասում, թե կխայտառակես և կվռնդես նրան այստեղից, դու չէի՞ր ասում... ասա, դու չէի՞ր ասում:

— Այո, ես էի ասում, բայց հետո ո՞վ է նրան խայտառակել, ո՞վ է նրան ասել, որ հեռանա այստեղից, Է՛մմա:

— Դո՛ւ, ասում եմ, դո՛ւ.. — քաջություն ունեցիր և մի ծածկիր:

— Ես այդպիսի բան չեմ արել, Էմմա. Ինձ իզուր ես մեղադրում:

— Քաջություն ունեցիր և մի՛ ծածկիր, մի՛ ծածկիր:

— Աստվա ծ է վկա, Էմմա, ես այդպիսի բան չեմ արել:

— Ա՛, վախենում ես խոստովանել, որովհետև զգում ես, որ շատ անարժան, շատ ստոր բան ես արի հա…վախենում ես խոստովանել, որովհետև ինքդ ամաչում ես քո արարքից, հա՞... Օ՛խ, Աննա, ինչպե՛ս ատում եմ քեզ, ինչպե՛ս զզվում եմ քեզնից... եթե հնար ունենամ, արյունդ կխմեմ... Գնա, հեռացիր այստեղից, իսկո՛ւյն հեռացիր այստեղից.. Այլևս չեմ ուզում քո բարեկամությունը, հարկավոր չէ... Գնա, գնա այստեղից... այլևս ոտք չդնես այստեղ, գնա...

Աննան գունատ և անշարժ նայում էր նրա անզուսպ կատաղությունից շառագունած և արյունով լցված աչքերին:

— Ի՛նչ ասեմ, Էմմա, — ասաց նա տխուր հառաչելով, — դու այնպիսի դրության մեջ ես, որ ես ակամա պետք է լռեմ, և հնազանդվեմ քեզ:

— Իզուր, իզուր, — պատասխանեց Էմման հպարտ արհամարհանքով: — Ես դեռ չեմ խելագարվել, իսկ երբ կխելագարվեմ, այն ժամանակ ուրախացիր... Իսկ այժմ — խնդրեմ:

Եվ նա հպարտությամբ ցույց տվեց դուռը:

Աննան մի կարճ միջոց խղճալի հայացքով նայեց նրան, նա ուզում էր բան ասել, բայց ձայնը չհպատակեց նրան, նա շտապեց դեպի դուռը, բայց հանկարծ նստեց այնտեղ դրված աթոռներից մեկի վրա և ձեռքով դեմքը ծածկելով, սկսեց լաց լինել:

Էմման, որ բոլորովին չէր սպասում այդ, հանկարծ ցնցվեց և առաջին նվաղ մնաց արձանացած. նա մինչև անգամ գունատվեց: Հետո կամաց-կամաց սթափվելով: Նա ներքին շրթունքը սեղմեց ատամների մեջ, հոնքերի վայր թողեց և կամաց, կարծես զգուշությամբ, դուրս գնաց, առանց մի ձայն հանելու:

29

Զաքարը երկար տեղ ճանապարհ ձգեց Զազունյանին և խնդրելով, որ գնալուց առաջ անպատճառ այցելի իրենց, վերադարձավ տուն:

Զազունյանը Էմմային թողեց շատ ծանր սրտով: Ոչ մի ժամանակ նրա սերն այնպես չէր բորբոքվել դեպի Էմման, ինչպես այդ կարճ միջոցում, միևնույն ժամանակ նրա սրտում ծագել էր անհուն խղճահարություն դեպի այդ անբախտ կինը: Թեև շատ անգամ նա Էմմայի մեջ տեսնում էր սիրահարության նշաններ, բայց և այնպես դարձյալ կասկածում էր այդ մասին, սակայն իր վերջին այցելությունից հետո նրան այլևս կասկածելու տեղիք չէր մնում — Էմմայի օտարոտի դրությունը պարզ ապացույց էր, որ այդ կինն իսկապես սիրում է նրան և սիրում է խենթի նման: Այդ գիտակցությունը, կարծես, հանկարծ կաշկանդեց նրա ոտները: Հեռանալու մտադրությունը հետզհետե թուլանում էր նա զգում էր, որ այդ այցելությունից հետո ինքը այլևս չի կարող հեռանալ — գնալ ընդմիշտ և այն էլ այդպես շուտ — մի կամ երկու օրից հետո: Էմման այժմ նրա համար ամեն ինչ էր — և՛ կյանք, և՛ երջանկություն, կարելի՞ էր միթե թողնել այդ կյանքը և երջանկությունը և հեռանալ — ո՞ւր...

«Ինչքա՜ն դժվար է», շշնջաց նա անհուն տանջանքով: Նա զգում էր, որ կամքն ընկճվում էր սիրո ուժի առջև: Ի՞նչ պետք է աներ, արդյոք հեռանա՞ր առանց Էմմային տեսնելու, թե, նախքան հեռանալը, դարձյալ այցելեր նրան. բայց նա գիտեր, որ այդ այցելությունից հետո արդեն ինքն այլևս բոլորովին անկարող կլինի հեռանալ, բոլորովին կնկճվի սիրո առջև, իսկ դրանից որքա՜ն թշվառություններ պետք է ծագեն:

«Ոչ, ոչ, առանց տեսնելու պետք է հեռանալ, առանց տեսնելու», մտածում էր նա: «Ահա վաղն նեթ, վաղն նեթ... թող ինչ ուզում են կարծեն, բայց ես առանց տեսնելու կհեռանամ…: Վաղն նեթ, վա...»:

Հանկարծ նա սարսափեց իր գլխում ծագած մի նոր մտքից — ի՞նչ կլինի արդյոք Էմմայի դրությունն իր հեռանալուց հետո: Եթե առանց նրան տեսնելու հեռանա ընդմիշտ, արդյոք դրանով գործն ուղղա՞ծ կլինի, արդյոք դրանով ամեն բան կվերջանա՞, թե դրանից մի ուրիշ, ոչ պակաս սարսափելի թշվառություն կծագի.. Չէ՞ որ Էմման սիրում է նրան և սիրում է գուցե նրանից էլ վառ՝ բորբոքված սիրով, և այդ պատճառով անկասկած չէ՞, արդյոք, որ Զազունյանն իր հեռանալովն ահագին հարված կպատճառի նրա սրտին: Եվ արդյոք Էմման կարո՞ղ է տանել այդ հարվածը… արդյոք հուսահատությունից նա որևէ դժբախտություն կ՞բերի իր գլխին...

Զազունյանը ցնցվեց:

— Ահա թե վեպը որտեղից է սկսվում, — ասաց նա լսելի կերպով, անցելով մի մութ փողոցով:

«Ոչ, անմտություն, մեծ անմտություն կլինի առանց նրան տեսնելու հեռանալ, — շարունակեց նա մտածել: — Պետք է, անպատճառ պետք է տեսնել նրան, առանձնապես տեսնել նրան, պետք է բացատրել նրան գործի դրությունը, պետք է բանալ նրա աչքերը, պետք է համոզել նրան, պետք է զգուշացնել նրան և այնուհետև… այո, այնուհետև համարձակ և հանգիստ խղճով կարելի է հեռանալ:

— Վճռված է, — ասաց նա համարյա բարձրաձայն, շարունակելով առաջ անցնել:

«Բայց ի՞նչպես տեսնել նրան առանձին, ո՞րտեղ, ե՞րբ», մտածեց նա և շուտով հուսահատվեց, որովհետև այդ հարցերին ոչ մի բավարար պատասխան չգտավ:

— Տե՛ր աստված, ի՞նչ անեմ, — արտասանեց նա խորին տանջանքով և նրա մտքերն սկսեցին խճճվել: Այժմ արդեն նա ամեն կողմից իրեն կաշկանդված էր զգում, ինչպես մի մարդ, որ ընկած է ձեռքն ու ոտքը կապկպված և ոչ մի հնար չի գտնում այդ կապանքից ազատվելու:

Սաստիկ հուսահատված՝ կեսգիշերին նա վերադարձավ հյուրանոց:

Գիշերը շատ անհանգիստ անցկացրեց: Հետևյալ օրը՝ նույնպես: Թե՛ մտավորապես և թե՛ ֆիզիկապես իրեն սաստիկ տանջված էր զգում: Շատ մտածելուց նրա ուղեղը կատարելապես հո՛գնել և անընդունակ էր դարձել մի նոր բան մտածելու: Ման էր գալիս շշմածի նման: Դուրս էր գալիս հյուրանոցից, թափառում էր ինքն էլ չիմանալով որտեղ և ինչու, նորից վերադառնում էր հյուրանոց և կարճ ժամանակից հետո հորից դուրս էր գնում, թափառում: Մի քանի անգամ ուզեց գնալ Մարկոսյանների տուն, բայց ոչ մի անգամ էլ չգնաց, ինքն էլ չիմանալով ինչու:

Այդպես անցկացրեց նա ամբողջ օրը: Գիշերը դարձյալ դուրս եկավ թափառելու: Արդեն բավական ուշ էր, երբ նա կամեցավ վերադառնալ իր սենյակը: Բայց հանկարծ զգաց, որ սաստիկ քաղցած է, այդ օրը նա ոչ թեյ էր խմել, ոչ ճաշել: Մտավ եվրոպական պայծառ լուսավորված ճաշարաններից մեկը և սպասավորի բերած խորտկացուցակի վրա ցույց տվեց առաջին պատահած կերակուրը: Պահանջեց և մի շիշ գինի: Այն սենյակում, որտեղ ինքն էր նստած, բացի իրենից, ուրիշ ոչ ոք չկար: Հեռավոր սենյակից մի քանի մարդկանց ձայներ էին լսվում, որոնք, ինչպես երևում էր, մի բան էին խաղում: Երկար ժամանակ անցավ, մինչև որ սպասավորը, վերջապես, բերեց պահանջած կերակուրը և գինին: Զազունյանը սկսեց ուտել և խմել: Սպասավորն երկրորդ կերակուրն էր բերել նրա համար, երբ հարևան սենյակներից մեկից դուրս եկավ մի բարձրահասակ սպա: Զազունյանը նայեց նրան և ճանաչեց:

Զագորսկին էր:

30

Իսկույն երևում էր, որ Զագորսկին բավական արբած էր: Նրա դեմքը կարմրել էր, աչքերը պղտորվել էին: Նա բավական գեղեցիկ տղամարդ էր, գեղեցիկ կազմվածքով և առավել ևս գեղեցիկ կապույտ աչքերով, որոնք նրա ձվաձև, սափրած դեմքին՝ մինչև անգամ արբած ժամանակ անձնավստահ-համարձակ և միևնույն ժամանակ քաղցր և գրավիչ արտահայտություն էին տալիս: Գլխարկն աչքերի վրա փոքր ինչ վայր թողած, նա ուզում էր անցնել Զազունյանի նստած սենյակով և դուրս գնալ, երբ հանկարծ նկատեց Զազունյանին, որը գլուխը դիտմամբ կախել էր կերակրի վրա, ցույց տալով, թե չի տեսնում նրան: Զագորսկին քայլը ծռեց և առանց շտապելու մոտեցավ նրան:

— Փառք աստծո, որ այս անգամ դեպքը հանդիպեցնում է մեզ միմյանց

շատ հաչող պայմաններում, — ասաց նա ֆրանսերեն, թեև սուր, բայց փոքր-ինչ խանձված ձայնով և կանգնեց նրա սեղանի առջև:

Զազունյանը գլուխը բարձրացրեց և մռայլ հայացքով լուռ նայեց նրան:

Զագորսկին ձեռքը տարավ դեպի գլխարկը և զինվորականի պատիվ տվեց նրան:

Զազունյանը գլուխն ամենևին չշարժեց:

Զագորսկին, ըստ երևույթին, բոլորովին ուշադրություն չդարձրեց դրա վրա:

— Թեև մենք մի քանի անգամ հանդիպել ենք միմյանց, — շարունակեց նա ռուսերեն, — բայց ամեն անգամ էլ դուք ինձ չտեսնելուն եք տվել: Մի անգամ էլ, երևի սխալմամբ, դուք նայեցիք ինձ, ես ձեզ բարևեցի, բայց պատասխան չստացա, ինչպես այս րոպեիս, բայց ի սեր աստուծո, մի կարծեք, թե այդ բոլորը հիշեցնելով, իմ նպատակս է, թեկուզ անուղղակի, հանդիմանել ձեզ: — Լավ լիցի: Ամեն մեկն իր անհատական իրավունքները և անբռնաբարելի կամքն ունի, այլապես մենք չենք ապրում մեր ժամանակներում: Բացի դրանից, ամեն մեկն իր հասկացողությունն, իր համոզմունքն ունի իրերի, երևույթների վերաբերմամբ, սխալ, թե ուղիղ — այդ ոչ ոքի գործը չէ, այդ միայն իր գործն է ամեն մեկն ինքն է իր արարքի պատասխանատուն: Սկզբունքը շատ գեղեցիկ է, և ես մանավանդ հետևում եմ այդ սկզբունքին: Դուք գիտեք, որ ես ազատամիտ մարդ եմ և ամեն բանի վրա նայում եմ անհատական իրավունքների տեսակետից, այդ պատճառով ես բոլորովին չեմ նեղանում, որ բարևիս չեք պատասխանում. այդ ձեր անհատական իրավունքն է, ձեր անբռնաբարելի կամքն է: Բայց հարգելով ձեր այդ իրավունքը, ես առավել ևս պետք է հարգեմ իմ իրավունքը — պաշտպանելու ինձ ձեզ համար ուղիղ, բայց ինձ համար սխալ այն կարծիքի, գուցե և համոզման վերաբերությամբ, որ դուք հայտնի անցքի պատճառով կազմել եք իմ մասին: Իմ նպատակս չէ փոխել իմ մասին ձեր ունեցած կարծիքը կամ համոզմունքը, որ, ինչպես ասացի, ձեզ համար ուղիղ է, բայց ինձ համար — սխալ, այլ այն, որ ինքս ինձ արդարացնեմ ձեր առջև և պաշտպանեմ իմ անհատական իրավունքները: Հուսով եմ, որ դուք բարեհաճ կգտնվեք դեպի ինձ և շնորհ կանեք լսելու: Թույլ կտա՞ք ինձ արդյոք նստել ձեր սեղանի մոտ:

Զազունյանը ձայն չհանեց: Նույն մռայլ հայացքով նա նայում էր ուրիշ կողմ:

Զագորսկին մնաց կանգնած:

— Այդ էլ ձեր անբռնաբարելի իրավունքն է, որ ես նույնպես հարգում եմ, — ասաց նա բոլորովին չվրդովվելով — Ես մի մազի չափ անգամ չէի նեղանալ և այն ժամանակ, երբ տեսնեի, որ ձեր այդ վարմունքը լոկ անքաղաքավարություն է: Ճշմարիտ ջենտլմենն ամեն դեպքում մեծահոգի պետք է լինի և ամեն բանի մեջ պետք է գիտենա տակտով վարվել: Ես կատարելապես հպարտանում եմ դրանով: Այս ինքնագովություն չէ, այլ՝ ճշմարտություն: Ազնվությունը հենց նրա մեջն է, որ մարդ չի ծածկում այն, ինչ որ զգում և մտածում է: Խավար մարդիկ միայն փախչում են լույսից: Համարձակությունն ազնիվների բաժինն է: Փոքրիկ, թշվառ մարդիկ միայն վախենում են: Ես արբած եմ, բայց ի՞նչ ունիմ ծածկելու, առանց իմ ասելու էլ այդ երևում է: Բայց խելքս կատարելապես գլխիս է: Դուք ինձ ատում եք, արհամարհում եք և գուցե զզվում եք ինձնից, բայց այդ չեք ծածկում: Ահա՛ ազնվություն: Եվ ես, իբրև ճշմարիտ ջենտլմեն, հարգում եմ ձեզ դրա համար նույնչափ, ինչ չափ որ կհարգեի, երբ տեսնեի, որ դուք ինձ սիրում և զատվում եք:

Նա վերցրեց գլխարկը, դրեց սեղանի շուրջը դրած աթոռներից մեկի վրա և, ծանր շունչ քաշելով, մի ձեռքով դիմհար տվեց աթոռի մեջքին, իսկ ոտներին X-ի ձև տվեց:

— И так! — շարունակեց նա և լռեց, — գուցե դուք ինձ այժմ շատ անքաղաքավարի և կոպիտ եք համարում, — ասաց նա, — ես խանգարում եմ ձեզ հանգիստ ճաշելու, այսինքն ընթրելու, և ոչ մի բերան ներողություն չեմ խնդրում ձեզնից: Ես իրավունք ունիմ ներողություն չխնդրելու, որովհետև դուք պարտավոր եք ինձ լսել: Կրկնում եմ, ես ուզում եմ պաշտպանել իմ անհատական իրավունքներս ձեր դեմ: Այնուամենայնիվ, դուք բոլորովին հանգիստ կարող եք անուշ անել ձեր ընթրիքը, միայն խնդրում եմ, որ բարեհաճեք ինձ լսել:

Զազունյանն այլևս չկարողացավ համբերել, նա վեր կացավ և ուզում էր հեռանալ:

— Դուք գնո՞ւմ եք, — կանչեց Զագորսկին և կանգնեց նրա առջև: — Ես ձեզ չեմ թողնի, — մինչև որ չլսեք ինձ:

— Ի՞նչ եք ուզում ինձնից, — բավական կոպիտ կերպով հարցրեց Զազունյանը:

— Ես ձեզնից ոչինչ չեմ ուզում, — պատասխանեց Զագորսկին, — միայն խնդրում եմ, որ բարեհաճեք նստել և լսել ինձ, որովհետև, կրկնում եմ, դուք պարտավոր եք ինձ լսել:

— Ես պարտավոր չեմ և չեմ կարող լսել զանազան դատարկաբանություններ, որոնք գինու շոգիի արդյունք կարող են լինել:

— Սխալվում եք, ազնի՛վ պարոն, — խստությամբ նկատեց Զագորսկին. — ես կարծում եմ, որ դուք անմիտ, երեխայական ատելությունից ավելի արբած եք, քան թե ես — գինուց: Խնդրեմ նստեցեք և լսեցեք ինձ:

— Ես չեմ ուզում ձեզ լսել:

— Դուք պարտավո՛ր եք ինձ լսել:

— Ես ոչ ոքի ոչինչ պարտավոր չեմ:

— Ինձ պարտավոր եք... Խնդրեմ նստեցեք: Ես պետք է պաշտպանեմ իմ իրավունքները:

— Դուք ինձ ծաղրո՞ւմ եք, — կանչեց կատաղած Զազունյանը:

— Ձեզ զարմանալի՞ է թվում, որ ես ձեզանից իրավունքներ եմ պահանջում, — ասաց Զագորսկին: — Դարձյալ ասում եմ. դուք իմ անհատական իրավունքներս ոտնակոխ եք արել, դուք իմ պատիվս ձգել եք նրանով, որ ինձ վրա վատ և սխալ գաղափար եք կազմել: Ես ուզում եմ պաշտպանել ինձ:

Զազունյանը բոլորովին զարմացավ:

— Չգիտեմ, ճշմարիտ, թե ես այժմ ում հետ գործ ունեմ, — ասաց նա ուսերը վեր քաշելով:

— Մի վախենաք, դուք խելագարի հետ չունիք գործ դարձյալ խստությամբ նկատեց Զագորսկին. — այլ գործ ունեք թեև արբած, բայց կատարելապես խելքը գլխին և ազնիվ մարդու հետ, իր պատվին նախանձախնդիր զինվորականի հետ: Խնդրեմ նստեցեք:

— Խնդրեմ, ճանապարհ տվեք:

— Խնդրեմ նստեցեք:

— Խնդրեմ ճանապարհ տվեք:

— Դուք թույլ չե՞ք տալիս, որ ես պաշտպանեմ իմ իրավունքներս և զինվորականի պատիվս, — մռայլ կերպով հարցրեց Զագորսկին:

— Եթե բանն այդտեղ ընկնի, ինձ ավելի է պատկանում պաշտպանել իմ իրավունքներս և պատիվս, — առավել ևս մռայլ կերպով պատասխանեց Զազունյանը:

Զագորսկին ժպտաց:

— Տեսնո՞ւմ եք, մենք չենք հասկանում միմյանց, — մեղմությամբ ասաց նա: — Գոնե դուք չեք հասկանում ինձ... Եվ այդ պատճառով ես դարձյալ խնդրում եմ ձեզ, որ շնորհ անեք նստել և լսել ինձ: Համեցեք: Ես կարճ կկտրեմ:

Ճար չկար. Զազունյանը նստեց և դեմքը շրջեց նրանից: Նա վճռեց, որ ինչ էլ ասի Զագորսկին, բոլորն անտարբերությամբ լսի:

— Դարձյա՞լ թույլ չեք տա ինձ նստել ձեր սեղանի մոտ, — հարցրեց ժպտալով Զագորսկին:

— Ինչպես կամենում եք, — սառնությամբ պատասխանեց Զազունյանը:

Զագորսկին մոտ քաշեց մի աթոռ, նստեց և, ձեռքը մի քանի անգամ անցկացնելով կարճ մազերի վրայով, ծանր շունչ քաշեց:

31

— Որպեսզի ինձ հասկանաք, — ասաց նա առաջվանից ավելի խանձված ձայնով, — դուք առժամանակ իրերի և երեվույթների վրա պետք է նայեք այնպես, ինչպես ես եմ նայում, այսինքն՝ անհատական իրավունքների և համոզմունքների տեսակետից: Չգիտեմ, դուք հասկանո՞ւմ եք ինձ թե ոչ...

Նրա ձայնը բոլորովին խանձվեց: Նա ծափահարեց և մի շիշ զելտերյան ջուր պահանջեց:

— Ես մի վատ սովորություն ունիմ, — ասաց նա, — երբ խմում եմ, ձայնս այսպես խանձվում է: Հա, չգիտեմ, դուք հասկանո՞ւմ եք ինձ, — շարունակեց նա, — Բայց ես ձեզ կբացատրեմ, թե անհատական իրավունք և անհատական համոզմունք ասելով ինչ եմ հասկանում: Ասացի, որ յուրաքանչյուր մարդ ունի իր անբռնաբարելի իրավունքները, որոնք միայն իրեն են վերապահված և որոնք ուրիշի նույն տեսակ իրավունքներից, եթե կարելի է այսպես ասել, մի տեսակ անջատ տարր են կազմում: Այդ — իրավունքները: Այժմ — համոզմունքները: Ասացի նույնպես, որ յուրաքանչյուր մարդ ունի իր սեփական հասկացողությունը, իր սեփական համոզմունքն իրերի և երևույթների վերաբերմամբ, սխալ թե ուղիղ, ասացի, այդ ոչ ոքի գործը չէ: Ուրեմն՝ այդ հասկացողությունն, այդ համոզմունքը նույնպես, եթե կարելի է այսպես ասել, կրկնում եմ, մի տեսակ անջատ տարր են կազմում ուրիշի նույն առարկայի, նույն երևույթի վրա ունեցած հասկացողությունից, համոզմունքիցդ: Օրինակներով խոսենք:

Նա լցրեց բաժակները զելտերյան ջրով: Մեկն — իր, մյուսը — Զազունյանի համար, Զազունյանինը նրա առաջը քաշեց, իսկ իր բաժակը վերցրեց, առանց շտապելու խմեց և առանց շտապելու վայր դրեց:

— Խնդրեմ անուշ արեք, եթե կամենում եք, — ասաց նա, — բավական սառն է A propos իզուր դուք չեք շարունակում ընթրել, ես ձեզ, կարծեմ, չեմ խանգարում:

Զազունյանը ոչ զելտերյան ջուրն անուշ արավ և ոչ շարունակեց ընթրել, և ոչ ձայն հանեց: Նա վճռել էր մարտիրոսաբար համբերել:

— Ասացի՝ օրինակներով խոսենք, — շարունակեց Զազորսկին, ետ ընկնելով աթոռի մեջքին: — Վերցնենք... այս սեղանը, որի առջև նստած ենք ես և դուք: Դուք իրավունք ունիք, ասելու, որ այս սեղանը ձերն է, ես նս իրավունք ունիմ ասելու, որ այս սեղանն իմն է, որովհետև սա ոչ ձերն է և ոչ — իմը, այլ ամենքինը, որոնք այս ճաշարանը կմտնեն, բայց որովհետև այս սեղանն առաջուց դուք եք բռնել, այդ պատճառով, քանի դուք նստած եք սրա առջև, սա ձերն է: Տեսնում եք, որ մեր իրավունքներն իսկապես հավասարազոր են միմյանց, բայց որովհետև պայմանները, որոնք — ի դեպ ասած — մեծ դեր են խաղում այսպիսի դեպքերում, ձեր օգտին են, այդ պատճառով իրավունքը ձերն է, ուրիշ խոսքով — այդ ձեր անհատական անբռնաբարելի իրավունքն է: Այժմ — համոզմունքը: Վերցնենք օրինակի համար, դարձյալ այս միևնույն սեղանը: Դուք կարող եք ասել, որ այն փայտի նշանակությունը, որից շինված է այս սեղանը, է — ձառ լինել՝ երկրի առողջապահությանը նպաստելու համար կամ այրելու փայտ լինել՝ մարմինը տաքացնելու համար: Այդ ձեր հայացքն է, ուրեմն և — ձեր համոզմունքն այս սեղանի վրա: Իսկ ես կարող եմ ասել, որ այն փայտի նշանակությունը, որից շինված է այս սեղանը, եղել է և պետք է լիներ սեղան, վրան ճաշելու կամ զելտերյան ջուր խմելու համար: Այ էլ իմ հայացքս է, ուրեմն և իմ համոզմունքը: Ուրեմն տեսնո՞ւմ եք, որ տարբեր հայացքներ ունենալով, տարբեր համոզմունքներ ունինք մենք այս միևնույն առարկայի վերաբերությամբ: Ոչ ես գործ ունիմ ձեր համոզմունքների հետ, ոչ դուք — իմ համոզմունքների հետ, ուրիշ խոսքով — յուրաքանչյուրն ունի իր անհատական ազատ համոզմունքը: Դրանք իմ հիմնական գաղափարներն են, որոնցով ես ղեկավարվում եմ կյանքի մեջ: Դրանք, իմ համոզմունքներով, ավելի գործնական են, իսկ ես գործնական մարդ եմ:

Նա ափի վրա փոքր-ինչ զելտերյան ջուր թափեց, մյուս ձեռքի ափով տրորեց և քսեց ճակատին:

— Չգիտեմ հայերդ ի՞նչպես, բայց կան ազգեր, որոնք չեն սիրում ֆրանսիացիներին, — դարձյալ շարունակեց նան — Օրինակ՝ գերմանացիները: Խոսքս այդ երկու ազգերի միջև գոյություն ունեցող, այսպես ասած, արենական թշնամությանը չի վերաբերում, որ հայտնի պատմական-քաղաքական անցքերի արդյունք է, այլ նրանց մտավոր և բարոյական կյանքին և հասկացողություններին: Ի՞նչ է գերմանացին, և ի՞նչ է ֆրանսիացին: Գերմանացին գաղափարի մարդ է, ֆրանսիացին՝ իրականության մարդ, ուրիշ խոսքով՝ գերմանացին իդեալիստ է, ֆրանսիացին — ռեալիստ, գերմանացին մետաֆիզիկ է, ֆրանսիացին... ի՞նչպես ասեմ… նու, կյանքի մարդ է, եթե կարելի է այդպես ասել: Ինքնըստինքյան հասկանալի է, թե ինչքան տարբերություն կա վերացականության և իրականության միջև, իդեալիզմի և ռեալիզմի միջև, մետաֆիզիկայի և կյանքի միջև: Ուրեմն հասկանալի է, թե ինչու, ոչ մի առնչություն չունենալով միմյանց հետ, գերմանացին պետք է ատի ֆրանսիացուն, և փոխադարձ: Շիլլերը — այդ երերուն օդի մեջ շրջող բանաստեղծը, գերմանացի միայն կարող էր լինել, իսկ ֆրանսիացիներից միայն կարող էր դուրս գալ Զոլան, որ հաստատ, մայր հողի վրա է ման գալիս: Բայց ո՞րն է ուղիղ և ո՞րը սխալ — գերմանացի՞ն, թե ֆրանսիացին: Հարցը լուծելու համար՝ մարդու վրա պետք է նայել այն տեսակետից, ինչ տեսակետից որ տեսնում և ճանաչում ենք նրան առօրյա կյանքում, այսինքն՝ որ նա այսօր կա, վաղը — չէ: Ուրեմն՝ եթե մարդու վրա նայենք իբրև ժամանակավոր հողանյութ արարածի վրա, որին մի, և, այն էլ կարճ կյանք է տրված, որից հետո նա դարձյալ պետք է հող դառնա, ապա պարզ է, որ ֆրանսիացին ամենաճիշտ կերպով ըմբռնել է այդ գաղափարը և դրա համեմատ էլ գործում է կյանքում կամ, ավելի ճիշտ ասած, օգուտ է քաղում կյանքից՝ բոլորովին հակառակ գերմանացուն:

Նա լցրեց դարձյալ մի բաժակ զելտերյան ջուր և խմեց: Զազունյանը կարծես չէր լսում նրան: Առանց ձայն-ծպտուն հանելու նա շարունակ նայում էր ուրիշ կողմ:

— Գուցե դուք այժմ մտածում եք, — շարունակեց Զազորսկին, — թե ինչո՞ւ ես, խոսակցությանս նյութը թողնելով, սկսեցի խոսել ֆրանսիացու և գերմանացու մասին, և ի՞նչ կապ կա խոսակցությանս նյութի և այդ երկու ազգերի համեմատության միջև: Եթե իսկապես այդպես եք մտածում, ապա ես պետք է ասեմ, որ սխալվում եք, թե ոչ մի կապ չկա: Խոսակցությանս նյութի և ֆրանսիացու ու գերմանացու համեմատությանս միջև մեծ կապ կա, որ ես իսկույն կպարզեմ: Ի՞նչ է իմ խոսակցությանս նյութը: — Այն, որ ես ուզում եմ հիմնավորապես ծանոթացնել ձեզ ինձ հետ՝ իմ բոլոր գաղափարներովս և հայացքներովս, իմ բոլոր մտավոր և բարոյական աշխարհովս, որովհետև, վաղեմի ընկերներ լինելով, տեսնում եմ, որ դուք ինձ բոլորովին չեք ճանաչում: Պարզելով ֆրանսիացու և գերմանացու միջև եղած տարբերությունը, իհարկե, այնպես, ինչպես ես եմ հասկանում, և ցույց տալով ֆրանսիացու համեմատական առավելությունը գերմանացու հանդեպ, իհարկե, դարձյալ իմ տեսակետից — իմ նպատակս էր բացառապես շեշտել ֆրանսիացու բնավորության վրա և դրանով թեև անուղղակի, բայց ճիշտ, հիմնավոր գաղափար տալ ձեզ իմ մասին: Առանց հակասելու իմ հիմնական գաղափարներիս, այսինքն՝ հարգելով գերմանացու անհատական անբռնաբարելի իրավունքներն և համոզմունքներն, ես, ինչպես դուք արդեն հասկացաք ինձ, բռնում եմ ֆրանսիացու կողմը, այսինքն՝ իմ բոլոր գաղափարներս և հայացքներս՝ շրջապատող իրերի և երևույթների, մի խոսքով — կյանքի վրա՝ նույնն են, ինչ որ ֆրանսիացունը: Ես կատարելապես հպարտանում եմ, որ ռուս եմ և անգամ մի հզոր ազգի, ես սիրում եմ իմ հայրենիքը և ազգն, ինչպես իմ հարազատներին, և նրանց փառքի համար, իբրև քաջարի զինվոր, շատ անգամ գնդակին և սրին դեմ եմ տվել կուրծքս և միշտ դեմ կտամ, չխնայելով արյունս և կյանքս արհամարհելով, բայց և այնպես ես մոլեռանդ չեմ: Հարգելով և սիրելով ազգային ինքնուրույնությունս, ես հարգում և սիրում եմ այն ճիշտ, անսխալ հայացքը կյանքի վրա, այն bon sens — որ ունի ֆրանսիացին և որին, կրկնում եմ, ես հետևում եմ:

Նա դարձյալ ծանր շունչ քաշեց և սկսեց ոլորել իր գեղեցիկ, փոքրիկ ընչացքը,

— Այժմ, կարծում եմ, ես ձեզ բավական մանրամասն տեղեկություն

տվի ինձ իսկապես ճանաչելու համար, — շարունակեց նա, — և չեմ կարծում, թե այլևս որևէ բան մնաց պարզելու: Ահա ես նստած եմ ձեր առջև առանց դիմակի, և դուք պարզ, թափանցիկ տեսնում եք իմ հոգին: Արդյոք փոխեցի՞ իմ մասին ձեր կազմած գաղափարը՝ թե ոչ, — այդ ինձ համար միևնույն է. բայց բացատրելով ձեզ, թե ինչ և ով եմ ես, վերականգնեցի իմ իրավունքները, վերականգնեցի իմ պատիվը: Իմ նպատակս այդ էր միայն: Ինչքան էլ ձեզ այդ օտարոտի թվա, բայց ճշմարիտ ջենտլմենին իսկապես այդ է հարկավոր միայն, ուրիշ ոչինչ: Սակայն այս էլ վատ չէր լինի, եթե դուք իմ այս բոլոր ասածներից դուրս բերեիք մի այսպիսի եզրակացություն. — որ ես կատարյալ իրավունք ունեի... «խլելու» ձեզնից ձեր կինն, ինչպես...

32

— Անպիտա՛ն, — ձեռքն ամուր խփելով սեղանին, բացականչեց Ջազունյանը հայերեն և, բարկությունից դողալով, վեր կացավ տեղից:

— Իզուր դուք այդ բառը չինարեն չասացիք, — ասաց Ջագորսկին ֆրանսերեն և նույն հանդարտ ձայնով, ինչպես խոսում էր առաջ, — որովհետև դուք գիտեք, որ ես հայերեն փոքր ի շատե հասկանում եմ: Այնուամենայնիվ, այդ բառն ես իսկույն հանում եմ իմ գլխից և քամու եմ տալիս: Սակայն ես կարծում եմ, որ կարելի է և չտաքանալ, որովհետև հաստատ համոզված եմ, որ ես գործ ունիմ լուսավորված և քաղաքակիրթ մարդու հետ:

Ջազունյանի համբերությունն անցավ սահմանը: Նա մի կատաղի և զզվանքով լի հայացք ձգեց Ջագորսկու վրա և վճռականապես դիմեց դեպի դուռը:

Սպասավորը, որ սեղանի հանած աղմուկից ներս էր շտապել, շտապով մոտեցավ նրան, նախքան նա դուրս կգնար, և շատ քաղաքավարությամբ հայտնեց նրան, որ նա շնորհ է արել ընթրիքի փողը չվճարել:

Ջազունյանը հանեց գրպանից պատահած թղթադրամը, շպրտեց նրա վրա և ուզեց դուրս գնալ:

— Նա ախր մեռավ, դուք չգիտեք, ես նրանից նամակ ունիմ ձեզ հանձնելու, — կանչեց նրա ետևից Ջագորսկին:

Ջազունյանի ոտները կարծես հանկարծ գամեցին հատակի վրա: Նա կանգ առավ զարմացած, մինչև անգամ վախեցած նայեց նրան արագ: Բայց տեսնելով Ջագորսկու մի տեսակ լրբությամբ ծածկաբար ժպտող դեմքը, չհավատաց նրան և դարձյալ ուզեց դուրս գնալ:

— Je vons jure, ես ճշմարիտ եմ ասում, — դարձյալ կանչեց նրա ետևից Զագորսկին:

Զազունյանը դարձյալ կանգ առավ, նա երկմիտ էր՝ հավատա՞, թե չհավատա:

Զագորսկին, առանց շտապելու, հանեց երկար թղթապանակը, թղթապանակի միջից սև շրջանակավոր մի ծրար և ուր ցույց տվեց Զազունյանին:

Զազունյանը մոտեցավ նրան:

— Բայց նախքան այս նամակը ձեզ հանձնելը, — սա առ Զագորսկին նամակը ձեռքին պահելով, — ես ինձ ստիպված եմ համարում, իբրև ճշմարիտ ջենտլմեն, ապացուցել ձեզ իմ իրավունքները հայտնի անցքի վերաբերությամբ, որով հետև...

Զազունյանն անհանգստության մի շարժում գործեց:

— Խնդրեմ, խնդրեմ, — ասաց Զագորսկին: — Ես շատ մեղմ լեզվով կխոսեմ, որովհետև տեսա, որ դուք իմ գոր ծածած «խլել» բառից շատ վրդովվեցիք, թեև այդ բառն իմս չէր, այլ... ձերը: Այո, պարոն, իբրև ճշմարիտ ջենտլմեն, ես ինձ ստիպված եմ համարում ապացուցել ձեզ իմ իրավունքները հայտնի անցքի վերաբերմամբ, որովհետև տեսնում եմ, որ դուք, չնայելով իմ փոքր-ինչ առաջ տված հիմնավոր, մանրամասն բացատրություններին, դարձյալ ինձ բոլորովին չեք հասկացել և հայտնի անցքի, ուրեմն և ինձ վրա դեռ շարունակում եք նայել առաջվա հայացքով: Շատ ցավում եմ, որ ինքներդ եք պատճառ դառնում ինձ ակամա երկար խոսելու, չնայելով, որ սկզբից ես ձեզ ասել էի, թե կարճ կկտրեմ: Կրկնում եմ իմ նպատակս չէ արդարացնել ինձ ձեր առջև, այլ այն, որ արդարացնեմ իմ իրավունքներս, և ձեր պարտականությունն է լսել ինձ:

Որքան էլ ծանր, որքան էլ անտանելի լիներ Զազունյանի համար այդպիսի մի ակամա խաղալիք լինել Զագորսկու ձեռքին, նա ստիպված էր եթե ոչ լսել, գոնե այնքան սպասել, մինչև որ կստանար նամակը:

— Խնդրեմ շնորհ արեք նստել, — ասաց Զագորսկին:

Զազունյանը շնորհ չարեց նստել, այլ մնաց կանգնած: Լուռ ու մունջ նա նայում էր ուրիշ կողմը:

— Ձեր ազատ կամքն է, — ասաց Զագորսկին: — Այժմ արդեն ես շատ կարճ կկտրեմ: Կխոսեմ միայն ընդհանուր գծերով: — Խոսքս բացառապես կնոջ մասին լինելով, պետք է ասեմ, որ ես կնոջ վրա առհասարակ նայում եմ օբյեկտիվ տեսակետից: Կանանց էմանսիպացիայից հետո, այժմ, մեր ժամանակներում, ծիծաղելի է, իհարկե, պաշտպանել նրանց իրավունքները: Այդ այդպես: Հետո — յուրաքանչյուր անհատի վրա ես նայում եմ իբրև մի ինդիվիդիումի վրա այդ մեկ, և երկրորդ՝ ես ոչ մի քաղաքացիական կամ բարոյական օրենք չեմ ընդունում, բացի, այսպես ասած, բնական օրենքից, որ գտնվում է իրեն՝ մարդու մեջ: Խոսքս, կրկնում եմ, բացառապես վերաբերում է կնոջն, երբ նա ամուսին է: Կինը մինչև այն ժամանակ է մի ադամ արդի ամուսինը, երբ սիրում է նրան, բայց երբ դադարեց նրան սիրելուց և սիրեց մի ուրիշ տղամարդի, այլևս առաջինի ամուսինը չէ, այդ հաստատ է: Այդպես է պահանջում բնական, այսինքն սիրո օրենքը, որ ամենաճիշտը և ամենապարզն է: Ես այլևս չեմ երկարացնում: Այդ բոլորից դուք կարող եք հետևցնել այն, ինչ որ հարկավոր է: Dixi, ես վերջացրի: Այժմ համեցեք այս նամակը:

Նա մեկնեց Զազունյանին նամակը:

Զազունյանն առավ և շտապեց դուրս գնալ:

Զագորսկին ժպտաց նրա ետևից, վերցրեց Զազունյանի համար լցրած զելտերյան ջուրը, խմեց, հանեց 22ի գիրը դրեց սեղանի վրա, վեր կացավ, գլխարկը ծածկեց և դուրս գնաց Զազունյանի ետևից:

Կեսգիշեր էր: Փողոցում անցուդարձը կտրվել էր: Զագորսկին շտապեցրեց քայլերը և հասավ Զազունյանին:

— Ինչո՞ւ դուք չեք ուզում լսել այն, — ասաց նա, նրա հետ առաջ գնալով, — ինչ որ, իմ կարծիքով, չեք գտնի այդ նամակում: Դուք իզուր եք ինձնից փախուստ տալիս, մանավանդ այժմ, երբ չկա այլևս մեր մեջ երկպառակություն ձգողը: Մենք կարող ենք առաջվա նման բարի բարեկամներ լինել, եթե դուք այդ ցանկանաք:

Զազունյանի կատաղությունը բորբոքվեց, բայց նա կարողացավ զսպել իրեն և լուռ առաջ անցավ:

— Նա մեռավ անցյալ տարի, — ասաց Զագորսկին, նրա ետ հավասար առաջ գնալով: — Մեռավ թոքախտից... Խնդրեց ինձ, որ այդ նամակը ձեզ ուղարկեմ, և ես, իբրև ճշմարիտ ջենտլմեն, այդ իմ սրբազան պարտականությունը համարեցի: Բայց որովհետև ինձ հայտնի չէր ձեր ուր լինելը, այդ պատճառով ես սրբությամբ պահեցի այդ նամակը, մինչև որ բախտը կամ հաջող դեպքն այս գիշեր հանդիպեցրեց մեզ միմյանց, և ես շնորհ ունեցա այդ սրբազան ավանդն իմ ձեռքովս ձեզ հանձնելու, թեև առաջ էի ուզում հանձնել, այն ժամանակ, երբ ես ձեզ բարևում էի, բայց դուք ինձ... չէիք տեսնում: Ես կատարեցի իմ պարտականությունս: Իսկ այժմ — adieu. Je vous souhaite le bon soier.

Նա զինվորական պատիվ տվավ, երկարաճիտ կոշիկների կրունկները խփելով իրար զրնգացրեց խթանները, դարձավ, կանչեց դատարկ անցնող մի կառք, առանց շտապելու գնաց նստեց և հեռացավ:

33

Զազունյանը չիմացավ ինչպես հասավ հյուրանոց և բարձրացավ վերև: Բաց արեց իր սենյակի դուռը, մտավ, մթության մեջ խարխափելով, մոտեցավ սեղանին և վառեց մոմը: Մինչև մոմը պայծառ լույս կտար, նա վերցրեց ցիլինդրը, համարյա շպրտեց սեղանի վրա, հանեց վերարկուն, ձգեց աթոռի վրա և Զագորսկուց ստացած ծրարը մոտեցրեց լույսին: Ծրարը պահված էր շատ մաքուր, կարծես հենց նոր էին փակել: Նրա վրա ոչինչ չկար գրած: Սև շրջանակը հանկարծ մի տեսակ ազդեց Զազունյանին: Դողդոջուն ձեռքով պատռեց ծրարը, հանեց պոստի նույնպես սև շրջանակավոր ազնիվ թուղթը և կարդաց կնոջ, ըստ երևույթին, հմուտ, բայց թույլ ձեռքով գրած հետևյալ տողերը.

«Աղաչում եմ, նախքան կարդալը, մի պատռեք և դեն մի շպրտեք այս նամակը: Այս տողերն ես գրում եմ մահվան անկողնում: Ի՞նչ նպատակով: Դուք կհասկանաք ինձ, եթե ձեզ ասեմ, որ ձեզ և Անուշիս թողնելով՝ ես ինձ կենդանի գերեզման դրի: Ես սիրում էի սրան, բայց արդեն շատ ուշ էր, երբ իմացա, որ խաբվել եմ... Աստված նրա հետ: Լսեցի Անուշիս մահը: Ո՛չ, ո՛չ, երբեք մի կարծեք, թե անվանս և պատվիս հետ՝ ես ծախեցի և մայրական զգացմունքներս: Այդ անկարելի է: Աստծուն է միայն հայտնի, թե որքան ես տանջվել եմ... Կներե՞ արդյոք նա ինձ: Հույս ունեմ, եթե միայն... դուք կներեք ինձ: Վերջին և ամենաջերմ փափագս այդ է: Այնուհետև ես հանգիստ կմեռնեմ օրհնելով ձեր անունը.,.»:

Նամակը ոչ ստորագրություն ուներ, ոչ թիվ և ոչ գրված էր, թե ում է ուղղված:

Զազունյանը նամակը կարդալիս չզգաց, թե ինչպես Զագորսկու պատճառած կատաղությունն իսպառ չքացավ: Մի տեսակ պայծառ զգացմունք կամաց-կամաց սկսեց լուսավորել նրա մռայլ հոգին: Ամեն, կատարելապես ամեն ինչ մոռանալով, նրան թվում էր, թե ինքը սավառնում է բարձր, բարձր, և զգում էր, թե ինչպես իր սիրտն՝ ազատ ամեն տեսակ զգացմունքներից՝ բաբախում է մեղմ, տխուր, բայց սրբազան երջանկությամբ: Եվ իրավ, ի՞նչը կհասներ ներման այն վեհ զգացմ ունքին, որ, որպես փրկության կաթիլներ, ցողում է մարդկային քարացած սրտի և հոգու վրա... Մոլորված կինը խղճի տանջանքների տակ՝ վերջին անգամ դարձյալ դեպի նա է դառնում — Դեպի իր ամուսինը և, մահվան անկողնում պարզելով նրան իր դողդոջուն ձեռքերը ներումն է հայցում...

Զազունյանի աչքերը լցվեցին արտասուքով:

Երկար ժամանակ, կարծես արձանացած, նա կանգնած էր սեղանի առջև: Նամակը դողում էր նրա ձեռքում, և նրա աչքերը չէին հեռանում նամակից:

Շուրջը և դուրսը կատարյալ լռություն էր տիրում:

Հանկարծ դռան մոտ մի թեթև շրշյուն նրա ուշադրությունն իր կողմը դարձրեց: Նա արագ դարձավ դռան կողմը և ակամա ետ ու ետ գնաց: Այն, ինչ էր այդ րոպեին ներկայացավ նրա աչքերին, տեսիլ միայն կարող էր լինել, ուրիշ ոչինչ...

Նա աչքերը փակեց և ձեռքը թափահարեց դեմքի առջև, կարծես դեմքից մի բան քշելով: Աչքերը նորից բաց անելով, նույն տեսիլը ներկայացավ նրան դռան մոտ կանգնած:

Հանկարծ նա մի քանի քայլ առաջ վազեց, կարծես մեկն ետևից հրեց նրան, հանկարծ կանգ առավ և ձեռքերը տարածեց դեպի տեսիլը:

— Է՛մմա, — բացականչեց նա:

Տեսիլը շարժվեց և ընկավ նրա գիրկը:

— Է՛մմա, — շշնջաց Ջագունյանը:

Նրանց շրթունքները հանգան իրար վրա:

— Է՛մմա... ի՞նչպես այս կեսգիշերին... ինձ մոտ...

— Չգիտեմ… — չգիտեմ, շշնջաց Էմման, ամուր սեղմվելով նրա կրծքին:

— Է՛մմա... — կրկնեց Ջագունյանը, — մի՞թե այս երազ չէ: :

— Երազ... օ՜հ, երազ... — Եվ Էմման իր սիրուն գլուխը, որից ընկել էր շալը, ավելի սեղմեց նրա կրծքին:

Ջագունյանի ձեռքերն անզգայաբար գրկեցին նրա ճկուն իրանը, շրթունքները կպան նրա փայլուն մազերին:

Մի կարճ միջոց երկուսն էլ ոչ մի խոսք այլևս չկարողացան արտաասանել: Ջագունյանն իր կրծքի վրա զգում էր Էմմայի դեմքի ջերմությունը, Էմման լսում էր Ջագունյանի սրտի արագ զարկը:

Վերջապես կամաց-կամաց Ջագունյանն սթափվեց, նա մի տեսակ անմիտ հայացքով նայեց շուրջը զգուշությամբ թողեց Էմմային և կամաց հեռացավ նրանից:

— Գնա՛ այստեղից, Էմմա, — ասաց նա խուլ ձայնով, աշխատելով չնայել նրան:

Էմման միայն անմեղ, անհուն երջանկությամբ ժպտաց և լուռ տարածեց դեպի նա իր դողդոջուն ձեռքերը, կարծես նրան դարձյալ իր գիրկն էր կանչում:

— Էմմա, գնա այստեղից, — կրկնեց Ջագունյանը:

— Ո՞ւր:

— Ձեր տուն:

— Ինչո՞ւ:

— Ես վախենում եմ:

— Ո՞ւմից...

— Քեզնից... քեզնից... գնա:

— Արսե՛ն...

— Գնա, գնա, աղաչում եմ:
— Դու կփախչես:
— Ես քո ստրուկն եմ, Է՛մմա
— Կփախչես, կփախչես, Արսեն... հազիվհազ գտել եմ քեզ…
— Է՛մմա, հավատո՞ւմ ես, որ ես սիրում եմ քեզ:
Էմման ձեռքերը տարածած մի քայլ առաջ վազեց:
— Ի՞նչ ասացիր... դու... ինձ... սիրում ես. ախ, աստված իմ, այս ինչ լսեցի... Իսկ ես քեզ ո՛րքան եմ սիրում...
— Ուրեմն գնա... այս անգամ գնա:
— Թող մի փոքր էլ մնամ, Արսեն:
— Չէ, չէ, Էմմա, աղաչում եմ, գնա, գնա, իսկույն:
Էմման մի հուսահատական շարժում գործեց:
— Ո՞ւր գնամ, — ասաց նա: — Չէ՞ որ ես այստեղ դրախտումն եմ: Ահա այստեղ ինձ համար խելոք կնստեմ, ոչ կխոսեմ, ոչ ձայն կհանեմ, ոչինչ չեմ անի... միայն թող որ նայեմ քեզ:
— Իմ սիրույս համար, կմնա...
Այն աստիճան տանջանքով և աղերսանքով էին արտասանված այդ բառերը, որ Էմման այլևս չկարողացավ հակառակել: Նա միայն նախ լուռ ու անթարթ նայեց Զազունյանի աչքերին, հետո կամաց շուռ եկավ և կամաց գնաց դեպի դուռը: Դռան մոտ նա հանկարծ կանգ առավ և ճակատը սեղմեց դռանը:
— Ախ, չե՛մ կարող, չե՛մ կարող, — սաստիկ հուսահատությամբ կանչեց նա:
— Իմ սիրույս համար, Է՛մմա, — կրկնեց Զազունյանը:
— Գոնե երդվիր, որ չես գնա:
— Մի՞թե ինձ չես հավատում, Էմմա:
Էմման դուրս վազեց:
Մոտ քառորդ ժամ Զազունյանը կանգնած էր արձանացած՝ աչքերը դռանը հառած: Ի՞նչ էր զգում և ի՞նչ էր մտածում նա... Հանկարծ նա մտածեց, որ կեսգիշերից անց է, որ Էմման ամենայն հավանականությամբ մենակ էր եկել, որ փողոցներում հազար ու մի կասկածավոր մարդիկ են շրջում, որ...
Խենթի նման վեր թռավ տեղից, հենց այնպես գլխաբաց դուրս վազեց փողոց և նայեց այս ու այն կողմը: — Ո՞վ կար կամ այն մթության մեջ ո՞վ պետք է երևար: Նա վազեց Մարկոսյանների տան կողմը: Ճանապարհին ոչ մի մարդ չպատահեց: նա հասավ Մարկոսյանների տանը, նայեց դռանը, — փակ էր, նայեց բարձր լուսամուտներին — ճրագի լույս չկար: Երկար ժամանակ չէր իմանում՝ հեռանա՞, թե մնա. արդյոք Էմման հասե՞լ է տուն և նե՞րս է մտել, թե դեռ ճանապարհին է... արդյոք ճանապարհին մարդի՞կ պատահեցին, արդյոք... սաստիկ երկյուղն ու

հուսահատությունը պաշարեցին նրան, միևնույն ժամանակ նա սաստիկ կատաղեց իր դեմ, որ այդ կեսգիշերին Էմմային մեն-մենակ ճանապարհ ձգեց:

Երկու ժամից հետո, ոչ մեռած և ոչ կենդանի, վերադարձավ հյուրանոց, մտավ իր սենյակը և ընկավ մահճակալի վրա: Երկար ժամանակ պառկած էր անշարժ, հետո հանկարծ վեր ցատկեց տեղից և լռած աչքերով նայեց այս ու այն կողմը:

— Չլինի՞ թե այս բոլորն երազ էր միայն, — ասաց նա ինքնիրեն:

34

Հետևյալ օրը, երբ նա աչքերը բաց արեց, տեսավ Զաքարին սեղանի մոտ նստած:

— Զաքա՞ր... ի՞նչ կա, ի՞նչ է պատահել, — կանչեց նա սաստիկ վախեցած, տեղից իսկույն վեր թռչելով:

— Ի՞նչ պետք է պատահի, ի՞նչպես ես վեր թռչում, — զարմացավ Զաքարը, վեր կենալով և մոտենալով նրան» — Ե՛ս պետք է քեզ հարցնեմ, թե ինչ է պատահել, որ այդպես առանց հանվելու ես քնել: Երևի արբած ես եղել:

Զազունյանը ազատ շունչ քաշեց, կարծես մի ծանր, անտանելի ծանր բեռ ընկավ նրա սրտից: Նա նայեց իրեն, և տեսավ, որ, իրավ, առանց հանվելու է քնել: Գիշերվա անցքը նորից սկսեց մտատանջել նրան, թե արդյոք այն իսկապե՞ս երազ էր, թե իրողություն:

— Համարյա, — պատասխանեց նա ոչ իսկույն: — Բայց այս ի՞նչ է. այս ժամանակ դու իմ սենյակո՞ւմ:

— Իհարկե կզարմանաս, քանի որ մոռացել ես, թե մեզ ի՛նչ ես ասել և ինչ ես խոստացել, — ասաց Զաքարը: — Անցյալ օրը մեզ ասում ես, թե մեկ կամ երկու օրից պետք է հեռանաս և խոստանում ես հեռանալուց առաջ այցելել մեզ, այնինչ երեկ բոլորովին ոտք չես դնում մեր տուն: Երեկ երեք անգամ եկա այստեղ, բայց ոչ մի անգամ էլ քեզ այստեղ չգտա: Այսօր էլ վախենալով, թե միգուցե մեզ մոռացած լինես և առանց մեզ տեսնելու հեռանաս դու այնպիսի մարդ ես, որ զարմանալի էլ չէ, եթե այդպիսի բան անես, ահա այսպես վաղ-վաղ գալիս եմ քեզ մոտ: Ասենք, էլ ինչ վաղ է, քանի ժամանակ է նստած եմ այստեղ:

— Ի՞նչ ես ասում, — զարմացավ Զազանյանը:

— Այո՛: Խո անհանգիստ չէի անի քունդ, մանավանդ որ տեսնում էի՝ ուշ ես պառկել քնելո՛ւ, որովհետև եթե վաղ պառկած լինեիր, ինչքան էլ արբած լինեիր, դարձյալ ժամանակ կգտնեիր հանվելու և դուռը փակելու: Բայց այդ չէ, Արսեն, ահա ինձ ինչ է հետաքրքրում: Այս ի՞նչ է:

Նա վերցրեց սեղանի վրայից մի թուղթ և ցույց տվեց Զազունյանին:

Զազունյանը նայեց և ցնցվեց, կնոջ նամակն էր, որ թողել էր սեղանի վրա և որի գոյությունը բոլորովին մոռացել էր:

— Ի՞նչ է, — հարցրեց նա իր կողմից, ինքն էլ չիմանալով, թե ինչ է ասում:

— Այս նամակը: Ներիր, որ հետաքրքրությունս չկարողացա զսպել և կարդացի: Ո՞ւմն է գրած:

— Ինձ:

— Ո՞վ է գրել:

— Կինս:

— Դու կի՞ն ունես:

— Ունեի:

Զաքարը զարմանքից ապուշ կտրած՝ նայեց Զազունյանի աչքերին:

— Հետո, այստեղ մի անուն կա, — ասաց նա, նայելով նամակին: Անուշ... ո՞վ է:

— Աղջիկս:

— Ուրեմն դու համ կին ես ունեցել, համ աղջիկ:

— Այո:

Զաքարը նամակը դրեց սեղանի վրա և ձեռքերը զարկեց իրար:

— Ահա թե ում համար է ասված՝ մարդը գիշերից էլ մութ է, — ասաց նա: — Երբեք մտքովս էլ չեմ անցկացրել, թե դու կարող ես ամուսնացած լինել և զավակ ունենալ: Իսկ դու ինչո՞ւ էիր այդ բանն ինձնից ծածկում: Դու մի ամբողջ ռոման, մի ամբողջ պատմություն ես ունեցել և ինձ ոչ մի խոսք չես ասել: Այդ ներելի՞ է քեզ, մեր բարեկամությանը, մեր եղբայրությանը: Ապա ի՞նչպես չնեղանամ քեզնից, ի՞նչպես չնե ղանամ: Է՜հ...

Նա ձեռքը թափահարեց և նստեց սեղանի մոտ:

Զազունյանը կանգնած էր անշարժ:

Կարճ ժամանակ լռություն տիրեց:

— Ե՞րբ ես ստացել այս նամակը, — հանկարծ հարցրեց Զաքարը:

— Երեկ գիշեր, — պատասխանեց Զազունյանը:

— Գիշե՞րը... Ո՞ւմից…

— Զազորսկուց:

— Զազորսկո՞ւց, — խիստ զարմացավ Զաքարը:

— Այո:

— Հետո՞:

— Հետո ի՞նչ, — ասաց Զազունյանը, նստելով մահճակալի վրա:

— Զազորսկուց ինչո՞ւ պետք է ստանայիր այս նամակը, ի՞նչ է շինում նրա ձեռքին:

— Կինս նրան էր սիրում:

— Զագորսկո՞ւն, — բացականչեց Զաքարը:
— Այո:
Զաքարը բոլորովին ապուշ կտրեց:
— Աստված է վկա, Արսեն, ես ոչինչ չեմ հասկանում, — ասաց նա վեր կենալով և մոտենալով նրան: — Հետո՞, հետո ի՞նչ, — անհամբերությամբ հարցրեց նա: — Պատմիր, թե աստվածդ կսիրես:
— Ի՞նչ պատմեմ, արդեն պարզ է, — ասաց Զազունյանը: — Կինս սիրում էր Զագորսկուն, — թողեց ինձ և փոքրիկ աղջկան և հեռացավ նրա հետ: Մի տարուց հետո՝ աղջիկս մեռավ, իսկ ես անձնատուր եղա ճանապարհորդության, վիշտս մոռանալու համար: Այսքան ժամանակ ոչ մի տեղեկություն չունեի կնոջս մասին և չէի էլ ուզում ունենալ, բայց երեկ գիշեր ճաշարանում Զագորսկին պատահմամբ հանդիպեց ինձ և տվեց այդ նամակը: Այս է բոլորը:
Զաքարը բերանը բաց նայում էր նրան: Նրա դեմքի վրա այս անգամ երևում էր սաստիկ կարեկցություն:
— Ի՛նչ թշվառ մարդ ես վերջապես ասաց նա հառաչելով և նամակը նորից վերցնելով սկսեց մտքումը կարդալ: — Ի՛նչ թշվառ է և այս կինը, — ասաց նա, նամակը կարդալուց հետո, աչքերը չհեռացնելով նրանից: — Ուրեմն այդպես, հը՞, — կարճ լռությունից հետո ասաց նա: — Հիմա եմ հասկանում, թե ինչո՞ւ դու այնպես խույս էիր տալիս Զագորսկուց. դու մի՛ ասի ձեր մեջ մի այդպիսի բան է եղել... Բայց Զագորսկին, Զագորսկին... ի՞նչ կկարծեի, թե նա այդ աստիճան ստոր կերպով կվարվի քեզ հետ... Իսկ քո կինն էլ, բարեկամ, ինչպես երևում է, ներիր ինձ, լավ պտուղ չի եղել: Ես Զագորսկուն այնքան չեմ մեղադրում, որքան նրան: Եթե նա լավ...
— Իսեր աստծո, Զաքար, թողնենք այս խոսակցությունը և մոռանանք ամեն բան, — ասաց Զազունյանը, վեր կենալով տեղից: Նրա համար չափից դուրս անտանելի էր խոսել այդ մասին, մանավանդ Զաքարի հետ, որին բախտը, թեև իրենից այժմս ծածուկ, վիճակել էր նույն դերը կատարելու, ինչ դեր որ կատարում էր այդ բանում ինքը — Զազունյանը:
— Բայց մի բան, — ասաց Զաքարը: — Այս ե՞րբ է պատահել:
— Ի՞նչը, մահը... Անցյալ տարի...
— Անցյա՞լ տարի... Չէ, ես այդ չեմ ա...
— Ասացի թողնենք այս, թողնենք:
Կարճ ժամանակ լռություն տիրեց:
— Բայց դու ներո՞ւմ ես նրան, — հանկարծ հարցրեց Զաքարը:
— Ներում եմ:
— Անկե՞ղծ սրտով:
— Բոլորովին անկեղծ սրտով:
— Զաքարը դարձյալ կարեկցությամբ նայեց նրան:
— Խե՛ղճ Արսեն, — ասաց նա:

Զազունյանը հոնքերը կիտեց:

— Ինձ մի՛ խղճա, — խուլ ձայնով ասաց նա և հանեց սյուրտուկը, որպեսզի լվացվի: — Ժամը քանի՞սն է:

Զաքարը հանեց ժամացույցը և նայեց:

— Պահ, շուտով տասնմեկը կլինի, — կանչեց նա անհանգստությամբ: — Ես պետք է գնամ ախր հիվանդանոց, քնելդ ինձ էժան նստեց: Կշտապեմ: Բայց, լսիր, Արսեն, ինչ եմ ասում: Ի սեր աստծո, գնա մեր տուն, ճաշին մեզ մոտ կլինես: Այսօր, ինչպես տեսնում եմ, դու բոլորովին միտք էլ չունես մեկնելու: Չէ՞:

— Այսօ՞ր, չէ, այսօր չեմ կարող, — պատասխանեց Զազունյանը:

— Ուրեմն ինչ ուզում է լինի, էլի մի քանի օր կմնաս այստեղ:

— Չգիտեմ... գուցե...

— Հա, հա, մնա, թե աստված կսիրես, մնա, — ասաց Զաքարը գլխարկը ծածկելով: — Իսկ այսօր, հենց հիմա, հագնվելուց հետո, գնա մեր տուն: Ժամը մեկին կամ երկուսին էլ ես կվերադառնամ: Առայժմ ցտեսություն: Անպատճառ գնա:

Եվ նա շտապով դուրս գնաց:

Զազունյանը տխուր հայացքով նայեց նրա ետևից:

— Թշվառական, ի՞նչ ես ինձ այդպես ստիպում, — ասաց նա: — Եթե գիտենաս, թե ով եմ ես... Բայց չէ՛, չէ՛, քո անկեղծ հավատը կփրկե քեզ...

Լվացվելուց հետո նա հագուստը փոխեց, որովհետև անկողնում բավական ճմռվել էր: Հագնվելուց հետո նա դեռ չէր վճռել՝ գնա՞ Էմմայի մոտ, թե ոչ: Բայց որովհետև գիշերվա հանելուկը նրան քանի գնում, ավելի էր մտատանջում, այդ պատճառով նա այլևս երկար չսպասեց և վճռեց գնալ: Հանելուկն ուզում էր շուտով լուծել:

Նա ծածկեց ցիլինդրը և դուրս գնաց:

35

Նա նոր էր մտել հյուրասենյակը, երբ հանկարծ երեխայի նման ներս վազեց Էմման և ուղղակի փարվեց նրա վզովը կանչելով՝

— Արսեն... դու չե՞ս փախել, դու չե՞ս փախել:

Եվ նախքան Զազունյանը ուշքի կգար, նա ամուր համբուրեց նրա ականջի մոտ և բաց թողեց նրան:

— Է՛մմա, Է՛մմա, — շշնջաց Զազունյանը սարսափած: — Դու մոռանում ես, որ ես ձեր հյուրն եմ, որ ես իմ բարեկամիս տանն եմ գտնվում...

— Իմ ի՞նչ գործն է, — մի տեսակ չարաճճի, միամիտ ժպիտով ասաց

Էմման: — Կարծես թե այդ ինձ համար որևէ նշանակություն ունի... Ես քեզ եմ սիրում, դու ինձ ես սիրում, պրծավ գնաց... մի՞թե դրանից դուրս աշխարհիս երեսին ուրիշ բան գոյություն ունի մեզ համար: Երեկ գիշեր ինձ դրախտից դուրս արիր, ուղարկեցիր այս դժոխքը, հիմա դրախտն այստեղ ես բերել և դարձյալ ինչ-որ հիմար բաներ ես հիշեցնում:

Զազունյանը բոլորովին սարսափած նայում էր նրան:

— Ուրեմն այդ ճշմարիտ է, — շշնջաց նա:

— Ի՞նչը:

— Որ երեկ գիշեր դու ինձ մոտ էիր:

— Ախ: քեզ է՞լ այդ երազ է թվում, — կանչեց Էմման ուրախ կչկչալով: — Երևակայիր, ես էլ ոչ մի կերպ չեմ ուզում հավատալ, թե երեկ գիշեր քեզ մոտ էի, այնինչ, ախր, իսկապես քեզ մոտ էի: Ի՞նչ էիր անում դու, երբ ես մտա քեզ մոտ... Ես ոչինչ, ոչինչ չեմ հիշում, միայն այն եմ հիշում, որ դու... վռնդեցիր ինձ:

Նա երեխայի նման խնդաց:

Զազունյանի լեզուն կարծես կապվել էր. նա միայն անթարթ նայում էր Էմմայի գեղեցիկ, չարաճճի դեմքին:

— Ի՞նչ ես ինձ այդպես նայում, — կանչեց Էմման, ավելի խնդալով: — Վա՛, մի՛ նայիր ինձ այդպես, ծիծաղս գալիս է...

— Բայց այն կեսգիշերին ինչո՞ւ եկար, Էմմա, — հարցրեց Զազունյանը, որ ինքն էլ չէր իմանում, թե ինչ է ասում:

— Ինչո՞ւ եկա, — դժգոհությամբ կանչեց Էմման: — Ի՞նչ է նշանակում՝ ինչո՞ւ եկա:

— Այսինքն՝ ուզում եմ ասել՝ ինչպե՞ս եկար, ինչպե՞ս չվախեցար:

— Ախ, այդ էլ հարցնելու բան չէ: Ի՞նչ է նշանակում՝ ի՞նչպես եկար, ի՞նչպես չվախեցար: Մի՞թե դու ինձ այն դրության մեջ էիր ձգել, որ ես որևէ բանից վախենայի: Եթե մինչև անգամ գիտենայի, որ ճանապարհին միլիոնավոր գազաններ կպատահեն, դարձյալ կգայի: Երևակայիր, անցյալ օրը հանկարծ, անսպասելի կերպով հայտնում ես, թե մի կամ երկու օրից հետո, այսինքն՝ երեկ կամ այսօր անպատճառ պետք է հեռանաս այստեղից, ես խնդրում եմ, որ հեռանալուց առաջ այցելես մեզ, իսկ դու... Երեկ ամբողջ օրը սպասում էի, սպասում — ո՛ւր է... Այլևս համբերություն կմնա՞ր, ինքդ ասա, այլևս կարո՞ղ էի համբերել: Չեմ կարող ասել, թե ինչպես տանջվում էի ես, որ մտածում էի, թե դու. կարող ես, առանց ինձ տեսնելու, հեռանալ այստեղից կամ արդեն հեռացած կլինես: Ես պարզապես խելագարված էի: Կեսգիշերին ի՛նչպես եկա քեզ մոտ — ինքս էլ չգիտեմ, միայն երբ սենյակիդ դուռը բաց գտա և ներս մտնելով քեզ տեսա այնտեղ... Ա՛խ, եթե իսկույն մեռնեի էլ, միևնույնը կլիներ ինձ համար... Բայց ո՛րքան անխիղճ վարվեցիր դու ինձ հետ, Արսեն, հենց նոր մտել էի, իսկ դու իսկույն վռնդեցիր ինձ:

— Բայց ի՞նչպես հասար տուն, — հարցրեց Զագունյանը:

— Ի՞նչպես հասա... Թռա, ա՛յ, այնպես, ինչպես թռչում են ծտերը — թը՛ռռռ... Հավատա, ես թևեր ունեի... ինչպե՛ս թեթև թռչում էի: Հիմա էլ կարող եմ թռչել, գիտե՞ս: Կուզես, թռչեմ:

Իրավ, նա թռավ և փարվեց Զագունյանի վզովը:

— Է՛մմա, է՛մմա, — դարձյալ սարսափած շշնջաց Զագունյանը և ազատվեց նրա գրկից: — Ի՞նչ ես անում:

— Թռչում եմ, — կանչեց Էմման կչկչալով:

— Բայց այդ թռիչքները շատ վտանգավոր են:

— Ի՛նչ անեմ... ես թևեր ունեմ և թռչում եմ...

— Է՛մմա...

— Ախ, անունս այդպես մի արտասանիր, չեմ սիրում... այ, այնպես խոսիր ինձ հետ, ինչպես ես եմ քեզ հետ խոսում:

— Այստեղ մարդ կարող է մտնել, Էմմա, քիչ հանգիստ:

— Ո՞վ կմտնի, ո՞վ կարող է մտնել... Թող թեկուզ հենց մտնեն, ի՞նչ է որ:

Զագունյանը բոլորովին շփոթվել էր, նա չգիտեր ինչպես հանգստացներ Էմմային, որը մի կատարյալ չարաճճի երեխա էր դարձել:

— Թե սիրում ես ինձ, Էմմա, հանգիստ, — կամաց արտասանեց նա: — Քո տեղ ես եմ վախենում:

— Վախենո՛ւմ... Տե՛ր աստված, սա միշտ տարօրինակ բաներ է ասում... Ի՞նչ է նշանակում՝ վախենում... մի՞թե մենք որևէ բանից կարող ենք վախենալ, երբ միմյանց մոտ ենք: Ո՞ւմից կամ ի՞նչից պետք է վախենանք:

— Մեր խղճից, Էմմա, մեր խղ...

Էմման ձեռքով իսկույն փակեց նրա բերանը:

— Մի՛, մի՛, — կանչեց նա շնչասպառ, — այդ խոսքը չեմ ուզում...

Զագունյանը տեսավ, թե ինչպես նրա զվարթ, պայծառ, կենդանությամբ շնչող դեմքը մի ակնթարթում գունատվեց:

— Ուրեմն տեսնո՞ւ...

Էմման ավելի պինդ սեղմեց ձեռքը նրա բերանին:

— Լռի՛ր, — շշնջաց նա: — Ի՞նչ եմ անում դժոխքը, երբ դրախտի մեջ եմ... Լռի՛ր: — նա ձեռքը հեռացրեց Զագունյանի բերանից և, դնելով իր շրթունքներին, շշնջաց. — սո՛ւ սո՛ւ... Ի՞նչպես անցրիր գիշերը, — հանկարծ հարցրեց նա առաջվա ուրախ և զվարթ ձայնով:

Զագունյանը շատ տխուր նայեց նրան և նստեց:

— Շատ վատ, — ասաց նա ոչ իսկույն:

— Ախ, ինչո՞ւ այսօր շարունակ այդպիսի վատ բաներ ես ասում, — խիստ դժգոհությամբ կանչեց Էմման: — Բայց ապա մեկ ասա տեսնեմ, թե ինչու գիշերդ վատ պետք է անցկացնեիր. — հանկարծ ասաց նա, նստելով նրա կողքին, մոտիկ մի ուրիշի աթոռի վրա:

Զազունյանը դարձյալ նայեց նրան:

— Իսկ դու ի՞նչպես անցկացրիր, — պատասխանելու տեղ հարցրեց նա:

— Չէ, դեռ դու ինձ պատասխանիր, թե ինչո՞ւ գիշերը վատ պետք է անցկացնեիր:

— Որովհետև այն կեսգիշերին քեզ մենակ ճանապարհ դրի և չգիտեի, անվտա՞նգ տուն հասար, թե ոչ:

— Հա՛, հա՛, հա՛, — բարձրաձայն սկսեց ծիծաղել Էմման: — Ինչո՞ւ ինձ մենակ ճանապարհ դրիր

— Խելքս գլխի՞ս էր: Հետո, երբ հանկարծ հիշեցի, թե ի՛նչ աններելի սխալ եմ գործել, իսկույն խենթի նման դուրս վազեցի և եկա մինչև այստեղ, ձեր տուն: Բայց էլ ինչ կօգներ, ոչ իմացա, թե դու անվտանգ տուն ես հասել, ոչ էլ իմացա, թե ճանապարհին քեզ որևէ վտանգ է պատահել, և այնպես էլ վերադարձա: Ամբողջ գիշերն աչքս չեմ խփել: Առավոտյան հազիվհազ քունս եկել էր և հենց այնպես առանց հանվելու էլ քնել եմ:

— Հետո՞, — հարցրեց Էմման, որ, հազիվ զսպելով ծիծաղը, շարունակ նայում էր նրան:

— Հետո ի՞նչ: Մեկ էլ աչքերս բաց եմ անում՝ տեսնեմ Զաքարը նստած է սենյակումս: Սկզբում խիստ վախեցա, կարծեցի, թե գիշերն անպատճառ քեզ մի բան է պատահել ճանապարհին, որ եկել է ինձ մոտ, բայց որ իմացա, թե նա միայն ինձ հրավիրելու է եկել, ազատ շունչ քաշեցի:

— Հա՛, հա՛, հա՛, — ազատություն տվեց Էմման իր ծիծաղին: — Բայց ո՞րտեղ է երազը, էլ ո՞րտեղից էր իմ այցելությունը քեզ երազ թվում:

— Իհարկե, երազ էր ու երազ, քանի որ ոչ մի ակներև փաստ չկար, որ հաստատեր, թե դու գիշերն իսկապես այցելել ես ինձ: Ահա հիմա միայն իմացա, որ այդ երազ չի եղել:

— Հա՛, հա՛, հա՛, — դարձյալ ծիծաղեց Էմման: — Բայց եթե իսկապես երազ լիներ միայն, այն ժամանակ ի՞նչ կանեիր, — հանկարծ հարցրեց նա և հետաքրքրությամբ նայեց Զազունյանի դեմքին:

— Ի՞նչ պետք է անեի, — չիմանալով ինչ պատասխաներ, ասաց Զազունյանը: — Կհեռանայի, — հանկարծ դուրս թռավ նրա բերանից:

— Առանց ինձ տեսնելո՞ւ, — շտապով հարցրեց Էմման, ավելի հետաքրքրությամբ նայելով նրա դեմքին:

— Ոչ, քեզ պետք է տեսնեի:

— Ինչո՞ւ, — կրկնապատիկ հետաքրքրությամբ հարցրեց Էմման:

Զազունյանն ուզում էր հայտնել իր նախօրեն կազմած ծրագիրը, որի համեմատ նա վերջին անգամ պետք է տեսներ Էմմային, բացատրեր, նրան իրենց դրությունը, բայց... չկարողացավ:

— Հրաժեշտ տալու, — պատասխանեց նա միայն:

— Ի՞նչ, — զարմացած երկարացրեց Էմման, գլուխն առաջ տանելով դեպի նրա. դեմքը: — Հրաժեշտ տալո՞ւ...

Ջագունյանը շփոթվեց նրա համառ հայացքից:

— Այո, — պատասխանեց նա, որպեսզի մի պատասխան տված լինի:

— Եվ միայն:

— Այո, — կրկնեց Ջագունյանը բոլորովին շփոթվելով:

Էմման գունատվեց:

— Ուրեմն ինձ չե՞ս սիրում, — կամաց պատասխանեց նա:

— Էմմա, — զարմացավ Ջագունյանը:

— Ուրեմն հիմա էլ չես սիրում, քանի որ այսօր պետք է հեռանայիր, այսօր պետք է հրաժեշտ տայիր ինձ, — շարունակեց Էմման, ավելի ու ավելի գունատվելով:

— Սուտ եմ ակում, Էմմա, սուտ եմ ասումասաց Ջագունյանը, նոր հասկանալով, թե ինչպիսի անմիտ պատասխաններ էր տվել նրան: — Ներիր ինձ, աղաչում եմ... Ես բոլորովին չմտածեցի, թե ինչ եմ ասում: Կարո՞ղ էի միթե տեսնել քեզ վերջին անգամ և այն էլ հրաժեշտ տալու համար միայն: Կարո՞ղ էի միթե այսպես շուտ հեռանալ քեզնից, քեզնից, որ ինձ համար ամեն ինչ ես: Ո՞ւր կարող եմ գնալ ես այստեղից... կարո՞ղ եմ քեզնից հեռանալ... կարո՞ղ եմ ուրիշ տեղ ապրել առանց քեզ... Ախ, Է՛մմա, Է՛մմա, ինչո՛ւ ես ինձ այսպես տանջում, — վերջապես բացականչեց նա համարյա արտասվախառն ձայնով:

Էմման հանկարծ ամուր փաթաթվեց նրա վզովը և շրթունքները սեղմեց նրա շրթունքներին...

36

Ժամը երկուսին, երբ Զաքարը տուն եկավ, Ջագունյանն արդեն գնացել էր: Կինն իր սենյակումն էր: Զաքարը գնաց նրա մոտ: Երբ նա՝ իր սովորության համեմատ՝ արագ քայլերով մտավ կնոջ սենյակը, կինը նստած էր փոքրիկ թախտի վրա և երկու ձեռքով ամուր գրկած աեղնագործ բարձը՝ մի տեսակ երջանիկ ինքնամոռացության մեջ այտը սեղմել էր նրա վրա: Ամուսնու մտնելուն պես՝ նա սթափվեց և, առանց շտապելու բարձը դնելով իր տեղը, զարմացած, մինչև անգամ խստությամբ կամաց նայեց նրան:

— Ի՞նչ ես անում, Է՛մմա, — փոքր-ինչ զարմացած հարցրեց Զաքարը:

— Ի՞նչ է, — սառնությամբ հարցրեց Էմման:

— Ինչո՞ւ էիր բարձը գրկել. երեխա՞ էիր կարծում, ի՛նչ է:

Էմման վեր կացավ և գնաց դեպի լուսամուտը:

— Ատամս ցավում է, — հնարեց նա:

— Այդ էր պակաս, — ասաց Զաքարը: — Առավոտյան չէր ցավում:

— Ի՛նչպես չէր ցավում... առավոտյան էլ էր ցավում, երեկ էլ, բայց այսքան չէ, որքան հիմա:

— Հապա ինչո՞ւ չէիր ասում:

— Դու ի՞նչ պետք է օգնեիր:

— Այնուամենայնիվ... դեղ դրե՞լ ես:

— Դեղը չի օգնում:

Էմմայի համար անտանելի էր երկար սուտ խոսել, այդ պատճառով խոսակցությունը փոխելով՝ ասաց.

— Մոռացա ասեմ, որ Արամիկի համար կոշիկ պետք է գնվի,

— Այդ կգնենք, — ասաց Զաքարը: — Բայց դու ինձ այս ասա, Զազունյանը չի՞ եկել:

— Եկավ, — պատասխանեց Էմման:

— Հետո, ո՞ւր է:

— Գնաց:

— Ո՞ւր գնաց:

— Ասում է՝ գործ ունեմ:

— Բայց ճաշին չի՞ գալ:

— Ասաց, որ չէ:

— Է-է՛հ, ինչ անշնորհքն ես, Էմմա, — թեթև դժգոհությամբ ասաց Զաքարը: — Ինչո՛ւ թողիր, որ գնա:

— Զարմանալի է, խո չէի կարող թոկերով կապել, — պատասխանեց Էմման, որին այդ խոսակցությունն ավելի անտանելի էր, քան սուտ խոսելը:

— Գոնե չասացի՞ր, որ երեկոյան կամ վաղը գա, — հարցրեց Զաքարը:

Էմման հանկարծ օտարոտի համարձակ հայացքով նայեց ուղղակի նրա աչքերին:

— Ասացի, որ վաղը դարձյալ գա, — պատասխանեց նա, նույնպես օտարոտի ձայնով:

— Եվ խոստացա՞վ:

— Այո, խոստացավ:

Այդ օրից, հենց այդ րոպեից Էմման զգում էր, որ Զաքարի հետ ունեցած իր հարաբերությունն ակամա թշնամական արտահայտություն է ստանում: Մի անհասկանալի, բայց ուժեղ զգացմունք հետզհետե բաժանում էր նրան Զաքարից: Զաքարին նա այլևս իր սրտակիցը, իր հարազատը չէր զգում, այլ մի տեսակ օտար, մինչև անգամ ծանր բեռ, որ քանի գնում, այնքան ավելի ծանրանում էր, այնքան ճնշում էր նրան իր ծանրության տակ: Այն տեղը, որ Զաքարը բռնում էր նրա սրտի մեջ, դատարկվեց, և նրա սիրտը, կարծես ընդմիշտ, ամուր փակվեց ամուսնու համար: Նրան ամենից ավելի անտանելի էին թվում Զաքարի երկար ու բարակ հարցուփորձերը: Դրա համար, ատամնացավը պատճառ բերելով, ուզում էր ճաշին դուրս չգալ իր սենյակից և բոլորովին չճաշել, բայց մեկ էլ մտածելով, որ այդ արդեն չափից դո՛ւրս կլինի, գլխավորը — Զաքարն ավելի ևս հանգիստ չի տա իրեն, այդ պատճառով դուրս գնաց և նստեց ճաշի: Ճաշը վերջանալուց հետո նա գնաց և նորից փակվեց իր սենյակում: Նա ուզում էր անձնատուր լինել իր քաղցր ցնորքներին:

Զաքարը նրա օտարոտի դրությունը վերագրում էր ատամնացավին: Ճաշից հետո նա նույնպես փակվեց իր սենյակում և պառկեց, որպեսզի իր սովորության համաձայն՝ մի կուշտ քնի: Բայց այս անգամ քունը չէր գալիս, նա մտածում էր Զազունյանին վերաբերող այն գաղտնիքի մասին, որ այդ օրն առավոտյան նամակի շնորհիվ իմացավ իրեն — Զազունյանից: Այդ բանը շատ էր ազդել նրան, այդ պատճառով նրա միտքը շարունակ զբաղված էր դրանով: Նա գիտեր, որ Զազունյանն այդ մասին ոչինչ ասած չէր լինիլ Էմմային, այդ պատճառով մեկ ուզում էր ինքը հայտնել, մեկ էլ չէր ուզում: Բայց վերջապես չկարողացավ դիմանալ և վճռեց հայտնել: Նա վեր կացավ և գնաց կնոջ սենյակը:

Էմման այս անգամ երեսն ի վեր պառկած էր թախտի վրա և մատները իրար մեջ հյուսած՝ ձեռքերը դրել էր գլխի տակ: Ինչպես երևում էր, քաղցր ցնորքները նրան շատ հեռու էին տարել, որովհետև չիմացավ, թե ինչպես մտավ Զաքարը: Բայց հանկարծ տեսնելով նրան, վեր կացավ և նստեց:

— Ախր այսօր մի անսպասելի գաղտնիք իմացա, Էմմա, — ասաց նա խորհրդավոր ձայնով, նստելով նրա կողքին:

Էմման զարմացած և հետաքրքրությամբ, լուռ նայեց նրա դեմքին:

— Դու մի՛ ասի, Զազունյանը կին և զավակ է ունեցել, — ասաց Զաքարը:

— Ի՞նչ, — դուրս թռավ Էմմայի բերանից, և նա իսկույն գունատվեց ինչպես մեռել:

— Այո, կին և զավակ է ունեցել, — կրկնեց Զաքարը, կնոջ այդ բացականչությունն ու փոփոխությունը գաղտնիքի անսպասելիությանը վերագրելով: — Ահա թե ինչպես էր:

Եվ նա մի առ մի պատմեց, թե ինչպես այդ օրն առավոտյան Զազունյանի սենյակում սեղանի վրա գտավ հայտնի նամակը, պատմեց նրա բովանդակությունը և այն, ինչ որ լսել էր Զազունյանից:

Էմման լսում էր նրան ըստ երևույթին բոլորովին հանգիստ, մինչև անգամ սառնասրտությամբ: նրա գունատ, կարծես մեռած դեմքից բոլորովին ոչինչ չէր կարելի իմանալ, թե ինչ է կատարվում նրա մեջ: Հոնքերը ցած թողած և քթածակերը լայնացրած՝ նա միայն շարունակ նայում էր հատակի մի կետի:

— Տեսնո՞ւմ ես, Զագորսկու և Զագունյանի մեջ ինչ բան է եղել, որի մասին մենք այնքան գլուխ էինք կոտրում և ոչինչ չէինք կարողանում իմանալ, — վերջացնելով պատմությունը, ասաց Զաքարը: — Ես բոլորովին չէի կարծի, թե Զագունյանը մի այդպիսի գաղտնիք կարող է ունենալ: Խեղճն էլ ինչպես ծածուկ էր պահում մեզնից: Խե՛ղճ Արսեն… շատ, շատ կոտրված է սիրտը: Ուզում է բոլորովին մոռացության տալ, ինչ որ պատահել է, բայց ի՞նչպես կարելի է, այդ այնպիսի բան է՞, որ կարելի լինի մոռանալ: Ես շատ խղճում եմ նրան, շատ անբախտ մարդ է: Դու մի ասիլ գլուխը ճանապարհորդության է տվել վիշտը մոռանալու համար:

Էմման ձայն-ծպտուն չհանեց: Նստած էր նույն դրության մեջ, ինչպես առաջ:

Զաքարը նայեց նրան և այս անգամ կնոջ դրությունը բավական օտարոտի թվաց նրան:

— Ինչո՞ւ ես այդպես, Էմմա, — հարցրեց նա վախեցած:

— Ի՞նչպես եմ, — հանգիստ ձայնով ասաց Էմման, հայացքը կամաց դեպի նա դարձնելով:

— Դու, սաստիկ գունատ ես:

Էմման կամաց թիկն տվեց մութաքային:

— Ատամս շատ է նեղացնում, — ասաց նա նույն հանգիստ ձայնով:

— Դեղ դիր, սիրելիս, այդպես չի կարելի, — զգացված ասաց Զաքարը: — Գոնե ցավը փոքր-ինչ կմեղմանա, և կդադարի:

— Լավ, լավ կդնեմ, — ասաց Էմման և փակեց աչքերը, ցույց տալու համար, որ իրեն հանգիստ թողնի

— Ես իսկույն կբերեմ...

— Չէ, հարկավոր չէ, ես էլ ունիմ այստեղ... միայն խնդրում եմ, ինձ հիմա հանգիստ թող:

— Հանգիստ թողնելով, հանգիստ կթողնեմ, միայն խնդրում եմ դեղն անպատճառ դիր, թե չէ՝ ցավն, ինչպես տեսնում եմ, շատ է ազդում քեզ: Լսո՞ւմ ես, Էմմա, անպատճառ դիր. ցավն իսկույն կմեղմանա:

Եվ Զաքարը դուրս գնաց կնոջ սենյակից.

37

Զագունյանը ոչ թե գործ ուներ և չսպասեց Զաքարի գալուն, այլ հեռացավ այն պատճառով, որ նրա համար այդ օրվանից չափից դուրս անտանելի էր տեսնել Զաքարին, խոսել նրա հետ, վայելել նրա ընկերական հյուրասիրությունը: Ամեն անգամ, մանավանդ այդ օրը

Էմմայից հեռանալուց հետո, Զաքարի մասին մտածելիս մի բան սաստիկ կրծում էր նրա սիրտը: «Մի՞թե այս է խիղճը», մտածում էր նա: «Եթե այս է, ապա անտանելի է... Ա՛խ, ինչպես կուզեի Զագորսկի լինել այս տանջանքը չզգալու համար... երջանի՛կ մարդ...»: Զագորսկի լինելու միտքն ակամա հղանում էր նրա գլխում, և նա հանկարծ ցնցվում էր: «Մի՞թե», հարցնում էր նա ինքն իրեն: Սա ամբողջ ժամերով ակամա խորասուզվում էր այդ մտքի մեջ, տեսնում էր, որ Զագորսկի լինելու ցանկությունը իր ներկա դրության մեջ հետևողական է, բայց իսկույն էլ ամբողջ հոգով վրդովվում էր, որովհետև այդ ցանկությունը հակասում էր նրա բարոյական հասկացողություններին: Իր դրության մասին նրա գլխում ծնվող թեր և դեմ մտածմունքները մի կատարյալ քաոս էին ներկայացնում: Ո՞րն էր այդ քաոսից դուրս գալու ուղիղ ճանապարհը: «Խիղճ» — հանկարծ կանչում էր նա, գյուտ արած մարդու նման: «Հիրավի — մտածում էր նա — եթե մարդս իր արարքների վերաբերմամբ պետք է միայն չոր ու ցամաք, թեկուզ հենց շատ խելոք ուղեղով ղեկավարվի, հապա ինչո՞ւ բնությունը նրան խիղճ է տվել, որի ձայնը կասկածելի արարքների վերաբերությամբ միշտ հաղթող է հանդիսանում: Ահա, ես այս րոպեիս զգում եմ այդ մի՞թե այդ ճշմարիտ չէ: Ճշմարիտ է, և ես կհետևեմ խղճիս: Կամ դեպի անկում, կամ դեպի հաղթանակ, երկուսից մեկը»:

Եվ ինչպես մի խեղդվող մարդ, որ գետի ալիքների մեջ մի փայտի կտոր է գտնում և ամուր կպչում նրանից, որպեսզի չխեղդվի, նույնպես և նա ամուր բռնեց այդ մտքից, մի հաստատ և որոշ ճանապարհ գտնելու համար:

Հետևյալ օրն առավոտյան նա գնաց Էմմայի մոտ այն մտքով, որ այդ օրն անպատճառ խոսի նրա հետ իրենց դրության մասին: Նա դիտմամբ այնպիսի ժամանակ ընտրեց, երբ Զաքարը տանը չպետք է լիներ: Եվ իրավ, Զաքարն արդեն մի ժամ առաջ դուրս էր գնացել տնից, պատվիրելով կնոջը, որ եթե Զազունյանը գա, ճաշին պահի, չթողնի գնալու:

Զազունյանը կարծում էր, որ Էմման այս անգամ էլ կընդունի իրեն նույնպես, ինչպես նախորդ օրը. այդ պատճառով վճռել էր, որ հենց առաջին րոպեից դիմագրի նրա փաղաքշանքներին, բայց՝ հակառակ նրա սպասածին, Էմման այս անգամ դիմավորեց նրան տխուր և գունատ: Նրա դեմքի վրա, շարժումների և քայլվածքի մեջ երևում էր մի տեսակ սառն հանգստություն կամ ավելի ճիշտ է ասել՝ սառն գիտակցական վճռականություն: Վերջին օրերը համարյա յուրաքանչյուր անգամ նա ներկայանում էր Զազունյանին հոգեկան զանազան դրությունների մեջ, կարծես այսօր ուրիշ կին էր, վաղն — ուրիշ, մյուս օրը — դարձյալ ուրիշ, բայց ամեն անգամ առաջվանից ավելի գեղեցիկ, ավելի սիրելի, ավելի կախարդիչ, այնպես որ Ջազունյանը զարմանում և ապշում էր, թե ո՞րտեղից է արտահայտում նա հոգեկան այդքան ուժ և հարստություն, և ինչքան կախարդիչ գաղտնիքներ կան թաքնված նրա սրտի խորքում: Աստ երևույթին, նա պետք է ուրախանար, որ այս անգամ առանց Էմմայի կողմից փաղաքշական դիմադրության հանդիպելու կարող էր ուղղակի դիմել գործին, որի համար եկել էր, բայց, ընդհակառակն՝ Էմմայի սառն ընդունելությունը հենց առաջին վայրկյանից նրան մեծ երկյուղ պատճառեց. այդ երկյուղը նմանում էր սիրահարի երկյուղի, որ զգում է, երբ իր սիրելիից սառն ընդունելություն ստանալով, հանկարծ կասկած է տանում, թե չլինի՝ չի սիրում իրեն: Եվ այդ երկյուղը այնպես ցնցեց Ջազունյանի էությանը, որ նա մինչև անգամ գունատվեց:

Լուռ բարևելով Ջազունյանին, Էմման լուռ նստեց զահավորակի վրա: Ջազունյանը նույնպես լուռ նստեց նրա մոտ աթոռի վրա:

Կարճ ժամանակ երկուսն էլ լուռ էին: Այդ լռությունն ավելի ևս կրկնապատկում էր Ջազունյանի երկյուղը: Նա բոլորովին մոռացավ, թե ինչի համար էր եկել և անհամբերությամբ սպասում էր, թե ինչ պետք է ասի Էմման, կարծես թե այն, ինչ որ պետք է ասեր Էմման, նրա մահու և կյանքի խնդիրը պետք է լուծեր:

Հոնքերը կիտած և աչքերը վայր թողած՝ Էմման նստած էր անշարժ, նա ոտից գլուխ սառնություն էր արտահայտում: Ջազունյանն անթարթ նայում էր նրա դեմքին և կարծում էր, թե մինչև անգամ չի շնչում:

— Ինչո՞ւ ինձնից ծածկում էիք այն, ինչ որ ամենից առաջ ինձ էիք պարտական հայտնելու, — հանգիստ ձայնով և առանց շտապելու ասաց վերջապես Էմման, — շարունակ նայելով իր ծնկներին:

Ջազունյանի երկյուղը զարմանքի փոխվեց:

— Ի՞նչը Էմմա, — հարցրեց նա:

— Այն, ինչ որ Զաքարին երեկ առավոտյան հայտնել էիք:

Ջազունյանը ցնցվեց, նա հասկացավ, թե ինչ է ուզում ասել Էմման:

— Մի՞թե Զաքարը ձեզ այդ մասին հայտնել է, — հարցրեց նա:

— Այո, բայց այդ դո՛ւք պետք է հայտնեիք:

— Եվ կհայտնեի:

— Ոչ, վա՛ղ պետք է հայտնեիք… այն գիշերն նեթ, երբ ես եկա ձեզ մոտ... հենց թեկուզ երեկ, երբ դուք ինձ մոտ էիք, որովհետև… դուք հասկանո՞ւմ եք ինձ, ես ձեզ սիրում եմ և չեմ ուզում, որ դուք ինձ համար մութ և անհասկանալի լինեք, որ ինձնից գաղտնիքներ ունենաք,.. Այդ ինձ շատ է բարկացնում:

— Ներեցեք ինձ, Էմմա, — ասաց Ջազունյանն, անհամարձակությամբ առնելով նրա ձեռքերը: — Հավատացեք, իմ նպատակս բոլորովին այն չի եղել, որ ձեզնից որևէ գաղտնիք ունենամ, այլ այն, որ այդ անցքն ես ինքս ուզում էի մոռանալ, ջնջել առմիշտ հիշողությունիցս և առավել ևս ուզում էի չհայտնել ձեզ այդ, որովհետև գիտեի… գիտեի որ… մի խոսքով՝ չէի ուզում, որ այդ տգեղ անցքը դուք գիտենայիք:

— Տգե՛ղ անցքը, — դառն մտախոհությամբ ասաց Էմման: — Դուք սիրո՞ւմ էիք ձեր կնոջը, — հանկարծ հարցրեց նա, գլուխը բարձրացնելով և նայելով նրան:

— Ես իմ ողջ կյանքիս մեջ մի անգամ եմ սիրել, և այն էլ ձեզ, — պատասխանեց Զազունյանը:

— Ոչ, ես ձեր կնոջն եմ ասում:

— Ես նրան սիրում էի իբրև կնոջս և զավակիս մորը:

— Իբրև կնոջը և զավակի մորը, — դարձյալ մտախոհությամբ արտասանեց Էմման և կարճ ժամանակ լռեց: — Եվ մեղադրո՞ւմ եք նրան, որ նա թողեց ձեզ և սիրեց Զագորսկուն, — նորից հարցրեց նա:

— Ոչ, — պատասխանեց Զազունյանը:

Էմման աչքերը չռեց:

— Հապա՞, — հարցրեց նա:

— Ես մեղադրում եմ Զագորսկուն, թեև, իհարկե… կնոջ վրա էլ ընկնում է հանցանքը: Զագորսկին իմ ընկերս էր՝ ինչ նշանակությամբ որ ուզում եք վերցրեք այդ, և նա չպետք է դավաճաներ ինձ...

— Բայց ձեր կինն առավել ևս չպետք է դավաճաներ ձեզ, քանի որ ձեր օրինավոր կինն էր, ընկերից էլ ավելի էր ձեզ համար, — տալով ասաց Էմման:

— Ոչ, կնոջը դարձյալ ներելի է, որովհետև կինը թույլ արարած է: Շատ անգամ հասարակ տպավորությունը նա սիրո տեղ է ընդունում և այդ պատճառով սխալանքի մեջ է ընկնում, բայց տղամարդին այդ երբեք ներելի չէ, որովհետև նա ավելի հեռատես և փորձված է: Փոխանակ օգուտ քաղելու կնոջ թուլությունից, նրա պարտականությունն է վեհանձնորեն հեռանալ նրանից, հիշեցնելով նրան նրա ամուսնական պարտականությունները:

Եվ Զազունյանը այդ նյութի մասին երկար խոսելով, կամաց-կամաց իրեն մեջ ձգեց, և ասաց, որ ինքը չկամենալով իր գաղափարին հակառակ գնացած լինել, պարտավոր է թողնել Էմմային և հեռանալ, որ ինքը պարտավոր է հիշեցնել Էմմային ամուսնական պարտականությունները:

Էմման նստած էր բոլորովին անշարժ, նա լսում էր Զազունյանին առանց ձայն-ծպտուն հանելու: Նրա ամբողջ էությունը մի տեսակ մեռելային հանգստություն էր տիրել, միայն գունատ դեմքի վրա մի տեսակ մեղմ, դառն ժպիտ էի խաղում, որ լավ բան չէր գուշակում, և Զազունյանն զգում էր այդ, զգում էր և, զարմանալի է, տեսնում էր, որ իր խոսքերը մի տեսակ կեղծ են, սրտից չեն բխում, գուցե և սխալ են և չունեն այն ուժը, որ համոզեն Էմմային, և այդ բանը Զազունյանին ամոթ էր պատճառում: նա այլևս չկարողացավ շարունակել, հանկարծ լռեց և երկյուղով սպասում էր, թե Էմման ինչ պետք է պատասխանի իրեն:

Էմման լուռ էր: Օտարոտի մեղմ ժպիտը չէր հեռանում, նրա դեմքից:

— Էմմա, մի՞թե ինձ հետ համաձայն չես, — իրեն ուժ տալով, կամաց հարցրեց Զազունյանը և կամաց թեքվեց դեպի նրա դեմքը:

— «Ահա, զարկում եմ այս ապառաժին, ուզում եմ ջուր՝ ջուր, այրող ծարավս կոտրելու համար — նա ինձ տալիս է բորբոքված ոսկի», — վերջապես մտախոհությամբ հազիվ լսելի ձայնով արտասանեց Էմման Շիլլերի Փիլիպոս թագավորի խոսքերը և գլուխը դառնությամբ շարժեց: — Չոր է, չոր է, պարո՛ն Զազունյան, — ասաց նա, դեմքը կամաց դեպի նա դարձնելով: — Գուցե շատ ճշմարիտ, շատ խելոք են ձեր ասածները, բայց... այստեղ, այստեղ (նա ձեռքը դրեց իր կրծքին)... այստեղ մի բան կա, որ համաձայն չէ: Ունի՞ք արդյոք դուք այդ «մի բանը»... աստված գիտե:

Զազունյանը բոլորովին ստորացած՝ նայեց նրան:

— Էմմա, ինչո՞ւ ես ինձ այդպես վիրավորում, — մեղմ հանդիմանությամբ ասաց նա:

— Օ՛հ, եթե գիտենաք, թե ո՛վ ո՛ւմն է վիրավորում.

— Ուզում ես ասել՝ ե՞ս եմ քեզ վիրավորում:

— Բավական է, — հանկարծ, կարծես շնչասպառ լինելով, արտասանեց Էմման և վեր կացավ տեղից: — Օ՛հ, այդպես շո՛ւտ հիասթափվել, — սաստիկ հուսահատությամբ բացականչեց նա, և նրա ձայնը դողաց: Նա գնաց նստեց գահվորակի վրա և դեմքը ծածկեց ձեռքերով:

Զազունյանը կատարելապես մեռելի գույն ստացավ:

— Էմմա՛, մի՛ սպանիր ինձ, — կանչեց նա և խենթի նման վեր թռավ տեղից: — Է՛մմա:

Էմման լուռ էր:

— Է՛մմա, — հուսահատական աղերսանքով կրկնեց Զազունյանը: — Դու ինձ բոլորովին չես խղճում:

Էմմայի ուսերը ցնցվեցին:

— Դու ինձ ստորացնում ես, — շարունակեց Զազունյանը , — դու ինձ հողի հետ ես հավասարեցնում նրա համար միայն, որ ես խղճիս ձայնը լսելով, չեմ ուզում մոռացած լինել ընկերական պարտականությունս և իմ միակ, իմ անգին երջանկությունս ուզում եմ զոհ բերել դրան:

— Միևնույն ժամանակ զոհ բերելով և ուրիշի միակ երջանկությունը, իմ երջանկությունը, — ցնցողաբար հեկեկալով հազիվ կարողացավ արտասանել Էմման:

Զազունյանը տանջանքով նայեց նրան: Նրա սիրտը պատռվում էր:

— Ուրեմն ի՞նչ անեմ, ինքդ ասա, — հուսահատությամբ կանչեց նա: — Ցույց տուր ինձ մի ճանապարհ, ուղիղ ճանապարհ այս սարսափելի քաոսից դուրս գալու համար:

— Ես ոչ մի ճանապարհ չգիտեմ... ես միայն այն գիտեմ, որ դու ինձ տանջում ես, առսկալի կերպով, տանջում ես...

Եվ Էմման դեմքը ձեռքերով ծածկած՝ խոնարհվեց ծնկների վրա. հեկեկանքից նրա ամբողջ մարմինն վեր ու վար էր թռչում:

Զազունյանը զգաց, որ մի բան իր սրտից հանկարծ վեր նետվեց և սկսեց խեղդել կոկորդը: Նա ամուր սեղմեց շրթունքները և մի րոպե ոչինչ չկարողացավ ասել:

— Էմմա, մի՞թե չես կարող մեր դրության վրա փոքր-ինչ զգաստ հայացքով նայել, — ըստ երևույթի շատ անհանգիստ ձայնով վերջապես ասաց նա: — Մի՞թե դու չես հավատում, որ մեզպեսների համար երկնային պատուհաս կա:

Էմման հանկարծ նստեց ուղիղ և արտասվալից աչքերն ու դողդոջուն ձեռքերը վերև տարածեց:

— Օ՛, երկինք, տուր ինձ այդ պատուհասը, եթե ես մեղավոր եմ, — բացականչեց նա: — Ես ամենայն հպատակությամբ կտանեմ այդ պատուհասը, եթե միայն դրանով մեղքս քավված կլինեմ: Բայց աստված, դու գիտես, որ ես մեղավոր չեմ:

Զազունյանն անշարժ կանգնած՝ հոնքերի տակից նախ մռայլ հայացքով նայեց նրա տանջված, արտասվալից աչքերին և, կարծես սաստիկ հոգնած, նստեց աթոռի վրա. նա այլևս ոչ մի խոսք չգտավ ասելու:

Հանկարծ Էմման վեր թռավ տեղից, վազեց դեպի նա և չոքեց նրա առջև:

— Արսեն — կանչեց նա անհուն, հուսահատ սիրով գրկելով նրա մեջքը: — Եթե դու ինձ ու քեզ իսկապս մեղավոր ես համարում և հավատում ես, որ դրա համար երկինքը մեզ պատուհաս կուղարկե, մի՛ վախենար այդ պատուհասից: Ես ամենայն պատրաստակամությամբ քեզ համար իմ գլուխս կխոնարհեմ այդ պատուհասի առջև, բայց նույնը և դու ինձ համար: Մի՞թե այդ պատուհասի փոխարեն ես չեմ կարող քեզ գեթ մի չնչին երջանկություն տալ, որ ամեն բանից թանկ լինի քեզ համար: Ես կին եմ, Արսեն, մի թույլ, մի փխրուն արարած, որ եթե մի ուժ, մի միջոց ո՛ւնի ապրելու և երջանիկ լինելու — այդ նրա սիրտն է. մի՛ փշրիր այդ սիրտը: Ես քեզանից ոչի՛նչ եմ ուզում, Արսեն, միայն մի՛ հեռանար ինձնից: Աստված է վկա, ես չեմ կարող ապրել, եթե դու հեռանաս, ի՞նչպես կարող եմ, ինքդ ասա, ի՞նչպես կարող եմ, քանի որ սիրտս, հոգիս, ամբողջ էությունս անդառնալի կերպով քեզ եմ նվիրել: Ա՛խ, Արսեն, տեսնո՞ւմ ես՝ ինչպես եմ աղերսում, քեզնից է միայն կախված ինձ երջանիկ անել, մի՛ զրկիր ինձ այդ ողորմությունից: Ինչո՞ւ ես լռում, մի բան ասա, մխիթարիր ինձ, տեսնո՞ւմ ես, ինչպես եմ տանջվում:

Զազունյանը քնքշությամբ գրկեց նրան և վեր կացրեց:

— Էմմա, — արտասանեց նա միայն:

Այդ մի բառն այնպիսի քնքշությամբ, սիրով, անձնվքրությամբ էր արտասանված, որ Էմման շատ բան զգաց, հասկացավ դրանից և գոհ մնաց: Նա իր սիրուն գլուխը կամաց դրեց նրա կրծքի վրա և արտասվալից աչքերն անհուն երջանկությամբ ձգեց նրա աչքերին:

— Կամ երկնային պատուհաս, կամ երջանկությո՞ւն — հազիվ լսելի ձայնով հարցրեց նա:

— Կամ երկնային պատուհաս, կամ երջանկություն, — կարծես երազի մեջ արտասանեց Զազունյանը և աչքերը փակելով, շրթունքը կամաց սեղմեց նրա սպիտակ ճակատին:

38

Էմմայի վռնդելու՛ց հետո Աննան ստիպված էր այլևս չգնալ նրանց տուն: Նույն անկեղծ և նույն ջերմ զգացմունքով սիրելով իր վաղեմի ընկերուհուն, նա բոլորովին չէր նեղանում Էմմայի մինչև այդ աստիճան հասցրած կոպիտ վարմունքից, որովհետև այդ բանում մեղավորը ոչ թե նրան էր համարում, այլ իրեն: Ինչո՞ւ որովհետև նա շատ անտակտ, շատ անմիտ կերպով էր վարվել Էմմայի հետ. շատ լավ հասկանալով, թե ինչպիսի համարյա ինքնամոռացության հասցրած զգացմունքով սիրում է Էմման Զազունյանին և կամենալով հեռացնել նրան այդ սխալ ճանապարհից, նա բոլորովին չէր մտածել, թե ինչպես վարվի նրա հետ, որպեսզի հասնի իր նպատակին: Փոխանակ գուրգուրելու նրան, ինչպես երեխայի, փոխանակ սիրով և քաղցրությամբ հասկացնելու նրան գործի դրությունը, որպեսզի այդպիսով հարկավոր թելերը բռնած ունենա իր ձեռքում, նա չկարողանալով զսպել իր տաքարյուն բնավորությունը, ուղղակի հենց առաջին քայլից հարձակվեց նրա վրա համարյա բռնի միջոցներով: Այդ դեռ բավական չէր. նա գործը փչացրեց գլխավորապես այն բանով, որ չափից դուրս կատաղելով Զազունյանի դեմ, հենց ուղղակի իրեն — Էմմայի մոտ նրա հասցեին շատ վատ ածականներ սկսեց շռայլել: Այդ արդեն չափից դուրս էր: Էմման ի՛նչ ներեր, չներեր նրան, այդ բանն արդեն ոչ մի կերպ չէր կարող ներել: Նա այնպիսի գաղափար չէր կազմել Զազունյանի վրա և այնպես չէր սիրում նրան, որպեսզի սառնասրտությամբ կարողանար լսել նրա մասին որևէ, թեկուզ հենց ամենաաննշան վատ խոսք, Աննան այդ հետո հասկացավ, բայց արդեն ուշ էր, էլ ոչ մի կերպ չէր կարելի ձեռք բերել Էմմայի առաջվան սերն ու վստահությունը, մանավանդ որ նա կասկածում էր, թե Աննան նախանձում է իրեն Զագունյանի վերաբերությամբ և միայն այդ նախանձից դրդված է գործում: Էմման այժմ ուղղակի ատում էր նրան, սակայն ատում էր չհասկանալով նրան: Այդ ավելի դառն էր Աննայի համար, որ մի րոպե անգամ չէր դադարել նրան առաջվա նման սիրելուց: Նա այժմ առավել ևս տանջվում էր այն գիտակցությունից, որ Էմման իր կույր սիրով իրեն անդունդ կգլորի: Ինչպե՛ս նա ցանկանում էր ուղղել իր սխալը... բայց մի՞թե այլևս ոչ մի հույս չկա, մի՞թե իսկապես Էմման անդառնալի կերպով կորած է նրա համար, մի՞թե այլևս չի կարելի նրան մոտենալ... Ի՞նչ անենք թե նա վռնդել է նրան իր տնից, այդ անելիս նա այնպիսի դրության մեջ էր, որ իր արածն ինքն էլ չէր հասկանում, ուրեմն մի՞թե դրանից պետք է հուսահատվել, գուցե նա այժմ զղջում էլ է, որ իր վաղեմի ընկերուհու հետ այդպես է վարվել: Ինչո՞ւ չփորձի, չգնա նրա մոտ: Գուցե այժմ ամեն ինչ կարելի է ուղղել... Ավելի լավ չէ՞, որ փորձի:

Ներքուստ մի բան հանգիստ չէր տալիս Աննային: Նա չէր կարողանում հաստատապես և միանգամից վճռել՝ գնա՞ Էմմայի մոտ, թե ոչ: Վերջապես վճռեց, որ գնա: Ինչ կլինի, թող լինի: Ամբողջ երկու շաբաթ էր, ինչ նա ոտք չէր դրել Մարկոսյանների տուն: Մի օր, կեսօրից առաջ, նա գնաց:

Հենց ուզում էր քաշել Մարկոսյանների տան դռան զանգակը, երբ հանկարծ դուռը բացվեց, և այնտեղից դուրս եկավ Զագունյանը:

Աննան բոլորովին չէր սպասում նրան: Նրա լուրջ դեմքը և ցիլինդրը տեսնելուն պես՝ բոլոր մաղձը շարժվեց նրա սրտում:

— Ա՛, պ. Զագունյան, — երկարացրեց նա մի կասկածավոր հայացք ձգելով նրա վրա և սեղմելով նրա ձեռքը: — Դուք դեռ այստեղ եք... դեռ անցյալ շաբաթ, կարծեմ, ուզում էիք հեռանալ այստեղից:

Զագունյանը բոլորովին չշփոթվեց, ինչպես սպասում էր Աննան. ընդհակառակն՝ նա համարձակ, մինչև անգամ խիստ հայացքով նայեց նրան:

— Այո տիկին, — պատասխանեց նա սառնությամբ, — պետք է հեռանայի, բայց... մի քանի հանգամանքներ արգելք եղան:

— Հա՛, — ակամա խորհրդավոր եղանակով երկարացրեց Աննան, ավելի խոր նայելով նրա աչքերին: — Բայց դարձյալ երկա՞ր եք մնալու այստեղ, — հարցրեց նա:

— Չգիտեմ... հայտնի չէ, — առավել ևս սառնությամբ և այս անգամ առանց նրան նայելու պատասխանեց Զագունյանը: Նա չսեղմեց Աննայի ձեռքը, միայն ցիլինդրը վերցրեց, գլուխ տվեց նրան և հեռացավ:

Աննան ակամա նայեց նրա ետևից:

«Ի՛նչ սիրուն է անիծածը», մտածեց նա և ներս մտավ: Սանդուղքի գլխին տեսավ Էմմային, որը, ինչպես երևում էր, վերևից նայում և լսում էր նրանց: Նա բարձրացավ Էմմայի մոտ այն ժամանակ, երբ Էմման, կարծես նոր ուշքի գալով, հանկարծ դարձավ և, առանց նրան նայելու և ձայն հանելու, ուզում էր հեռանալ: Աննան անհամարձակությամբ կտրեց նրա առաջը:

— Բարև, Էմմա, — ասաց նա, չհամարձակվելով ձեռք տալ նրան:

— Բարև, — սառնությամբ պատասխանեց Էմման, նայելով հատակին:

Աննան շատ զղջաց, որ եկավ, բայց էլ ոչինչ չէր չինի:

— Ներիր, որ ես դարձյալ անհանգստացնում եմ քեզ, չնայելով որ դու ինձ արգելել ես ձեր տուն գալ, — ասաց նա: — ես եկել եմ... Արամիկի համար... նրան շատ կարոտել եմ: Թո՞ւյլ կտաս, որ տեսնեմ նրան:

— Արամիկն այժմ այստեղ չէ. նրան ուղարկել եմ զբոսանքի, — նույն սառնությամբ պատասխանեց Էմման:

«Ա՛, նրան հեռացնում է տնից, որ արգելք չլինի իր սիրահարական տեսակցություններին», մտածեց Աննան և շատ վատ հայացքով նայեց նրան:

— Կարո՞ղ եմ նրան սպասել, — հարցրեց նա.

— Ինչպես կամենում ես, — ասաց Էմման և առանց շտապելու հեռացավ դեպի իր սենյակը:

Աննան երկար ժամանակ նայեց նրա ետևից:

— Վա՛յ, Էմմա, վա՛յ, Էմմա, այդ ի՛նչ ես անում, — սարսափած և սաստիկ խղճահարված շշնջաց նա:

Քառորդ ժամից հետո եկավ Արամիկն աղախնի հետ:

— Ո՞րտեղ էիր, սիրելիս, — հարցրեց Աննան:

— Պարտեզում, — պատասխանեց Արամիկը:

— Պարտեզում ի՞նչ էիր շինում:

— Խաղում էի:

— Ո՞ւմ հետ:

— Երեխաների հետ: Այնտեղ շատ երեխաներ են գալիս, համ ինձնից մեծ, համ ինձնից փոքր, իմ չափ էլ կան:

— Ամե՞ն օր ես գնում խաղալու:

— Այո, մաման ամեն օր ուղարկում է խաղալու:

— Հետո՞, այսքան ժամանակ խաղա՞լ կլինի: Շատ ժամանակ է, չէ՞, որ գնացել էիք պարտեզ:

— Այո, շատ ժամանակ է:

— Հետո ինչո՞ւ այսպես ուշ եք տուն գալիս:

— Ի՞նչ անեմ, մաման ասում է, որ կեսօրից առաջ տուն չգանք:

«Խե՛ղճ երեխա, խե՛ղճ երեխա», մտածեց Աննան, անհուն խղճահարությամբ նայելով նրա անմեղ աչքերին, որոնք հիշեցնում էին մոր գեղեցիկ աչքերը:

— Արամիկ, կգա՞ս, քեզ տանեմ մեր տուն, — հարցրեց նա:

— Եթե մաման կթողնի, ինչո՞ւ չեմ գա, — պատասխանեց երեխան:

— Ես իսկույն մամային կասեմ, — ասաց Աննան և գնաց դեպի Էմմայի սենյակը: Նա ներս չմտավ և դռան ճեղքից կանչեց է՛մմա:

— Ի՞նչ է, — լսվեց ներսից Էմմայի ձայնը:

— Չե՞ս թույլ տա Արամիկին մի-երկու օրով տանեմ ինձ մոտ, — հարցրեց Աննան:

— Խնդրիր Զաքարին, եթե թույլ կտա, տար:

«Ո՛չ, չեմ տանի», ինքնիրեն ասաց Աննան կատաղած: «Թող այդ երեխան միշտ աչքի առջևը լինի և գոնե դրա անմեղությունը զարթեցնի նրա խիղճը, տանջի, չարչարի նրան»...

Նա գնաց Արամիկի մոտ:

— Սիրելիս, այսօր կաց, ես քեզ ուրիշ անգամ կտանեմ, հա՞, — ասաց նա:

— Երբ որ կտանեք, ես այն ժամանակ կգամ, — պատասխանեց երեխան:

Աննան այլևս երկար չմնաց և գնաց:

«Գնա՛, թշվառական, գնա՛, գլորվիր կորստյան անդունդը, խրվիր ցեխի մեջ — դու արժանի ես դրան, երբ ինքդ հեռացնում ես քեզնից քո անկեղծ բարեկամներին: Այն սրիկան քեզ լավ է գտել, այլևս քեզ խղճացող չկա», սաստիկ վիրավորված սրտով ասաց նա և այդ օրից արդեն իսկապես ոտը կտրեց Մարկոսյանների տանից:

39

Անցավ մոտ մի ամիս:

Աննան մի քանի մանր-մունր բաներ գնած՝ փողոցից վերադառնում էր տուն: Ճանապարհին պատահեց նրան Զաքարը, որ կառքով ուր-որ գնում էր նա տեսավ Աննային, կառքն իսկույն կանգնեցնել տվեց, շտապով իջավ և վազեց դեպի նա:

— Տիկին Աննա, — բացականչեց նա: — Ինչքա՛ն ուրախ եմ, որ պատահեցի ձեզ: Այս րոպեին մտածում էի, որ տուն հասնելուց պես ծառային ուղարկեմ ձեզ կանչելու: Այս ի՞նչ է պատահել, ինչո՞ւ դուք մեզ մոռացել եք: Զարմացել, ապշել եմ, թե այդ ի՛նչ տարաձայնություն է եղել ձեր և Էմմայի միջև, որ դուք այլևս չեք ուզում մեր տուն գալ: Ես խո գիտեմ, որ դուք կռվել եք միմյանց հետ:

— Ի՞նչ եք ասում, ո՞վ է կռվել, — զարմացած և վախեցած ասաց Աննան:

— Գիտեմ, գիտեմ, ինձնից իզուր մի՛ ծածկեք, ասաց Զաքարը

հառաչելով: — Կոված որ չլինեք, այդպես հեռու չեք փախչի մեզանից: Բայց թե աստված կսիրեք, տ. Աննա, ասացեք, ի՛նչ է պատահել: Այն օրից, ինչ դուք հեռացել եք մեր տնից, Էմման էլ իր հալին չէ...

— Ի՞նչ է, ի՞նչ է պատահել, — վախեցած հարցրեց Աննան:

— Ոչ, մի վախենաք, հիվանդ չէ, այլ... մի շատ տարօրինակ դրության մեջ, ո՛ր ինձ բոլորովին զարմացրել է: Երևակայեցեք — ամբողջ օրը փակված է իր սենյակում, ոչ ինքն է այնտեղից դուրս գալիս, ոչ ինձ է ուզում ընդունել: Հարցերիս մի այնպիսի չոր ու ցամաք պատասխաններ է տալիս, որ կարծես աշխարհիս բոլոր թշվառությունն ես նրա գլխին եմ թափել: Էլ ոչ տանն է նայում, ոչ այն խեղճ երեխային: Ինչո՞ւ, ի՞նչ է պատճառը, ի՞նչ է պատահում նրան, Էմման այդպե՞ս... ախր անհավատալի է, ես ճանաչում եմ Էմմային, նա չի կարող այդպես լինել... բայց ինչո՞ւ է այդպես, ինչո՞ւ... Չգիտեմ, ճշմարիտ, ինչ անեմ, ես բոլորովին հուսահատվել եմ:

Աննան խղճահարությամբ նայում էր նրան: Նրան թվում էր, թե այդ ուրախ և անհոգ մարդն այդ մի ամսվա մեջ մի քանի տարով ծերացել է:

«Խե՛ղճ մարդ, եթե գիտենաս, թե ինչ է պատճառը», մտածեց նա:

— Հենց հիմա տուն հասնելուն պես ուզում էի ուղարկել ձեր ետնից, որպեսզի խոսեմ ձեզ հետ այդ մասին, — շարունակեց Զաքարը: — Ես գիտեմ, որ ձեզ անպատճառ հայտնի պետք է լինի, թե ինչ է պատահում Էմմային, որովհետև, կրկնում եմ, այն օրից, ինչ դուք հեռացել եք մեր տնից, նա այդպես դառավ. ուրեմն ես կարծում եմ, որ այդ բանը մեծ կապ պետք է ունենա ձեր տարաձայնության հետ: Խնդրում եմ, աղաչում եմ, տ. Աննա, ասացեք ինձ ճշմարիտը, ինչո՞ւ է Էմման այդպես փոխվել: Գիտե՞ք ինչ եմ կարծում, — կամաց, կարծես մեծ ջանք անելով, արտասանեց նա, կարճ լռությունից հետո: — Ես կարծում եմ... որ նա... անտարբեր չէ դեպի... Զազունյանը: Նա ցնցվեց և համարյա սարսափած հանկարծ նայեց Աննայի դեմքին:

Աննան սաստիկ վախեցավ և շփոթվեց:

— Ի՞նչ եք ասում, ի՞նչ, — կանչեց նա:

— Հապա՞, հապա՞, ճշմարիտ չէ՞, — անհամբերությամբ հարցրեց Զաքարը:

Աննան այս անգամ իրեն սաստիկ զարմացած ձևացրեց:

— Պարոն Զաքար, այդ դո՞ւք եք, — ասաց նա: — Մի՞թե Էմմայի վերաբերմամբ կարելի է այդպիսի կասկածներ տանել: Ամոթ է: Հավատացեք, ես այդ բոլորովին չէի սպասում ձեզնից, ոչ, չէի սպասում: Էմմայի տեղ դուք ի՛նձ վիրավորեցիք, ի՞նչպես կարելի է:

— Ի՛նչ անեմ, տ. Աննա, որ կան բաներ, որոնք հաստատում են իմ այդ կասկածը, — հուսահատությամբ ասաց Զաքարը:

— Լռեցեք, թե աստված կսիրեք, ես ձեզ չեմ կարող լսել: Ես

զարմանում եմ, թե ինչպես դուք ձեզ համար ստորություն չեք համարում այդպիսի կասկած տանել Էմմայի վրա, մարդ ու կին այսքան տարի հաշտ ու սիրով ապրել եք միմյանց հետ, իսկ հիմա հանկարծ — անտարբեր չէ դեպի Զազունյանը... ի՜նչ լավ գնահատում եք կանանց:

— Տե՛ր աստված... Հապա ի՞նչ անեմ, ի՞նչ:

— Հապա ի՞նչ անեմ, ի՞նչ, — ծաղրեց Աննան: — Այն արեք, որ տղամարդ եղեք և ոչ թե երեխա: Դուք ինքներդ երեխայություններ եք անում և դեռ նեղանում եք, որ ձեզ երեխայի տեղ են դնում: Ապա այդ ի՞նչ կասկածելու բան է, որ կասկածում եք: Չե՞ք ճանաչում Էմմային, չե՞ք ճանաչում հենց իրեն — Զազունյանին, որ նրա վրա էլ մի այդպիսի ստվեր եք ձգում: Դուք ինքներդ ձեր բերանով գովում եք նրան, երկինք եք բարձրացնում և հանկարծ — մի այդպիսի կասկած... հետևողական եղեք, պ. Զաքար:

— Ճշմարիտ է, ես հիմա էլ չեմ ուզում հավատալ, թե նրանց մեջ մի այդպիսի բան կարող է լինել, Էմման հիմա էլ նույնն է իմ աչքում, ինչ որ առաջ, Զազունյանի մասին հիմա էլ նույն գաղափարն ունեմ, ինչ որ առաջ, բայց... ախր բանե՛ր կան, տիկին Աննա, բանե՛ր կան..

Աննան նեղն ընկավ: Իհարկե, նա չէր կարող հայտնել նրան իսկական պատճառը և ակամա պետք է սուտ ասեր:

— Չգիտեմ ճշմարիտ... ես ի՞նչ կարող եմ գիտենալ, — ասաց նա:

— Չէ, չէ: Դուք գիտեք, դուք անպատճառ գիտեք, մի՛ ծածկեք ինձնից:

— Հավատացեք, պ. Զաքար, ես ոչինչ չգիեմ, թե չէ ինչո՞ւ պետք է ծածկեմ:

— Չէ, չէ, դուք կարող եք ծածկել. — այնպիսի բան կարող է լինել, որ ակամա ստիպված կլինեք ինձնից ծածկելու: Բայց հավատացեք, տ. Աննա, որ դուք, հայտնելով, ինձ ավելի մեծ լավություն արած կլինեք, քան թե ծածկելով: Ախր դուք չգիտեք — նա ձայնը ցածրացրեց, թե ինչ է նշանակում անդադար տարուբերվել կարծիքների և կասկածների մեջ... դրանից ուղղակի կարելի է խելագարվել, հավատացեք, կարելի է խելագարվել... մի՛ ծածկեք, ասացե՛ք, թե աստված կսիրեք, ասացեք:

— Ինչո՞ւ չեք ուզում հավատալ, որ ես ոչինչ չգիտեմ, պ.Զաքար:

Զաքարը մեղմ հանդիմանությամբ նայեց նրան:

— Ուրեմն Էմմայի փոփոխությունը ձեր տարաձայնության հետ ոչ մի կա՞պ չունի, — հարցրեց նա:

— Ոչ մի:

— Չունի՞:

— Չունի:

— Խաբում եք:

— Դուք ինձ վիրավորում եք, պ. Զաքար:

— Հապա ի՞նչ է ձեր. տարաձայնության պատճառը:

— Մի հին վեճ, որ անսպասելի կերպով նորոգվեց:
— Ի՞նչ վեճ:
— Ներեցեք, այդ չեմ կարող ասել:
Զաքարը հառաչեց:
— Է՛հ, տ. Աննա, ինչպես ամենքդ ինձ երեխայի տեղ եք դնում, — ասաց նա: — Ես հարգում եմ ձեր բարեսրտությունը դեպի ինձ... Բայց ախր ես տանջվում եմ, — նա դարձյալ ցածրացրեց ձայնը, — սաստիկ տանջվում եմ... Դուք չգիտեք... կասկածներն ինձ հանգիստ չեն տալիս...
Նա այլևս ոչինչ չկարողացավ արտասանել և վշտահար հայացքով սկսեց նայել մի ուրիշ կողմ:
— Դարձյա՞լ, — անհամբերությամբ ու խստությամբ կանչեց Աննան: — Պ. Զաքար, եթե այդ հիմար կասկածը ձեր գլխից իսկույն չհանեք, ապտված է վկա, գիտեմ ձեզ ինչ կանեմ:
— Հապա ի՞նչ անեմ, է՛, ի՞նչ, — կրկնեց Զաքարը տանջանքով: Ախր Էմման ուղղակի ատում է ինձ, զզվում է ինձնից... ես այդ տեսնում եմ... իսկ դուք գիտեք, թե ինչպես ես սիրում եմ նրան:
— Գիտե՞ք ինչ կա, պ. Զաքար, — հանկարծ ասաց Աննան: — Դուք ձեզ համար հանգիստ կացեք: Հանգիստ թողեք Էմմային: Եթե նա չեք ուզում ձեր ներկայությունը, մի՛ մտնեք նրա մոտ և, եթե կարելի է, մինչև անգամ բոլորովին մի երևվաք նրա աչքին: Առժամանակ այդպես արեք, մինչև որ ես կտեսնեմ նրան և ամեն բան կուղղեմ: Հասկանո՞ւմ եք:
— Ես ստրկի նման լսում եմ ձեզ:
— Այդպես, դուք ամեն բան ինձ թողեք և ձեզ համար հանգիստ կացեք, գլխավորը՝ հանգիստ թողեք Էմմային: Ես շուտով կտեսնեմ նրան:
— Ե՞րբ:
— Շուտով, շատ շուտով,
— Ավելի լավ չի՞ լինի, այսօր, հենց հիմա:
— Չէ, պ. Զաքար, չէ, մի՛ շտապեք. շտապելով ոչինչ չի դառնա: Դուք ամեն բան ինձ թողեք, ես գիտեմ, թե երբ կտեսնեմ նրան: Առայժմ ցտեսություն:
— Ցտեսություն, ասաց Զաքարը, ամուր սեղմելով նրա ձեռքը: Իմացած կացեք, տ. Աննա, որ կյանքովս պարտական կլինեմ ձեզ:
— Ինձ ձեր կյանքը հարկավոր չէ, հանգիստ գնացեք տուն:
Եվ Աննան շտապով հեռացավ, բայց հինգ քայլ չարած, նա հանկարծ դարձավ և կանչեց Զաքարի ետևից, որ գնում էր կառքը նստելու:
— Պ. Զաքար, վաղո՞ւց է, ինչ Զազունյանը հեռացել է:
— Ո՞րտեղից է հեռացել, նա դեռ այստեղ է: — տխուր կերպով ասաց Զաքարը:
— Դեռ այստե՞ղ է, — սաստիկ զարմացավ Աննան:
Զաքարը նայեց նրան և հառաչեց:

— Տեսնո՞ւմ եք, — ասաց նա, — Դուք էլ եք զարմանում... ուրեմն...

— Պ. Զաքար, — ասաց նրան Աննան: — Դուք դարձյալ ձերն եք ասում... այդ հիմար կասկածը, ասում եմ, հանեցեք ձեր գլխից: Ես զարմանում եմ նրա համար, որ նա ասում էր, թե շուտով հեռանալու է այստեղից է դեռ մինչև օրս այստեղ է:

— Հա, ինչո՞ւ է այստեղ, ինչո՞ւ է այստեղ — շտապով վրա բերեց Զաքարը, և նրա բարի դեմքը շատ չար արտահայտություն ստացավ:

— Ձեր կամքն է, երբ դուք ինձ չեք ուզում լսել: Ես այլևս ձեզ համար ոչինչ չեմ կարող անել: Մնացեք բարև, — ասաց դժգոհությամբ Աննան և ուզում էր հեռանալ:

Զաքարը շտապեց դեպի նա և պահեց նրան:

— Էլ չեմ անի, տ. Աննա, էլ չեմ անի, — Մեղավոր երեխայի նման ասաց նա: — Ես, ահա, ամեն ինչ հանում եմ գլխիցս և ոչինչ չեմ ուզում գիտենալ, միայն թե դուք արեք այն, ինչ որ այս րոպեին խոստացաք:

— Ուրեմն գնացեք ձեզ համար հանգիստ, հանգիստ ճաշեցեք և հանգիստ էլ քնեցեք: Գնացեք:

— Ուրեմն... հույս ունենա՞մ:

— Կատարելապես: Գնացեք:

Զաքարն անհուն շնորհակալությամբ կիկին անգամ սեղմեց նրա ձեռքը, և նրանք բաժանվեցին միմյանցից.

40

«Ա՛, ուրեմն դեռ այստեղ է այն սրիկան, դեռ այստեղ է այն անբարոյականը», — մտածում էր Աննան հեռանալով Զաքարից: «Դեռ շարունակում է ալեկոծել այս խեղճ մարդու տունն ու ընտանիքը... Ա՛խ, ոչինչ չեմ ուզում, միայն թե դրա դատաստանն ինձ տային: Եվ ի՛նչպես նրա լեզուն կրակ չէր դառնում և չէր այրում նրա բերանը, երբ ասում էր — և ասում էր ի՛նչպես — որ մարդկությունը դեպի բարոյական վերածնություն է գնում... այն մարդկությունը, որ քեզպեսներից է բաղկացած, այ դու թափառական սատանա... Ահա թե անմեղ և միամիտ մարդկանց ինչպես են խաբում, ինչպես են խելքից հանում այդ կեղծավորները, այդ եզվիտները, այդ, այդ... գայլերը գառան մորթով... Ը՛հ, թե այս երկու օրն ես քո տն այստեղից չեմ կտրի — կտեսնես, սի Զա... Զաիրումանյան... Էմման ինձ մեղադրում էր, որ իբրև թե ես եկել, քեզ խայտառակել եմ, որ կորչես այստեղից, բայց հիմա կտեսնես, թե ինչպես կխայտառակեմ և ինչպես կվռնդեմ քեզ այստեղից... կտեսնես, կտեսնես...»:

Եվ նա մտքումը դրեց հետևյալ օրն ևեթ գնալ Զազունյանի մոտ: Նա գիտեր ո՛ր հյուրանոցումն է նա իջած:

Եվ գնաց:

Հյուրանոցի մուտքի մեջ կախած գրատախտակի վրա կարդալով Զազունյանի ազգանունը և նրա բռնած սենյակի համարը, նա բարձրացավ վերև: Երեկո էր: Զազունյանն այդ ժամանակ, նրա կարծիքով, տանը պետք է լիներ: Եվ իրավ, սենյակի դուռը բաց էր: Նա համարձակ ներս մտավ:

Զազունյանը նստած էր գրասեղանի առջև և ինչ-որ գրում էր. նա այնպես անձնատուր էր եղել գրությանը, որ փոքր-ինչ ուշ իմացավ, թե մեկը մտել է: Աստ երևույթին, միանգամից չկարողանալով իրեն պաշարած մտքերից սթափվել, նա նախ անմիտ հայացքով կամաց նայեց Աննային, հետո գրիչը վայր դրեց և մեքենայաբար վեր կացավ:

Աննան նրա մոտ գալիս էր բոլորովին կատաղած, բայց այժմ իր առջև տեսնելով նրան, ինքն էլ չիմացավ, թե ինչու փոքր-ինչ կակղեց: Սակայն, այնուամենայնիվ, նա դարձյալ սիրտ առավ:

— Ես ինձ իրավունք եմ համարում, պարոն, — ասաց նա ուղղակի ներս մտնել ձեզ մոտ և անհանգստացնել ձեզ, որքան էլ ձեզ այդ կոպիտ և վայրենի վարմունք թվա: Ես ուրիշ կերպ չէի կարող անել, ես ստիպված եմ այսպես անել: Ես ուզում եմ խոսել ձեզ հետ մի բանի մասին:

Զազունյանն այս անգամ զարմացած նայեց նրան, կարծես նա նոր ուշքի եկավ:

— Արդյոք չէ՞ք ցանկանալ նստել, տիկին, — ասաց նա, ցույց տալով բազկաթոռը:

— Ոչ, շնորհակալ եմ, — այս անգամ արդեն խստաբար պատասխանեց Աննան: Զազունյանի ինքնավստահ սառնասրտությունը դարձյալ շարժեց նրա բոլոր մաղձը: — Ես շատ կցանկանայի իմանալ, պարոն, թե ինչո՞ւ դուք մինչև այսօր այստեղ եք, երբ վաղուց արդեն հեռացած պետք է լինեիք այստեղից, — ասաց նա, ամենայն համառությամբ նայելով նրա աչքերին:

Զազունյանը դարձյալ զարմացած նայեց նրան:

— Իսկ ես շատ կցանկանայի իմանալ, տիկին, — ասաց նա, — թե ի՞նչ իրավունքով դուք իմ գլխին դատավոր եք կանգնում:

Աննան կատաղեց:

— Այն իրավունքով, պարո՛ն, որով յուրաքանչյուր սրտացավ բարեկամի վրա սրբազան պարտականություն է դրվում պաշտպանել անմեղ ընտանիքների պատիվն ու անունը ձեզ պես անարժան ընկերներից, — կանչեց նա:

Զազունյանը մի րոպե ծայրահեղ ապշությունից սառած մնաց կանգնած տեղը — այն աստիճան վայրենի թվացին այն բառերը, որ այդ կինն այնքան համարձակորեն շպրտեց իր երեսին: Հետո հոնքերը սաստիկ կիտեց և մի մռայլ հայացք ձգելով նրա վրա, նկատեց մի տեսակ խուլ ձայնով.

— Տիկին, երևի դուք չեք հասկանում ձեր արտասանած բառերի իմաստը:

— Ո՛չ, ես շատ լավ հասկանում եմ, պարոն, իմ արտասանած բառերի իմաստը և ուրիշ բառեր ես չունեմ ձեզ համար, որովհետև եթե դուք մարդկային հպարտություն և վեհանձնություն ունենայիք, չէիք անի այն, ինչ որ արդեն արել եք և շարունակում եք անել... Ձեզ պես մարդիկ չեն կարող և իրավունք չունին թրավորվելու այսպիսի խոսքերից, իսկ ես ուրիշ կերպ չեմ կարող ձեզ հետ խոսել:

Զազունյանն ավելի սաստիկ կիտեց հոնքերը, բայց հետո մի արհամարհական ժպիտ անցավ նրա շրթունքների վրայից:

— Տիկին, իզուր դուք մոռանում եք, որ իմ տանս եք գտնվում և կին եք, — այս անգամ սառն հանդարտությամբ ասաց նա:

— Սխալվում եք, պարոն, ես ձեր տանը չեմ գտնվում, այլ այն մարդու տանը, որ իրեն անկեղծաբար սիրողների և հավատ ընծայողների շրջանում «ազնիվ» և «առաքինի» մարդու հռչակ է հանել և որը քարոզում էր, թե մարդկությունը դեպի բարոյական վերածնություն է գնում: Հիշո՞ւմ եք այդ մարդուն: Ահա, ես այդ մարդու տանն եմ գտնվում այժմ, և դա իրավունք չունի ինձ այստեղից վռնդելու:

Զազունյանի դեմքին մի չարագուշակ ժպիտ երևաց, այդ ժպիտը սրտի խորին վրդովմունքն էր արտահայտում: Բայց նա լուռ մնաց:

— Դուք մի ամբողջ ընտանիք թշվառացրիք, մի ընտանիք, որ այսքան ժամանակ ապրում էր հաշտ և սիրով — խոսքն առաջ տարավ Աննան: — Ի՞նչ կա ավելի սրբազան, ավելի նվիրական աշխարհիս երեսին, քան ընտանիքը, և դուք, որ ամեն սրբության և նվիրականության պաշտպան և պաշտող էիք տալիս ձեզ, այդ ընտանիքի հիմքն ինքներդ քանդեցիք: Դուք ձեր բարեկամին, ձեր ընկերոջը դավա ճանեցիք, նրա հյուրասիրությունը ոտնակոխ արիք: Նա ամենայն անկեղծությամբ սիրում և հավատում էր ձեզ, իսկ դուք ինչո՞վ վարձատրեցիք նրան: Գիտեք, թե մի այնպիսի մարդու համար այդպիսի հիասթափությունն ինչ արժե... Դուք ինքներդ էիք ասում, որ յուրաքանչյուր մարդ խիղճ ունի, բայց ո՞ւր է ձեր խիղճը:

Նա լռեց, բայց Զազունյանն սպասում էր նրա խոսքի շարունակությանը: Աննան զգաց, որ նրա լռության և հայացքի մեջ մի զորավոր բան կա, որ հաղթում է իրեն, այնուամենայնիվ նա շարունակեց.

— Այժմ ես եկել եմ, պարոն, ձեզ հիշեցնելու, օր դուք, եթե իսկապես ազնիվ մարդ եք, կատարեք ձեր խոսքը և հեռանաք այստեղից: Ես այդ չեմ խնդրում ձեզնից, այլ ուղղակի պահանջում եմ, որովհետև դուք հասուն, խելոք մարդ եք և ոչ թե անմիտ երիտասարդ, և սերը չի կարող ձեզ արդարացնել: Մինչև հիմա ես ավելորդ էի համարում իմ միջամտությունը, բայց տեսա, որ սխալվել եմ: Ուրեմն՝ եթե ձեր մեջ մնացել է ազնվության գեթ մի նշույլ, խղճի գեթ մի կայծ, եթե դուք իսպառ չեք կորցրել մարդկային և ընկերական արժանապատվության զգացումը, ապա կլսեք ինձ և չարախնդությամբ հակառակ չեք գնա խոսքերիս: Ես կատարեցի իմ պարտքը, մնում է, որ դուք էլ կատարեք ձեր պարտքը:

Անշարժ կանգնած՝ Զազունյանը սաստիկ վրդովված լուռ նայում էր հատակին: Այդ միջոցին նրա դեմքն այնքան դաժան արտահայտություն էր ստացել, որ Աննան, լավ նայելով նրան, սարսափեց: Ասելիքը վերջացնելով, նա ուզում էր դուրս գնալ, բայց երկյուղից չկարողացավ տեղից շարժվել: Նա բնազդմամբ զգաց, որ Զազունյանը պատրաստվում էր խիստ հարձակում գործելու, և երկյուղից սրտատրոփ սպասում էր, թե ինչ է պատասխանելու իրեն:

— Տիկին, — կարճ, ծանր լռությունից հետո ասաց Զազունյանը նույն խուլ, չարագուշակ ձայնով և շարունակ նայելով հատակին, — շատ ցավում եմ, որ դուք լավ չեք մտածել, թե ինչ բանի համար եք գալիս ինձ մոտ և այնպես չեք եկել, որովհետև դուք այնպիսի ծանր և անշնորհակալ պաշտոն եք հանձն առել, որ ես չգիտեմ, թե ինչ անուն տամ դրան... Բացի դրանից, ես երբեք չէի կարծի, որ դուք ձեր անձնական պատիվն ու հարգն այդ աստիճան քիչ կգնահատեիք, որ թույլ տայիք ձեզ մի այդպիսի անպատվաբեր միջնորդի դեր կատարելու... Սակայն պետք չէ որ զարմանամ, դուք մեր ծանոթանալու հենց սկզբից իմ դեմ թշնամական դիրք բռնեցիք և մինչև այսօր անդադար մութ անկյուններից հետամուտ էիք լինում ինձ վնասելու նպատակով, իսկ այսօր դուք արդեն սահմանն անցաք: Ես շատ լավ հասկանում եմ, թե ի՛նչ է ձեր իմ դեմ այդպիսի դիրք բռնելու պատճառը... Սակայն ես ձեզ այդ չեմ հայտնի ձեր հպարտությունը չվիրավորելու համար, բայց և այնպես դուք այդ հասկանում եք... Դուք աշխատում եք ձեր վարմունքը քողարկել այն բանով, օր իբր թե ձեզ առաջնորդում է դեպի ձեր ընկերուհին ունեցած հոգացողությունը, բայց իզուր չէր լինի, եթե մտածեիք, որ ես կարող եմ այնքան հիմար լինել, որ խաբվեմ դրանից: Հեշտ և լավ բան չէ, տիկին, երբ ուրիշի զգացմունքների հետ խաղում եք, մանավանդ այնպիսի զգացմունքների հետ, որոնք նրա համար շատ թանկ են. այդ կարող է ձեզ վնասել: Ընդունեցեք, որ նա, որի զգացմունքներին այդպես անմտածած կերպով եք վերաբերվում, կարող է հպարտություն ունենալ, իսկ հեշտ բան չէ, երբ այդ հպարտությունը վիրավորած կլինեք: Դուք ասում եք Զազունյանը ձայնը բարձրացրեց և առաջին անգամ իր դաժան հայացքով նայեց Աննային, թե ես դավաճանել եմ ընկերոջս, ոտնակոխ եմ արել նրա հյուրասիրությունը, թշվառացրել եմ նրա ընտանիքը.. ուստի ես իրավունք չունեմ վիրավորվելու ձեզնից, երբ դուք ուղղակի դիպչում եք իմ մարդկային արժանապատվությանը, շոշափում եք իմ պատիվը: Բայց ասացեք խնդրեմ (նա առջևը դրած աթոռը զսպած կատաղությամբ վերցրեց և աղմուկով մի կողմը քաշեց), ո՞ր մարդկային, ո՞ր բարոյական, ո՞ր իրավական, մի խոսքով, ո՞ր օրենքով դուք թույլ եք տալիս ձեզ ինքնակամ դատավոր կանգնելու մի այնպիսի գործի, որի վրա մի մազաչափ անգամ իրավունք չունիք: Դուք կարող եք ձեր ծանոթին, ձեր բարեկամին նրա, ձեր կարծիքով պախարակելի, վարմունքի առթիվ բարեկամական խորհուրդ տալ և այն՝ շատ զգույշ կերպով, բայց այդ վարմունքի վրա ինքնակամ անվերապահ դատավճիռ դնել — դա ավելի է, քան ապօրինի գործ, ավելի է, քան բռնություն, այլ անուն չունի: Դուք մտե՞լ եք իմ սիրտս, հոգիս, ուղեղս, և գիտե՞ք, թե ես ինչ եմ զգում և ինչ մտատանջությունների եմ ենթարկված այն գործի մասին, որի վրա դուք այդպես հեշտ կերպով դնում եք ձեր veto — Լավ մտածեցեք և կտեսնեք, թե դուք այս մի քանի րոպեում ինչքան խոր կերպով վիրավորեցիք իմ ամենանուրբ, ամենանվիրական զգացմունքները և շնորհակալ կացեք իմ սառն բնավորությունից, որ ես կարողացա ինձ զսպել և համբերել, և այն հանգամանքից, որ դուք կին եք, ապա թե ոչ... ես պատասխանատու չէի կարող լինել իմ վարմունքի համար... մանավանդ այդ ճգնաժամին... Դժբախտաբար, ես ինձ ոչ մի կերպ պարտավոր չեմ զգում հայտնի իրողության համար ձեզ հաշիվ տալու, ապա թե ոչ, եթե բանայի ձեր առջև իմ սիրտը, կզարհուրեիք, գիտե՞ք դուք այս... Հարգել, հարգել պետք է, տիկին, ուրիշի զգացմունքները և եթե ուզում եք ուրիշի անձնական գործերին դատավոր կանգնել՝ պետք է հասկանաք նրան, ուղիղ, անսխալ կերպով հասկանաք, այնպես դուք վատ և վտանգավոր գործ կատարած կլինեք: Ես սոփեստություն չեմ անում, տիկին, և ոչ էլ միտք ունեմ ինձ արդարացնելու ձեր առջև, այլ ուզում եմ ձեզ հասկացնել, որ այսուհետև շատ և խիստ շատ զգուշությամբ վերաբերվեք ուրիշի անհատական զգացմունքներին, մինչև անգամ, եթե այդ ուրիշը ձեր ամենամոտ, ամենասրտակից բարեկամը լինի:

Նա լռեց և ջղային քայլերով սկսեց անցուդարձ անել սենյակում, բայց հանկարծ կանգ առավ և ավելացրեց.

— Սակայն, այս լավ իմացեք, տիկին, որ ես երբեք չեմ ցանկացել, չեմ ցանկանում և հույս ունեմ, որ երբեք էլ չեմ ցանկանա ուրիշին այս կամ այն կերպ վնասել, լինի դա ընկերս, բարեկամս, թե մի օտար — այդ միևնույն է ինձ համար: Իսկ եթե, հակառակ իմ կամքիս, չարագուշակ բախտը կտիպի ինձ չարիք գործել, ես այդ չարիքի դեմ առնելու համար ամենայն ինքնամոռացությամբ պատրաստ եմ կռվել այդ բախտի դեմ և, եթե հարկավոր է, նույնիսկ զոհ գնալ դրան... Կարո՛ղ եք բոլորովին հավատացած լինել, որ իմ բռնած կամ բռնելիք ընթացքիս համար ձեր խորհուրդների պետքը չեմ զգում, տիկին:

Եվ Զազունյանը նորից սկսեց ետ ու առաջ քայլել սենյակում:

Աննան կանգնած էր ինչպես մի մարդ, որի գլխին հանկարծ սառը ջուր ենածել: Զազունյանի բոլոր խոսակցության ժամանակ նա շարունակ սարսափած նայում էր նրա աչքերին, որոնցից կարծես կայծեր էին դուրս ցայտում, նա կպել էր պատին և նրան թվում էր, թե ինքը մի մրջյուն է Զազունյանի դիմացը, այնքան իրեն ճնշված, հոգով ճնշված էր զգում և այնքան մեծ էր Զազունյանը: Վերին աստիճանի անտանելի էր նրա դրությունը, երբ Զազունյանը լռեց: Նա ուզում էր դուրս փախչել այդ զարհուրելի սենյակից, բայց մի բան — ամո՞թ էր այդ թե այն գիտակցությունը, որ ինքը մեղավոր է Զազունյանի առջև — ստիպում էր նրան կաշկանդված մնալ իր տեղում: Սակայն հանկարծ նա մի շարժում գործեց, մի քայլ առաջ գնաց, ուզեց բան ասել, բայց ոչինչ չկարողացավ արտասանել և դուրս փախավ:

Զազունյանը ատամները սեղմած՝ հրացայտ աչքերով նայեց նրա ետևից, ատամների միջից ինչ-որ արտասանեց և ոտը այնպիսի անզուսպ ուժգնությամբ խփեց հանդիպած աթոռին, որ աթոռը մի քանի քայլ հեռու գլորեց հատակի վրա:

Սա մի կարճ միջոց անսովոր արագ քայլերով շարունակեց ետ ու առաջ անցնել սենյակում, հետո մոտեցավ գրասեղանին, նստեց, առավ գրիչը և ուզեց շարունակել գրությունը, բայց այն աստիճան վրդովված էր, որ չկարողացավ շարունակել, նա գրիչը վայր ձգեց, նորից վեր կացավ, ցիլինդրը ծածկեց և դուրս գնաց:

41

Աննան Զազունյանի սենյակից և հյուրանոցից դուրս եկավ բարոյապես վերին աստիճանի հուզված: Վճռելով գնալ Զազունյանի մոտ, նա երբեք մտքովն անգամ չէր անցկացրել, թե այդ մարդը պաշտպանվելու այնպիսի զորեղ զենք կարող է ունենալ, որպիսին է ուրիշի գործին խառնվել եվ իրավունք չունենալ, նա զգում էր, որ դրանով Զազունյանը կատարելապես զինաթափ էր արել իրեն, ինչքան էլ ինքը համոզված լիներ, որ իր նրա վրա արած հարձակումը կատարելապես արդարացի էր: Բայց մանավանդ նրան խիստ շփոթել և օտարոտի դրության մեջ էր ձգել Զազունյանի այն ակնարկը, թե նա — Զազունյանը հասկանում է պատճառը, որից դրդված ինքը — Աննան հենց սկզբից շարունակ հետամուտ է լինում նրան... «Ի՞նչ էր ուզում դրանով հասկացնել», մտածում էր նա, միաժամանակ ակամա երևակայելով Զազունյանի այն խորհրդավոր տոնը, որով նա արավ այդ թափանցիկ ակնարկը: «Որ ես նախանձո՞ւմ եմ Էմմային և նույնպես անտարբեր չե՞մ դեպի ինքը, իսկ իրեն հետամուտ լինելու պատճառը անուշադրության մատնված սե՞րս է... Բայց ճի՞շտ է այդ...»: Նա չէր ուզում ինքն իրեն պատասխանած լինել ճիշտ է այդ, թե ոչ, միայն այդ մասին մտածելիս չարագուշակ կերպով ժպտում էր, և զգում էր, որ Զազունյանին երբեք այնպես չի ատել, ինչպես նրա այդ ակնարկը լսելուց հետո: Նա ակամա ամբողջ օր ու գիշեր շարունակ մտածում էր այդ ակնարկի մասին և շատ անգամ այնպես կատաղում էր Զազունյանի դեմ, որ պատրաստ էր լինում նրան մի կերպ վնասելու համար մինչև անգամ անների միջոցների դիմել: Այն գիտակցությունը, որ ինքը բոլորովին անզոր է այդ մարդու առջև, նրան վերին աստիճանի ներվային էր դարձրել: Դրա հետևանքն այն եղավ միայն, որ նա Զազունյանին ատելով, սկսեց ատել նաև Էմմային և Զաքարին, առավելապես վերջինիս, որի պատճառով (պատճառը նա Զաքարին էր համարում) ինքը մի այնպիսի անհամ և հիմար դրության մեջ էր ընկել: Նա զգաց, որ անտանելի կերպով վարկաբեկվել է ինքը, որովհետև պարզ կերպով տեսավ, որ մինչև այդ օրը օտարոտի և հիմար միջնորդի դեր է կատարում և այդ բանը, բացի վնասից, ոչ ոքի օգուտ չբերեց: Վերջին անգամ նա զզվանքով հիշեց իր կատարած դերը, վճռեց ամեն ինչ մոռացության տալ և անմիջապես հեռանալ Թիֆլիսից: Նա մինչև անգամ չուզեց իբրև կողմնակի հանդիսատես դիտել, թե ինչով կվերջանար Էմմայի, Զազունյանի և Զաքարի գործը, մինչդեռ զգում և համոզված էր, որ պետք է վերջանար անխուսափելի աղետով:

Հյուրանոցի դեպքից երկու օր հետո նա արդեն ուղևորվում էր իր բնակավայրը — Բաթում:

42

Աննայի հետ ունեցած անակնկալ խոսակցությունից հետո, դուրս գալով հյուրանոցից, Զազունյանն ուզում էր փոքր ինչ շրջել՝ հուզմունքն ու վրդովմունքը հանգստացնելու: Ցիլինդրը աչքերի վրա վայր թողած և անուշադիր հայացքով նայելով անցուդարձ անողներին, նա անցավ Միքայելյան կամուրջը և մտավ համանուն երկար փողոցը: Նա բոլորովին չէր մտածում, թե ուր է գնում: Թեև Էմմայի ընկերուհու անկոչ միջամտությունը նրան չափից դուրս վրդովել էր, և նա իրեն վերին աստիճանի վիրավորված էր համարում, բայց իր ծանր դրությունն ի նկատի ունենալով, նա աշխատում էր զսպել բարկությունն ու որքան կարելի է՝ լուրջ և սառն կերպով դատել Աննայի վարմունքը, քննել նրա իրեն ասած խոսքերը:

Մեղավո՞ր է արդյոք Աննան:

Ինչքան էլ Զազունյանը համոզված լիներ, որ Աննայի իր դեմ թշնամական դիրք բռնելու պատճառը նրա անուշադրության մատնված վիրավորված սերն էր, այնուամենայնիվ, նա չէր կարող չհասկանալ, որ դրանով չէին կարող ջրվել Աննայի իր երեսին շպրտած խոսքերը: Բայց նաև, Աննան չէ, առհասարակ ամեն մի կողմնակի մարդ իսկապե՞ս արդյոք իրավունք չունի խառնվելու ուրիշի գործերին, եթե դա իրավական օրենքով անթույլատրելի է, բարոյական վարդապետության օրենքով է՞լ, արդյոք, անթույլատրելի է, իսկ բարոյական վարդապետությունը մի՞թե ընկերասիրության վրա չի հիմնված, որին միշտ հետևել և ուզում է հետևեք հենց ինքը — Զազունյանը. ուրեմն իրավո՞ւնք ուներ վիրավորվելու Աննայից, երբ նա, իբրև զուտ մարդ և ընկեր միջամտում և ուզում էր դատավոր կանգնել նրա գործին: «Ոչ, — պատասխանեց Զազունյանը, մեքենայաբար կանգ առնել նեղ մայթի վրա, որպեսզի ճանապարհ տա անցնելու մի կնոջ, որը դիմացից գալիս էր, ըստ երևույթին իր ամուսնու հետ թևանցուկ: — Բայց վիրավորվեցի: Ինչո՞ւ, — հարցրեց նա, ճանապարհը շարունակելով: — Որովհետև նա ինձ հետ շատ անվայել լեզվով խոսեց, մինչև անգամ, եթե ես իսկապես այնպիսի մարդ էլ լինեի, ինչպիսին որ նա համարում է ինձ, դարձյալ իրավունք չուներ այնպիսի լեզվով խոսելու... Սակայն նա, ինչպես ինքն ասաց, ուրիշ կերպ չէր կարող խոսել ինձ հետ... և եթե ես որևէ բանի համար մեղավոր եմ, ապա մեղավոր եմ նրանով, որ վիրավորվելու և հարձակվելու տեղ, պետք է խղճայի նրան»:

Այդ րոպեին նրա ուշադրությունը ակամա գրավեց մի փոքրիկ չարաճճի շուն, որ փողոցով սրընթաց անցնող մի կառքի առաջ կողքե կողք վազելով սաստիկ հաչում էր ձիերի վրա: Զազունյանը մինչև անգամ կանգ առավ և սկսեց նայել այդ տեսարանին: Շունն այն աստիճան մոտիկ էր վազում ձիերից, որ հանկարծ ձիերից մինի ոտը կպավ նրան, նա սաստիկ ճղավեց և թավալգլոր ընկավ, ձին երկու ոտով և կառքն երկու անիվով անցան նրա վրայով, և նա նույն րոպեին սատկեց: «Հիմա՛ր», ասաց Զազունյանը շան հասցեին և նորից առաջ անցավ:

Քաղաքային հիվանդանոցի առաջ նա հանկարծ կանգ առավ, հիվանդանոցի բակից մեկը շտապ քայլերով դուրս եկավ, նայեց նրան, ըստ երևույթին, ուզեց կանգնել և բան ասել նրան, բայց հանկարծ խելագարի նման առաջ վազեց և նստեց մայթի մոտ կանգնած կառքը:

— Пошол! — գոռաց նա կառապանի վրա:

Կառապանը մտրակեց ձիերին, և կառքն առաջ սլացավ:

Զազունյանը դառն կերպով ժպտաց և սաստիկ գունատվեց, նա ճանաչեց կառք նստողին. — Զաքարն էր:

«Գիտե՞ք, թե մի այնպիսի մարդու համար հիասթափությունն ի՛նչ

արժե», հիշեց նա Աննայի խոսքերը և դարձյալ դառն կերպով ժպտաց, այդ ժպիտը հոգեկան սաստիկ ծանր, անտանելի վիճակ էր արտահայտում: Նա հիշեց Զաքարի առաջվա իրեն ցույց տված մինչև հիմարության հասցրած ընկերական սերն ու հոգացողությունը, համեմատեց այդ նրա այժմյան վարմունքի հետ և կարծեց, թե մի բան, մի տեսակ թանկագին բան հանկարծ կտրվեց իր սրտից և դրա հետ նրա հոգին, նրա ամբողջ էությունը ծածկվեց մի տեսակ մռայլ, զարհուրելի խավարով: Նրա ամբողջ մարմնով ջղային մի ուժգին ցնցում անցավ, նա ատամները սեղմեց միմյանց, սեղմեց մատներն ափերի մեջ, կարծես պատրաստվելով մի անհաղթ ուժի դեմ կռվելու, և այս անգամ արդեն բոլորովին անզգա կերպով շարունակեց իր ճանապարհը: «Այո, թանկ, խիստ թանկ արժե մի այդպիսի մարդու համար այդպիսի հիասթափություն», դժանաբար ասաց նա ինքն իրեն և մի չարագուշակ զգացմունք պաշարեց նրան:

Էմմայից հաղթվելու օրից, որից հետո ակամա նրա ստրուկն էր դարձել, Զազունյանը միշտ խույս էր տալիս Զաքարից, և մինչև այդ օրը համարյա ոչ մի դեպք չէր պատահել, որ նա հանդիպեր նրան, այդպիսի դեպք չէր պատահել գուցե նրա համար, որ Զաքարն ինքը միշտ խույս էր տալիս Զազունյանից: Զազունյանը շատ լավ գիտեր այդ և հասկանում էր, որ դրա պատճառը նրա անակնկալ հիասթափությունն էր, որ անշուշտ վերին աստիճանի ցնցած պետք է լիներ նրա ամբողջ էությունը: «Ինչո՞ւ», մտածեց Զազունյանը և չկամեցավ այդ հարցին պատասխանել: «Օ՜ֆ», կարծես տենդի մեջ հառաչեց նա, ձեռքով խփեց ցիլինդրի շրջապատին և ցիլինդրն աչքերի վրայից ճակատի վրա ձգեց: «Անտանելի՛ է, անտանելի՛», շարժեց նա գլուխը և այլևս ոչինչ չուզեց մտածել: Մտքերն ու զգացմունքները սաստիկ հուզում էին նրան, և նա կարծում էր, թե ինքն ընկած է մի փոթորկահույզ ծովի մեջ, որի ալիքները զարհուրելի արագությամբ պտտեցնում են իրեն և նույն արագությամբ անդունդն են տանում:

Նա բոլորովին չիմացավ, թե ուր գնաց, ինչ արեց, միայն կեսգիշեր էր արդեն, որ վերադառնում էր իր սենյակը: Արագ քայլերով Միքայելյան փողոցի մի կողմից մյուսն անցնելիս, փոքրիկ կամուրջի վրա, որ գցած էր փողոցի և մայթի միջև անցնող ջրանցքի վրայից, մեկը հանկարծ կտրեց նրա առաջը: Զազունյանը բարձրացրեց գլուխը և լապտերի լուսով ճանաչեց Զագորսկուն:

— Bon soir, monsieur Zasounian, — ըստ երևույթին,արբածությունից հազիվ ոտի վրա կանգնելով, ասաց Զագորսկին և ըստ զինվորականի՝ ձեռքը ճակատի մոտ բռնելով, բարևեց նրան:

Զազունյանը հանկարծ ջղային ցնցումով բարձրացրեց ձեռքն և այնպիսի ուժով ապտակ տվեց նրան, որ նա օրորվեց և նեղ կամուրջից ընկավ ցածլիկ ջրանցքը, ո՛րի միջով խոխոջալով անցնում էր ջուրը: Ջազունյանը կամուրջից անցավ մայթը և շարունակեց իր ճանապարհը... Այնուհետև էլ ոչինչ չիմացավ, թե ինչ պատահեց Ջազորսկուն:

Տասը րոպեից հասավ հյուրանոց: Ռուս դռնապանը բաց անելով դուռը, քաղաքավարությամբ հայտնեց նրան, որ նրա մոտ հաճախ եկող նորատի կինն այդ երեկոյան, նրա դուրս գնալուց հետո եկել էր և հարցրել էր նրան, նա նույնպես հայտնեց, որ այդ կինն երեք օր է, որ շարունակ գալիս է նրա մոտ, բայց նրան տանը չի գտնում:

Ջազունյանը հասկացավ, որ խոսքը Էմմայի մասին էր: Նա հրացայտ աչքերով մի րոպե նայեց դռնապանի նիհարությունից չորացած դեմքին, կարծես պատրաստվելով նրան էլ մի պինդ ապտակ հասցնելու, հանկարծ դարձավ և բարձրացավ վերև: Մտավ իր սենյակը և դուռը փակեց բանալիով:

43

Հիրավի, վերջին երեք օրը Էմմային ոչ մի անգամ չէր հաջողվել տեսնել Ջազունյանին, այդ նրան ոչ թե զարմացնում կամ երկյուղ էր պատճառում, այլ սաստիկ վրդովում էր, առհասարակ վերջին ժամանակները նա նկատում էր, որ Ջազունյանը մի տեսակ խույս է տալիս իրենից և այդ վերին աստիճանի գրգռում էր նրա ջղերը: Այդպիսի դեպքերում նա զգում էր, որ դեպի Ջազունյանը տածած իր սերը ոչ թե սեր է, այլ օտարոտի, հուսահատ ատելության նման մի զգացմունք, որ այնուամենայնիվ սիրուց էլ ավելի ուժով է քաշում նրան դեպի այդ մարդը: Առհասարակ նրա հարաբերությունը լարված լինելով դեպի Զաքարը, վերջին օրերն առավել ևս լարվել էր: Սակայն պետք է ասած, որ չնայած մարդ որ կնոջ հարաբերությունները լարված էին, բայց նրանք դեռ երբեք ոչ մի խոսակցություն չէին ունեցել միմյանց հետ իրենց դրության վերաբերմամբ, նրանք երկուսն էլ խույս էին տալիս թե միմյանցից և թե այդպիսի խոսակցությունից, մանավանդ Զաքարը, որ արդեն Էմմայի գաղտնիքը հասկանալով, այդ բանի համար փոխանակ կատաղելու նրա դեմ, մի տեսակ օտարոտի երկյուղ էր զգում նրանից, կարծես մեղավորն ինքը լիներ և ոչ թե Էմման: Այդ էր պատճառը, որ նա, իր անտանելի դրությունից դուրս գալու համար, Աննայի օգնությանն էր դիմել: Ըստ երևույթին, ամուսնու այդ թուլությունը պետք է համարձակություն տար Էմմային, բայց ընդհակառակն, կաշկանդում էր նրան: Շատ անգամ նա սաստիկ ցանկանում էր, որ Զաքարը խոսք բանար իր դրության մասին (նա գիտեր, որ ամուսնուց ծածուկ չէր այդ բանը), կռվեր իր հետ, նույնիսկ ծեծեր իրեն և այդ դեպքում նա զգում էր, որ ինքը համարձակ կդիմադրեր նրան և իրեն բոլորովին մեղավոր չէր զգա, բայց այդպիսի բան չէր պատահում, և այդ հանգամանքը կատաղեցնում էր նրան: Շարունակ այդպես տևելով, ի վերջո այդ դրությունն այն աստիճան անտանելի դարձավ նրա համար, որ այժմ ինքն սկսեց առիթ փնտրել, որ ամուսնուն դուրս քաշի կռվի: Սակայն այդ առիթն ինքն իրեն ներկայացավ:

Վերջին օրը երեկոյան, Զազունյանի մոտ գնալով և նրան այնտեղ չգտնելով, Էմման վերադառնում էր վերին աստիճանի գրգռված դրությամբ: Զաքարը հիվանդանոցից հենց նոր էր տուն եկել: Հիվանդանոցի բակի դռան մոտ անակնկալ կերպով հանդիպելով Զազունյանին, նա այս անգամ արդեն խիստ կատաղել էր թե նրա և թե Էմմայի դեմ: Կնոջ դեմ մանավանդ ավելի կատաղեց, երբ տուն գալով աղախնուց իմացավ, որ նա ուր-որ գնացել է: Խելագարի նման նա համարյա վազվզում էր հյուրասենյակում և վայրկյան առ վայրկյան սպասում էր Էմմայի վերադարձին: Այս անգամ զգում էր, որ համարձակորեն հաշիվ կարող է պահանջել նրանից և վճռել էր, որ այդպես անի, վերջապես պե՞տք է վերջ տալ այդ անտանելի դրությանը, թե ոչ: Դռան զանգակի ձայնը լսելով, նա դուրս վազեց միջանցք և կանգնեց այնտեղ, մինչև որ աղախինը դուռը կբանար: Նա գիտեր, որ եկողն Էմման էր, և չսխալվեց:

Ներս մտնելուն պես Էմման կատաղած կանչեց աղախնու վրա.

— Մինչև ե՞րբ սպասեմ, որ դուռը բանաս:

Աղախինը ձայն չհանեց և գլուխը խոնարհած դուռը փակեց:

Էմման արագ քայլերով բարձրացավ վերև: Այնտեղ միայն նա տեսավ Զաքարին և, հանկարծ կանգ առնելով, մի հպարտ և կռվի դուրս կոչող հայացք ձգեց նրա վրա:

Զաքարը կպել էր պատին, նա սաստիկ գունատ էր և ամբողջ մարմնով դողում էր:

Երկուսն էլ մի կարճ միջոց լուռ նայեցին միմյանց և հասկացան միմյանց դրությունը:

Հանկարծ Էմման նույն լռությամբ շարժվեց տեղից և շտապեց դեպի իր սենյակը:

— Կա՛ց, — լսեց նա Զաքարի ձայնը:

Նա արագ ամբողջ մարմնով դարձավ, առաջվա հայացքով նայեց ամուսնուն և գլուխը հպարտությամբ ետ ձգեց:

Այս անգամ Զաքարը ոչ թե դողում, այլ ոտից գլուխ ցնցվում էր:

— Որտե՞ղ էիր, — հազիվ արտասանեց նա և փորձեց մի քայլ առաջ գնալու:

— Զազունյանի մոտ, — պատասխանեց Էմման:

— Լի՛րբ — գոչեց Զաքարը և ուզեց հարձակվել նրա վրա:

Էմման գլուխն ավելի ևս ետ ձգեց, ավելի հպարտ հայացքով նայեց նրան և տեղից չշարժվեց:

— Կսպանեմ նրան... քեզ էլ, — իրեն բոլորովին կորցրած՝ ատամների միջից արտասանեց Զաքարը:

Էմման ձեռքը կրծքի վրա դրեց:

— Ես չեմ վախենում, — ասաց նա:

Զաքարն անզուսպ կատաղությամբ ձեռքով ցնցողաբար ինչ-որ շարժումներ գործեց, ուզեց խոսել, մի բան ասել, բայց ձայնը չհպատակեց նրան: Նա հանկարծ դարձավ և խենթի նման ներս վազեց:

Էմման ձեռքը կրծքին դրած նույն դրությամբ անշարժ մնաց տեղում, մի քանի վայրկյանից նա տղամարդի ուժգին հեկեկանքի ձայն լսեց: Այդ ձայնը լսելով, նա հանկարծ ամբողջ մարմնով ցնցվեց, և նրա ձեռքը թուլացած ընկավ կրծքի վրայից: նա գլուխը ակամա առաջ տարավ, կարծես խորին ուշադրությամբ ականջ դրեց այդ ձայնին, հետո կամաց դարձավ և մտավ իր սենյակը: Առանց գլխարկը վերցնելու, առանց ձեռնոցները հանելու, նստեց աթոռի վրա և անշարժ մնաց: Նրան նայողը կկարծեր, թե խորը մտածության մեջ է, բայց նա ոչինչ չէր մտածում:

44

Հետևյալ առավոտը Զաքարը կառք նստած՝ գնում էր հիվանդանոց: Քաղաքային այգու կողմից դեպի Միքայելյան կամուրջը ծռվելով, նա հանկարծ տեսավ, որ «Գրանտ-օտել» հյուրանոցի առջև բազմաթիվ մարդիկ են խմբված: Հյուրանոցի դռան շեմքին ոստիկաններ էին կանգնած և ոչ ոքի ներս չէին թողնում:

Մի զարհուրելի բնազդում ցնցեց Զաքարի ամբողջ էությունը:

Նա կառքը կանգնեցնել տվեց հյուրանոցի առջև և ցած թռավ:

— Ի՞նչ է պատահել, ինչ, — հարցրեց:

— Հյուրանոցում մեկն անձնասպանություն է գործել — պատասխանեցին նրան:

«Զազունյանը» — կայծակի արագությամբ անցավ Զաքարի մտքով: Նա ճղեց ամբոխը, առաջ անցավ և ուզեց ներս մտնել հյուրանոց, բայց ոստիկանները կտրեցին նրա ճանապարհը:

— Բժիշկ եմ, բժիշկ, — գոռաց նա ոստիկանների վրա:

Նրան ներս թողեցին:

Նա չիմացավ, թե ինչպես վերև վազեց սանդուղքով:

Հյուրանոցի բոլոր կեցողները՝ մարդիկ, կանայք, երեխաները և բոլոր ծառաները խռնվում էին միջանցքում: Անցնելու ճանապարհ չկար, բայց

Զաքարը կարողացավ անցնել և կանգ առավ Զազունյանի սենյակի դռան առջև: Այստեղ էլ ոստիկաններ էին կանգնած, որոնք չուզեցին նրան ներս թողնել, բայց նա դարձյալ գոռաց՝ «բժիշկ եմ, բժիշկ», և նրան ներս թողին: Սենյակում ոստիկանատան մի քանի ստորին և բարձր պաշտոնյաներ կային, որոնք արձանագրություն էին կազմում: Կային նաև մի քանի կողմնակի մարդիկ, որոնց հաջողվել էր ներս մտնել: Զաքարն առաջ չկարողացավ գնալ, շանթահար կանգ առավ դռների մոտ:

Սենյակի մեջտեղում, հատակի վրա, երեսն ի վեր ընկած էր Զազունյանի դիակը, ուղիղ ճակատին ատրճանակի գնդակից մի զարհուրելի վերք էր բացված, որ կարմրի և սևի էր խփում: Նրա աչքերն ու բերանը բաց էին: Թվում էր, թե ջանք է անում ամբողջ կրծքով շունչ քաշելու, բայց շունչը քարացած էր նրա թոքերում: նրա դեմքը և սպիտակ օսլայած շապիկը (սյուրտուկն ու ժիլետը հանած էր) ամբողջապես թաթախված էին արյան մեջ: Առատ արյունը գուբ էր կապել նրա տակ:

Զարհուրելի էր նրան նայել:

Եվ Զաքարը զարհուրում էր: Այո, զարհուրում էր միայն…

Էմման հետևյալ օրը միայն իմացավ Զազունյանի անձնասպանության լուրը և իմացավ ոչ թե Զաքարից, այլ տեղական լրագրերից, որոնց մեջ տպված էին այդ անձնասպանության բոլոր մանրամասնությունները, բացի պատճառից, որ ոչ ոքի հայտնի չէր:

Ի՞նչ զգաց արդյոք Էմման այդ լուրը կարդալով:

Կան դրություններ, որոնք գրի չեն առնվում:

Նույն օրը Էմման քաղաքային պոստով հետևյալ նամակը ստացավ.

«Էմմա.

Հիշո՞ւմ ես, երբ ես քեզ զգուշացնում էի երկնային պատուհասից: Գուցե անմիտ բան էր դա, բայց երբեմն լինում են այնպիսի անմիտ բաներ, որոնք խոր իմաստ են ունենում և որոնց ամեն ոք չի կարող հասկանալ… ճակատագիրն էր, թե մի ուրիշ բան, ստիպեց ինձ անել այն, ինչ որ դեմ էր իմ հոգու և հասկացողություններիս... Ընկա՞ արդյոք ես, թե ոչ — ո՛վ գիտե, բայց ես այլևս չէի կարող այս դրությունը շարունակել... Ի՞նչ երջանկություն պետք է լիներ իմ երջանկությունն, երբ ամեն մի րոպե համոզված պետք է լինեի, որ քեզ միշտ վրդո՛վմունք, հուզմունք եմ պատճառում, որ այդ երջանկությունը ձեռք է բերված ուրիշի թշվառությամբ, մանավանդ, որ այդ ուրիշը իմ ընկերն է... Լավ մտածիր, Էմմա, այդ մասին, և հույս ունիմ, ինձ չե՛ս դատապարտի... Ես ավելի լավ համարեցի ինձ զոհել ուրիշի համար, քան թե ուրիշին՝ ինձ համար: Մի քանի վայրկյանից ես կձգեմ այս աշխարհը և կմտնեմ անհայտության անվե՛րջ աշխարհը... Լույսը նվազո՛ւմ է, խավարը շրջապատում է ինձ, մի վայրկյան էլ — և ես իմ մարմնի ծանրությունը այլևս չեմ զգալ: Թողնում եմ ես այս աշխարհիս վրա այն, ինչ որ ինձ է պատկանում... էմմա, իմացիր, ես սերս չեմ զոհում, այլ — ինձ:

Ա. Զ.»

Այդ օրը չէ, բայց հետևյալ օրը Էմման ամբողջ ժամերով գլուխը գնում էր այդ նամակի վրա և ծանր, դառն անմխիթար արտասուքներով ողողում էր նրան:

www.ingramcontent.com/pod-product-compliance
Lightning Source LLC
Chambersburg PA
CBHW020658260626
47157CB00008B/3078